上海政法学院学术文库

新时代的对外援助：理论与实践

曹俊金◎著

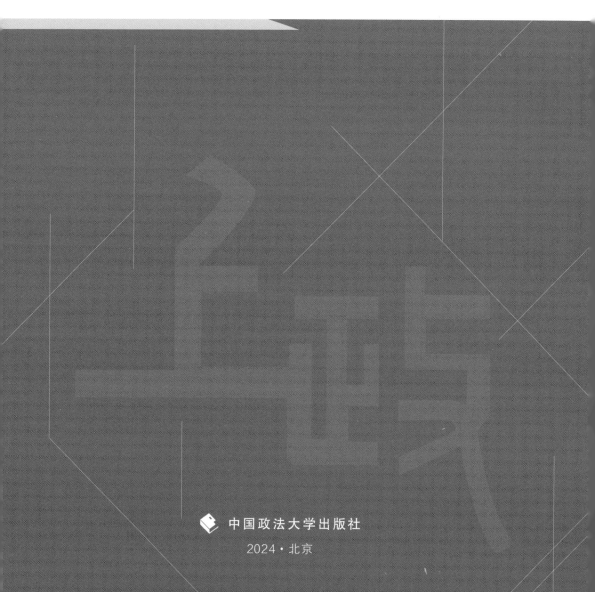

中国政法大学出版社

2024·北京

图书在版编目（ＣＩＰ）数据

新时代的对外援助：理论与实践/曹俊金著. —北京：中国政法大学出版社，2024.1
ISBN 978-7-5764-1167-6

Ⅰ.①新… Ⅱ.①曹… Ⅲ.①对外援助－研究－中国 Ⅳ.①D822.2

中国国家版本馆 CIP 数据核字(2023)第 213459 号

出　版　者	中国政法大学出版社
地　　　址	北京市海淀区西土城路 25 号
邮寄地址	北京 100088 信箱 8034 分箱　邮编 100088
网　　　址	http://www.cuplpress.com (网络实名：中国政法大学出版社)
电　　　话	010-58908285(总编室) 58908433 （编辑部） 58908334(邮购部)
承　　　印	固安华明印业有限公司
开　　　本	720mm×960 mm　1/16
印　　　张	12.75
字　　　数	210 千字
版　　　次	2024 年 1 月第 1 版
印　　　次	2024 年 1 月第 1 次印刷
定　　　价	59.00 元

序 /PREFACE

　　大学者，大学问也。唯有博大学问之追求，才不负大学之谓；唯有学问之厚实精深，方不负大师之名。学术研究作为大学与生俱来的功能，也是衡量大学办学成效的重要标准之一。上海政法学院自建校以来，以培养人才、服务社会为己任，坚持教学与科研并重，专业与学科并举，不断推进学术创新和学科发展，逐渐形成了自身的办学特色。

　　学科为学术之基。我校学科门类经历了一个从单一性向多科性发展的过程。法学作为我校优势学科，上海市一流学科、高原学科，积数十年之功，枝繁叶茂，先后建立了法学理论、行政法学、刑法学、监狱学、民商法学、国际法学、经济法学、环境与资源保护法学、诉讼法学等一批二级学科。2016年获批法学一级学科硕士点，为法学学科建设的又一标志性成果，法学学科群日渐完备，学科特色日益彰显。以法学学科发端，历经数轮布局调整，又生政治学、社会学、经济学、管理学、文学、哲学，再生教育学、艺术学等诸学科，目前已形成以法学为主干，多学科协调发展的学科体系，学科布局日臻完善，学科交叉日趋活跃。正是学科的不断拓展与提升，为学术科研提供了重要的基础和支撑，促进了学术研究的兴旺与繁荣。

　　学术为学科之核。学校支持和鼓励教师特别是青年教师钻研学术，从事研究。如建立科研激励机制，资助学术著作出版，设立青年教师科研基金，创建创新性学科团队，等等。再者，学校积极服务国家战略和地方建设，先后获批建立了中国-上海合作组织国际司法交流合作培训基地、最高人民法院民四庭"一带一路"司法研究基地、司法部中国-上海合作组织法律服务委员会合作交流基地、上海市"一带一路"安全合作与中国海外利益保护协同创新中心、上海教育立法咨询与服务研究基地等，为学术研究提供了一系列重要平台。以这些平台为依托，以问题为导向，以学术资源优化整合为举措，涌现了一批学术骨干，取得了一批研究成果，亦促进了学科的不断发展与深化。在巩固传统学科优势的基础上，在国家安全、国际政治、国际司法、国际贸易、海洋法、人工智能法、教育法、体育法等领域开疆辟土，崭露头角，获得了一定的学术影响力和知名度。

学校坚持改革创新、开放包容、追求卓越之上政精神，形成了百舸争流、百花齐放之学术氛围，产生了一批又一批科研成果和学术精品，为人才培养、社会服务和文化传承与创新提供了有力的支撑。上者，高也。学术之高，在于挺立学术前沿，引领学术方向。"论天下之精微，理万物之是非"。潜心学术，孜孜以求，探索不止，才能产出精品力作，流传于世，惠及于民。政者，正也。学术之正，在于有正气，守正道。从事学术研究，需坚守大学使命，锤炼学术品格，胸怀天下，崇真向美，耐得住寂寞，守得住清贫，久久为功，方能有所成就。

好花还须绿叶扶。为了更好地推动学术创新和学术繁荣，展示上政学者的学术风采，促进上政学者的学术成长，我们特设立上海政法学院学术文库，旨在资助有学术价值、学术创新和学术积淀的学术著作公开出版，以褒作者，以飨读者。我们期望借助上海政法学院学术文库这一学术平台，引领上政学者在人类灿烂的知识宝库里探索奥秘、追求真理和实现梦想。

3000年前有哲人说：头脑不是被填充的容器，而是需要被点燃的火把。那么，就让上海政法学院学术文库成为点燃上政人学术智慧的火种，让上政学术传统薪火相传，让上政精神通过一代一代学人从佘山脚下启程，走向中国，走向世界！

愿上海政法学院学术文库的光辉照亮上政人的学术之路！

上海政法学院校长　刘晓红

目　录 CONTENTS

绪　论

对外援助经常被误读为国家之间的"灰色交易"，全球化浪潮和国家间相互依赖推动对外援助转型成"发展援助"或"发展合作"而使其成为一个正面、褒义的国家行为。尽管提供援助的国家动因各异，但对外援助逐渐成为国家实力与国际道义的重要体现，全球化背景下的对外援助活动必然是援助国内在政经动因与全球危机应对的复合产物。中国自20世纪50年代初期以来便向其他发展中国家提供不同形式的援助，援外工作是中国开展南南合作的重要形式，也是中国推动构建人类命运共同体的重要举措。中国援外的历史教训及自身发展现状不应阻滞援外活动开展，合理、适度扩大对外援助规模是我国提升国际话语权、维护自身地缘政治经济与发展优势的必要开支。

随着中国的发展进入新时代，中国的对外援助也产生了一些新的变化：

首先，中国对外援助的理念转型升级。长期以来，中国将对外援助作为南南合作的一种具体方式，目的在于帮助受援方增强自主发展能力，丰富和改善人民生活，促进经济发展和社会进步。党的十八大以后，中国提出推动人类命运共同体构建，在不同场合反复倡导并阐释人类命运共同体理念，将其作为中国与世界关系、中国的全球观的基本理念。中国对外援助作为典型的对外交往行为，也相应地受到这一理念的支配，并进而升华了中国的对外援助理念。

其次，中国对外援助的话语逐渐转变。中国在七十多年的实践中，一直以"对外援助"指称中国的对外援助活动。进入21世纪以后，中国在经过援外政策调整后，再次扩大了对外援助的规模，使得中国的对外援助受到普遍关注，并带动了中西方在对外援助学术话语上的交流。与此同时，西方世界广泛使用的"国际发展合作"一词也逐步引入中国，并形成一股由"对外援助"向"国际发展合作"的话语转型之势。

再次，中国对外援助的管理体制实现重塑。新时代的中国对外援助对原有的管理体制提出了更高的要求，2017年2月6日中央全面深化改革领导小组第三十二次会议审议通过《关于改革援外工作的实施意见》等文件，提出优化援外战略布局，改进援外资金和项目管理，改革援外管理体制机制，提升对外援助综合效应。2018年3月13日，王勇在《关于国务院机构改革方案的说明》中指出，为充分发挥对外援助作为大国外交的重要手段的作用，加强对外援助的战略谋划和统筹协调，推动援外工作统一管理，改革优化援外方式，更好地服务国家外交总体布局和共建"一带一路"等，组建国家国际发展合作署，作为国务院直属机构。国家国际发展合作署的组建，重塑了原先的对外援助管理体制，并进而带动了对外援助规则的演化。

复次，中国对外援助的规则不断演进。中国的对外援助长期以来是以行政规范性文件、政策甚至是行政指令的方式开展和推进的。2003年商务部组建之后，逐渐加强中国对外援助的建章立制工作，推进对外援助的法制化进程。2018年国家国际发展合作署组建之后，加强对外援助立法研究工作，进一步注重对外援助工作的制度化、规范化，促进中国对外援助规则不断演进。

最后，中国提出的"一带一路"倡议和全球发展倡议对中国对外援助产生重要影响。随着国内外情势的变化，中国先后提出了"一带一路"倡议、全球发展倡议、全球安全倡议、全球文明倡议等一系列国际合作倡议。特别是在习近平总书记提出建设"丝绸之路经济带"和"21世纪海上丝绸之路"合作构想之后，"一带一路"引起了国际社会的广泛关注。与此同时，国际、国内社会关于"一带一路"倡议的基本性质、"一带一路"倡议与美国"马歇尔计划"的区别、"一带一路"倡议与中国对外援助的关系等存在不同的认识。例如，有不少学者将中国的"一带一路"与美国的"马歇尔计划"相提并论，认为"一带一路"倡议是中国版"马歇尔计划"，也有不少学者认为"一带一路"倡议提出之后，中国的对外援助将成为推进"一带一路"倡议的有效工具。关于"一带一路"倡议的性质及其与相关概念的不同观点的存在，既可能是出于认知偏差造成的不同理解，也可能是由于立场差异形成的误解，还可能是出于国际竞争引发的蓄意曲解。可以说，"一带一路"倡议、全球发展倡议等国际合作倡议的提出和推进，给中国的对外援助工作产生了重要影响，如何评估这类影响，并且使得中国的对外援助与"一带一路"倡议、全球发展倡议等形成良性互动，需要进行专门研究。

基于上述的现实背景，本书以中国对外援助工作长期实践为基础，结合新时代中国对外援助产生的"新变化"，抛去学科界限，对新时代中国对外援助的概念、组织、规则开展系统的研究与分析，并对中国的对外援助与"一带一路"倡议、全球发展倡议的互动关系进行专题研究。围绕上述基本思路，本书的基本研究框架如下：

第一章主要探讨对外援助的概念。对外援助是一个国际通用的术语，此外还存在发展援助、发展合作等多种用法，本章通过法律解释学的方法就对外援助及近似用法进行了比较研究。在此基础之上，就中国使用"对外援助"一词的具体含义及其特征进行了分析，明确本书研究的概念起点。随着新时代以来中国对外援助的话语逐渐开始转变，本书也同时就"对外援助"和"国际发展合作"作了语义比较、分析，以便为今后进一步推进话语转型、进行术语选择提供参考。

第二章主要以援外管理体制为核心研究我国对外援助的组织形态。我国的援外管理体制几经变迁，在新时代再度显现出援外管理体制的改革需求。2018年全国人大通过《国务院机构改革方案》，组建国家国际发展合作署主管援外工作，是我国援外管理体制改革的里程碑进展。第二章基于我国援外管理体制改革的历史沿革，分析我国推进援外管理体制改革的内在原因，以2018年机构改革方案为基础，认为目前的援外管理体制在部门协调、实施体制、机构法定等方面仍存在较大挑战，并结合本国制度运行经验，提出深化援外管理体制改革的建议。

第三章和第四章主要研究新时代中国对外援助的基本规则。其中，第三章侧重于研究对外援助规则的宏观层面，就我国对外援助的规则体系进行考察，从战略规划、政策规范、法律规则三个方面梳理我国对外援助规则的基本体系。第四章则主要从微观上梳理对外援助工作开展的具体流程。随着中国对外援助工作逐步法制化，对外援助有关职能部门逐渐完善对外援助的决策、实施、评估规则，并逐步向社会公布，使得对外援助管理规范性不断增强。第四章围绕预算、立项、实施、评估四个环节对新时代中国对外援助工作的规则进行梳理和分析。

第五章和第六章专题研究中国对外援助与"一带一路"倡议的互动。其中，第五章侧重于研究中国对外援助与"一带一路"倡议的理论问题，主要就"一带一路"倡议与美国"马歇尔计划"、"一带一路"倡议与中国对外援助进行了区分，以系统回应目前存在的一些误解。第五章还就"一带一路"倡议与中国对外援助两者之间的理念连接点及相互作用进行剖析，为后续章节的研究提供理论基点，为"一带一路"倡议与中国对外援助的互动关系提供理论素材。第六章以中国对外援助的实践为基础，按照国别援助和部门援助分别就中国对老挝的援助、中国的对外抗疫援助、中国的能源对外援助开展研究，总结我国对外援助的实际成效，也为中国对外援助规则的完善提供若干制度建议。

第七章专题研究中国对外援助与全球发展倡议的互动问题。2021 年，中国提出全球发展倡议，是继"一带一路"倡议之后为国际社会提供的又一次发展方案与发展契机。第七章对全球发展倡议的提出、发展进程进行梳理，总结全球发展倡议提出的重要意义，就全球发展倡议与"一带一路"倡议、全球发展倡议与全球安全倡议、全球发展倡议与对外援助的基本关系进行定位，并就对外援助与全球发展倡议的互动与共进作初步的探讨与展望。

结语部分对本书的研究内容进行了总结和归纳，并期待新时代的中国对外援助可以在现有的人类命运共同体理念指引下，不断优化组织和规则，不断促进与"一带一路"倡议和全球发展倡议的良性互动，助力人类实现美好未来。

对外援助的概念

对外援助（Foreign Aid, Foreign Assistance）是一个跨学科概念，目前已经在法学、政治学、经济学、管理学、社会学、教育学等多个不同学科有着广泛而深入的探讨。对外援助是一个跨地区的概念，不同地区、不同国家、不同种族之间就对外援助存在着不同的称谓与理解。对外援助是一个多层次概念，内容上可以包含经济援助、军事援助、政治援助甚至是情报援助，形式上可以包含一对一、一对多、多对一、多对多等。

日常生活中，正常的社会交往通常并不以一个精确的概念为前提。学术研究中，概念则对应着特定的研究对象，表达这一研究对象的特征，映射该研究对象与其他研究对象的区别。概念是研究工作的起点，是认识现象的工具，是学术交流的基础。本书以对外援助为主要研究对象，从对外援助的规则、组织、实践等方面就新时代中国的对外援助开展研究，在客观上跨越了学科的藩篱。这种情况下，通过对研究对象的概念进行探讨，既能清晰地展示本书的研究核心，也能促进跨学科交流的效果。

第一节　对外援助及近似用法

对外援助的内涵在国际上尚未形成统一共识，甚至未形成统一的称谓。这一概念在很多场合称为发展援助（Development Assistance）、官方发展援助或政府开发援助（Official Development Assistance, ODA）、国际发展援助（International Development Assistance, IDA）、经济援助（Economic Assistance）、经济合作（Economic Cooperation）、发展合作（Development Cooperation）、国际发展合作（International Development Cooperation）等。当然，关于对外援助

的不同表述，不同的国家具有不同的使用偏好。

一、对外援助

美国最常使用的是"对外援助"，在其 1948 年通过的《1948 年对外援助法》（The Foreign Assistance Act of 1948）中便使用了"对外援助"一词，《1961 年对外援助法》（The Foreign Assistance Act of 1961）更是固化了这一用法。由于对外援助这一用法属于美国的法律概念，因而目前在其官方文件和学者的学术研究方面大都使用"对外援助"。值得指出的是，美国在其对外援助立法之中不仅使用了"对外援助"的概念，目前也同时使用了"发展合作"（Development Cooperation）、"发展援助"（Development Assistance）的概念，以便于将发展的援助和其他类型的援助进行区分。

美国对外援助专家 Carol Lancaster 在《对外援助：外交、发展、国内政治》（Foreign Aid：Diplomacy, Development, Domestic Politics）一书中认为对外援助是一个很棘手的概念（a tricky concept），有时候被认为是一种政策，有时候被认为是一种政策工具而不是政策。她给对外援助作了一个较为狭义的界定，认为对外援助是一个政府自愿向另一个独立政府、非政府组织或国际组织（如世界银行或联合国开发计划署）转移公共资源的活动，这种公共资源转移至少需具有25%的赠予成分，且应具有促进受援方生活条件的目标。[1] 由于对外援助本身的复合性，从不同的角度审视对外援助，关于对外援助的认识也会有所不同，例如政治学家认为对外援助在国内可以成为一国的政治议题，在国外则可以成为一种政治势力。[2] 经济学家则认为，对外援助属于资本运动的范畴，是一种以资本运动为主导，伴随着资源、技术和生产力等生产要素在国际的移动。[3] 正是由于对外援助的跨学科性、跨国性、高政治性，很难就"对外援助"的概念形成一种普遍的认知，只有在特定的语境和背景下才有可能尝试作出界定。

相比于其他术语，对外援助具有如下特点：

---

〔1〕 See Carol Lancaster, *Foreign Aid：Diplomacy, Development, Domestic Politics*, The University of Chicago Press, 2008, p. 9.

〔2〕 See John D. Montgomery, *The Politics of Foreign Aid：American Experience in Southeast Asia*, Frederick A. Praeger, 1962, p. 3.

〔3〕 参见卢进勇等编著：《国际经济合作》，机械工业出版社 2013 年版，第 273 页。

第一，"对外援助"这一概念能够清晰地表明本国与受援方之间的关系和地位，即提供援助的一方为援助方，接受援助的一方为受援方，其他概念（如"发展援助"或者"发展合作"等）本身无法表明形成援助关系的当事方之间各自具有何种地位。

第二，"对外援助"这一概念并不具有明显的标签性，对外援助的提供者既可能是发达国家，也可能是发展中国家，对外援助的受援方既可能是发展中国家，也可能是国际组织，还可能是发达国家。2011 年日本地震时，中国向日本提供的紧急人道主义援助就是一例由发展中国家向发达国家提供援助的案例。2020 年新冠疫情肆虐全球之际，中国对意大利、西班牙等发达国家提供的抗疫援助也属于发展中国家向发达国家提供援助的实例。

第三，"对外援助"这一概念具有综合性和包容性，按照援助的不同标准，对外援助可以分为军事援助、经济援助、情报援助等，也可以分为安全援助、发展援助、人道主义援助等，还可以分为官方援助、私人援助等。

二、官方发展援助或发展援助

20 世纪 50 年代后期，欧洲国家基于各自的外交、商业、文化目的，逐渐开始向发展中国家提供援助，同时纷纷在其国内组建负责援助的管理部门。1961 年，经济合作与发展组织（Organization for Economic Co-operation and Development，OECD）成立并组建了发展援助委员会（The Development Assistance Committee，DAC）。[1] 1969 年，OECD/DAC 采纳"官方发展援助"这一概念，并首次对其进行界定。[2] 按照 OECD/DAC 的界定，"官方发展援助"是指国家及地方政府等官方机构为提升发展中国家的经济发展和福利水平，向发展中国家（系 OECD/DAC 清单中的发展中国家）和多边机构提供的赠与或优惠性贷款（其中赠与成分至少 25%）。[3] 这在一定程度上使得"发展援

---

[1] See OECD, DAC in Dates: The History of OECD's Development Assistance Committee, page 11, available at: https://www.oecd.org/dac/1896808.pdf#page=10, last visited on April 5, 2023.

[2] See OECD, DAC in Dates: The History of OECD's Development Assistance Committee, page 11, available at: https://www.oecd.org/dac/1896808.pdf#page=10, last visited on April 5, 2023.

[3] See OECD/DAC, "Development Co-operation Report 2012: Lessons in Linking Sustainability and Development", *OECD publishing*, 2012, page 292, available at: http://doi.org/10.1787/dcr-2012-en, last visited on April 5, 2023.

助"或者"官方发展援助"一词逐渐成为欧洲国家和国际社会指称对外援助的常用术语。日本作为 OECD/DAC 成员，长期以来也使用"官方发展援助"这一措辞，其在 1992 年发布、2003 年修订的《官方发展援助宪章》（Official Development Assistance Charter）中均使用了"官方发展援助"的概念。

相较于其他用法，"官方发展援助"具有如下几个方面的特点：

第一，"官方发展援助"体现援助的发展目的，强调援助拨款的用途或目的是促进发展中国家的发展和物质水平、经济条件的提升。当然，即使是以发展为直接目的的援助，也不一定是纯粹的以促进受援方发展为目的的援助，提供援助的动因可能是多元的。

第二，"官方发展援助"对当事方而言隐含一定身份标签，这一用法表明援助是发达国家为带动发展中国家实现增长而为发展中国家提供的经济援助，其援助方一般是发达国家，受援方一般是发展中国家。

第三，"官方发展援助"还体现了资金来源的公共属性，表明该类援助主要由政府资金支持，至于民间组织、非政府组织、私人志愿者等提供的援助则不能被归为这类援助的范畴。

因而，尽管有关国家或学者经常使用"官方发展援助"来指代"对外援助"，但两者实际上具有不同的内涵和外延。相对而言，"官方发展援助"的范围更窄，加之西方国家在援助过程中与受援方形成实质上的不对等关系，使得"官方发展援助"隐含的身份标签更为扎眼。目前，西方国家、国际组织和有关学者越来越多地使用"发展合作"一词。

三、国际发展合作或发展合作

西方国家在许多场合将"发展合作"作为"发展援助"或"对外援助"的代名词。欧洲国家较早广泛使用"发展合作"，例如，丹麦在 20 世纪 60 年代开始便长期使用"发展合作"一词，并在 1971 年制定的《国际发展合作法》中将"国际发展合作""发展合作"确立为法律概念。德国、荷兰、瑞典在长期的对外援助中，也不同程度地使用"发展合作"一词。澳大利亚在使用"对外援助"一词的同时，也使用"发展合作"，并于 1975 年成立了发展合作委员会。[1] 20 世纪 80 年代以后，OECD/DAC 先后出版或发布《发展合作 25 年》（Twenty-Five Years of Development Co-operation）、《20 世纪 90 年代的发展合作》（Development Co-operation in the 1990s）、《塑造 21 世纪：发展合作的贡献》（Shaping the 21st Century: The Contribution of Development Co-operation）等著作或文件，使得"发展合作"一词在 OECD 逐渐得到广泛使用。日本在 2015 年再次修订《官方发展援助宪章》时，将原《官方发展援助宪章》更名为《发展合作宪章》（Development Cooperation Charter），逐渐由"发展援助"向"发展合作"过渡。[2] 韩国也将"发展合作"用作其对外援助的正式用语，并在 2010 年制定《国际发展合作基本法》（Framework Act on International Development Cooperation）将其确立为法律术语。

相较于其他表述，"国际发展合作"或者"发展合作"具有如下特点：

第一，"国际发展合作"具有鲜明的发展特征，这一术语将发展作为合作或援助的目的，正视全球面临的发展问题，体现援助方积极承担发展责任。

第二，"国际发展合作"强调援助双方的平等地位，相对于经济援助、发展援助而言，"国际发展合作"一词淡化了经济合作中的援助成分，强调合作主体之间的平等关系，意在表明援助方和受援方之间通过平等的经济合作来实现互利共赢。

第三，"国际发展合作"参与主体的包容性，相对于"官方发展援助"而言，"国际发展合作"并未就参与的援助方作出限定，既包含政府、国际组织等官方主体，也能将非政府组织、企业、自然人等私人主体吸纳到发展合作工作中，凝聚发展合作资源，提升发展合作能力。

第四，"国际发展合作"内涵具有不确定性，"发展""合作"这两个名词本身都是具有很大争议的概念，即使用"发展"来限定"合作"，合作的范围也是不确定的。比如，发展援助能够促进发展，但贸易合作、投资合作也能有效促进发展，是否可以纳入"发展合作"的范畴？再如，人道主义援

---

〔1〕 See Department of Foreign Affairs and Trade, Committee for Development Cooperation (CDC), available at: https://www.dfat.gov.au/aid/who-we-work-with/ngos/cdc/committee-for-development-cooperation#:~:text=The%20Committee%20for%20Development%20Cooperation%20%28CDC%29%2C%20established%20in, department.%20The%20role%20of%20the%20CDC%20is%20to%3A, last visited on February 5, 2023.

〔2〕 参见曹俊金：《日本官方发展援助制度及对我国的启示》，载《太平洋学报》2017 年第 11 期。

助本身不具有直接的发展效果，但人道主义援助能否纳入"发展合作"的范畴？这些问题目前来看都是不确定的。

从目前西方国家和OECD对"国际发展合作""发展合作"的使用来看，往往是将其作为"官方发展援助"的替代用法，但对"发展合作"本身缺乏统一而清晰的界定。因而，有的学者指出，尽管这个术语包含了比官方发展援助更为丰富的含义，但它在很多情况下不过是官方发展援助的一个委婉的代名词。[1]当然，由于"国际发展合作""发展合作"这一术语更加关注援助双方的平等关系（即使可能是表面的），这一表达似乎正在变得越来越有生命力。

第二节　中国的"对外援助"

一、中国"对外援助"的使用情况

我国作为最大的发展中国家，长期以来接受了国际社会的许多经济援助，同时也力所能及地向其他国家提供了经济援助。在我国的官方用语中，与其他发展中国家的经济合作与经济领域的互帮互助一般被称为"对外援助"，简称"援外"，实质是发展中国家之间的南南合作。随着近年来我国改革开放成果的日益凸显，我国经济总量在世界经济总量中的比重不断增加，为世界经济总量的增长作出了重要贡献。无论是在国际经济领域，还是在国际政治领域，中国的影响力日益提升，作为世界第二大经济体，我国已经不得不去直面大量的国际问题，也应肩负起与自身地位相适应的国际责任。

关于"对外援助"这一术语在我国的使用情况，主要可以从三个层面进行考察：

第一，在实践层面，新中国成立以后，我国便开始开展对外援助工作，帮助其他发展中国家增强自主发展能力，促进其经济社会发展水平。在长期的援外实践中，我们一直将这种向其他发展中国家提供资金、物资、人力、技术帮助的活动称为"对外援助"。为了顺利推进对外援助工作，我国对外援

---

〔1〕　参见丁韶彬：《大国对外援助——社会交换论的视角》，社会科学文献出版社2010年版，第14页。

助原主管部门商务部下设置了对外援助司负责对外援助工作。石林、周弘、李小云、黄梅波、任晓等在其著作中对我国对外援助的实践及援助阶段进行过研究。

第二，在政策层面，1964 年，周恩来同志曾代表我国政府首次向世界宣布以平等互利、不附带条件为核心的对外经济技术援助八项原则，使用了"对外经济技术援助"这一用法，并多次采用"对外提供援助"一词。[1] 1980 年，中共中央、国务院出台《关于认真做好对外援助工作的几点意见》[2] 在文件标题上使用了"对外援助"的用法。进入 21 世纪后，在纪念对外援助 60 周年之际，2011 年国务院新闻办公室发布的《中国的对外援助》白皮书使用了"对外援助"一词，2014 年国务院新闻办公室发布的《中国的对外援助（2014）》白皮书确认了这一用词。2021 年 3 月，全国人民代表大会通过《中华人民共和国国民经济和社会发展第十四个五年规划和 2035 年远景目标纲要》，从国家中长期发展战略规划层面明确规定：深化对外援助体制机制改革，优化对外援助布局，向发展中国家特别是最不发达国家提供力所能及的帮助，加强医疗卫生、科技教育、绿色发展、减贫、人力资源开发、紧急人道主义等领域对外合作和援助。

第三，在法律层面，商务部组建之后，推进对外援助领域的建章立制工作，出台了一系列关于对外援助的行政规范性文件和部门规章，在其部门规章中使用了"对外援助"这一概念。进入新时代以后，在全面推进依法治国的大背景下，我国进一步完善对外援助领域的制度建设，在 2014 年首次制定了对外援助领域的综合性部门规章——《对外援助管理办法（试行）》，再次使用了"对外援助"的概念。2018 年我国对外援助管理体制改革之后，国家国际发展合作署、外交部、商务部于 2021 年制定《对外援助管理办法》，在法律概念上保留了"对外援助"的用法。"对外援助"这一概念目前仍是我国对其他发展中国家提供经济援助和紧急人道主义援助的法律表达。

我国长期以来之所以在实践、政策、法律上使用"对外援助"一词，可能是基于以下三方面原因：第一，相较于南南合作、经济合作等"合作"而

[1]　参见中华人民共和国外交部、中共中央文献研究室编：《周恩来外交文选》，中央文献出版社 1990 年版，第 388~389 页。

[2]　参见《当代中国》丛书编辑部编辑：《当代中国的对外经济合作》，中国社会科学出版社 1989 年版，第 69 页。

言，对外援助体现了我国对其他发展中国家提供"援助""帮助"的态度，表明我国力所能及地承担国际责任。第二，相较于"发展援助""开发援助"等用语而言，对外援助在含义上较为中性，而"发展援助""开发援助"更可能隐含发达国家对于发展中国家援助的意思，这与中国当前仍然属于发展中国家的基本情况并不相符。第三，相较于"发展援助""发展合作"而言，对外援助更为直观，含义更为明确，我国与受援方之间的援助关系也更为清晰。

二、中国"对外援助"的界定

鉴于对外援助具有政治与经济双重属性，且每个援助国开展对外援助存在不同的援助目的，因而很难形成一个统一、客观的"对外援助"定义，只有具体到特定的援助国或受援方就对外援助进行界定才有较高的可操作性。

从我国目前的官方文件上来看，政策层面并不存在关于对外援助内涵的政治界定，仅仅将其定性为南南合作。商务部 2014 年制定的《对外援助管理办法（试行）》（已废止）将对外援助定义为：使用政府对外援助资金向受援方提供经济、技术、物资、人才和管理等支持的活动，但军事援助不适用该管理办法。这一定义主要由三个方面的要素组成：第一，明确对外援助使用的是政府对外援助资金，即官方的援助；对于私人对外援助，需要进行调整，但不属于该办法的调整范围。第二，明确接受对外援助的主体是"受援方"，而非"受援国"，除了主权国家之外，发展中国家为主的国际或区域性组织也属于接受援助的对象。按照《对外援助管理办法（试行）》第 3 条的规定，受援方主要包括与中华人民共和国已经建立外交关系且有接受援助需要的发展中国家，以及发展中国家为主的国际或区域性组织；在人道主义援助等紧急或特殊情况下，发达国家或与中华人民共和国无外交关系的发展中国家也可作为受援方。但这里"受援方"并不是一个封闭的概念，除了前述主体之外，哪些主体还可以作为"受援方"，存在进一步解释的空间。第三，明确提供援助的主要方式，包含提供经济、技术、物资、人才和管理等支持，基本涵盖了常规的对外援助方式。

目前看来，对这一概念作出规定具有较为积极的制度意义：首先，该办法首次在中国法律上就"对外援助"这一概念作出界定，明确了对外援助的基本内涵，成为对外援助工作规范化的重要起点。其次，该办法总结了中国长期开展对外援助的实践经验，明确了提供援助的主要方式，并从部门立法的角度初步统一了援外政策和实践的基本概念起点。再次，该办法承认"对外援助"的综合性和包容性，仅就对外援助中的经济性援助进行界定和调整，对于军事援助的含义没有做出规定，也不纳入办法的调整范围。最后，由于当时商务部主导制定该办法，因而在"对外援助"的定义中突出了对外援助的经济特征，未涉及对外援助的宏观政策和政治外交要素，减少了关于"对外援助"概念的争议。

2021年，国家国际发展合作署等三部委在制定《对外援助管理办法》时确认了"对外援助"的概念，并对商务部《对外援助管理办法（试行）》中作出的这一界定予以保留。

当然，"对外援助"的学术界定可以更为宽泛，从广义的角度来看，对外援助可以理解为：国家或国内私人主体直接或间接地向其他国家、地区及其国民提供的资金、物资、技术、人力资源等形式的支持活动。从狭义的角度来看，对外援助是国家或国内私人主体以促进其他国家、地区及其国民的经济社会发展、生存生活状态为目的，直接或间接地向其提供资金、物资、技术、人力资源等形式的支持活动。本书从狭义的角度研究对外援助的规则、组织及其与"一带一路"倡议的互动问题。

三、中国对外援助的基本特点

从我国关于对外援助的界定和长期的援外实践来看，中国的对外援助具有如下几方面的基本特点：

1. 中国对外援助强调发展中国家发展利益。发达国家往往赋予对外援助各种各样的政策目标，如安全、权力和影响、商业利己主义、理性利己主义、国际声誉、国际义务以及国际人道主义等。[1] 从中国的援外实际情况而言，我国长期以来实施的援外活动都是无条件、不要求政治或经济回报的发展中国家的自愿帮助行为，属于发展中国家之间的相互合作，这与发达国家的援助动机存在显著区别。

---

[1] A. Maurits van der Veen, *Ideas*, *Interests and Foreign Aid*, Cambridge University Press, 2011, p. 10.

2. 中国对外援助是发展中国家之间的平等互助。发达国家实施的援助，其援助一方是发达国家，另一方是受援方或相应的多边援助机构。中国对外援助的援助方是中国政府，是发展中国家，受援方是发展中国家和以发展中国家为主的国际组织，属于发展中国家之间的平等合作与互助。当然，在提供紧急人道主义援助时，发达国家也会成为我国对外援助的受援方。这种发展中国家之间的相互帮助，有利于援助双方之间的身份认同和相互尊重，能够促进平等交流和平等合作。

3. 中国对外援助基于发展中国家的援助需求。关于对发展中国家的对外援助，发达国家往往制定了完善的援助程序，从援助政策、援助需求、援助实施到援助评价，对外援助的整个流程都在发达国家开出的"自以为是"的药方下进行，并受到发达国家援助方的全过程监督，尽管这一援助模式并未带来良好的效果。我国的对外援助主要取决于受援国自身的发展经验和请求，重点放在基础设施、生产和大学奖学金等传统捐助者已经不再重视的领域。[1]这种援助模式与西方的"指令式"援助模式形成很大的区别，张海冰将其定义为"发展引导型援助"，是一种通过"援助+合作"的方式帮助和引导受援国实现自主发展，援助理念上坚持"平等互助、共同发展"，援助方式上强调"平等协商、互利互惠"，最终以实现受援国与援助国共同发展为目的的援助。[2]

4. 中国对外援助是基于自愿的发展中国家的经济合作。对外援助已经从纯粹的外交政策与商业政策工具驱动逐渐走向发展驱动，已成为国际关系中不可或缺的重要组成。随着一部分发达国家对援助义务的"自认"、发展援助组织的"推动"以及发展中国家的联合呼请，发达国家的对外援助逐渐从国际道义走向国际义务，尽管这种"软性的"国际义务尚未产生强制的实施效力，但或多或少给发达国家的对外援助设定了国际义务。中国已经成为全球第二大经济体，需要秉持正确义利观，通过对外援助体现大国担当，承担大国责任。但中国仍然是发展中国家，自身仍然存在着严峻的发展难题，对外援助仍应以自愿为前提，不能也不应当成为我国的强制国际义务。

---

〔1〕 参见［美］黛博拉·布罗蒂加姆：《龙的礼物——中国在非洲的真实故事》，沈晓雷、高明秀译，社会科学文献出版社2012年版，第11页。

〔2〕 参见张海冰：《发展引导型援助：中国对非洲援助模式研究》，上海人民出版社2012年版，第96页。

第三节　国际发展合作：新时代对外援助的话语转型

一、"国际发展合作"在中国的使用

随着中国经济的发展，中国国际经济地位逐渐发生转变，这一转变也导致中国在全球治理体系中的角色发生了重要的转变，致使我国不得不承担与政治经济地位相适应的国际责任。中国如何能够更为有效地参与全球治理并主导国际规则的制定、重塑国际秩序，最终实现全人类的共同繁荣和发展，笔者认为中国与世界的良性互动是基本前提。

党的十八大以后，中国的发展进入新时代，着力推进对外援助转型升级，以此作为中国构建新型国际关系的重要抓手。

2018 年 3 月 17 日，第十三届全国人民代表大会第一次会议通过《国务院机构改革方案》，组建国家国际发展合作署，使用"国际发展合作"为援外管理机构命名，专门负责中国的对外援助工作，为中国后续进一步推进对外援助转型升级提供机构基础，拉开了由"对外援助"向"国际发展合作"转型的序幕。与此同时，对外援助学术研究方面对于"国际发展合作"这一术语的使用也日益普遍，国内不少智库、研究机构也逐渐使用"国际发展合作"一词进行命名，启动"对外援助"向"国际发展合作"的学术转型。

2021 年 1 月 10 日，国务院新闻办公室发布《新时代的中国国际发展合作》白皮书，第一次以白皮书的形式确立了"国际发展合作"的用语，是中国推动对外援助转型升级的"标志性"步骤。

二、话语转型的理念基础

国务院新闻办发布的《新时代的中国国际发展合作》白皮书明确表达了中国国际发展合作的文化根脉和精神源泉，指出"中国开展国际发展合作，源于中华民族的天下大同理念""中国开展国际发展合作，源于中国人民投桃报李的朴实情感""中国开展国际发展合作，源于中国的国际主义情怀""中国开展国际发展合作，源于中国的大国责任担当"。推动中国"对外援助"向"国际发展合作"转型的，是推动构建人类命运共同体的崇高理念。

人类命运共同体理念的提出是中国对世界和人类发展作出的重要贡献。

党的十八大认为："合作共赢，就是要倡导人类命运共同体意识，在追求本国利益时兼顾他国合理关切，在谋求本国发展中促进各国共同发展，建立更加平等均衡的新型全球发展伙伴关系，同舟共济，权责共担，增进人类共同利益"，这种将本国利益与他国利益进行合理连接、以增进人类共同利益的意识来推进国家间的合作的观点是人类命运共同体理念的起源。自党的十八大以来，习近平总书记在国内外多个重要场合反复强调推动构建人类命运共同体的重要性。

2013 年 3 月 23 日，习近平总书记在莫斯科发表演讲，认为这个世界，各国相互联系、相互依存的程度空前加深，人类生活在同一个地球村里，生活在历史和现实交汇的同一个时空里，越来越成为你中有我、我中有你的命运共同体。[1]

2014 年 3 月 27 日，习近平总书记在巴黎联合国教科文组织发表演讲，同样提出"人类生活在不同文化、种族、肤色、宗教和不同社会制度所组成的世界里，各国人民形成了你中有我、我中有你的命运共同体"的观点。[2]

2015 年 9 月 28 日，习近平总书记在联合国大会上发表演讲，多次强调国际社会应互利合作，同心打造人类命运共同体。[3]

2016 年 9 月 3 日，习近平总书记在二十国集团工商峰会开幕式上发表主旨演讲，认为伙伴精神是二十国集团最宝贵的财富，也是各国共同应对全球性挑战的选择，提出求同存异、聚同化异，加强在重大全球性问题上的沟通和协调，加强各领域务实合作，促进不同国家、不同文化和历史背景的人们深入交流，携手构建人类命运共同体。[4]

2017 年 1 月 18 日，习近平出席联合国"共商共筑人类命运共同体"高级别会议，并发表题为《共同构建人类命运共同体》的主旨演讲，深刻、全面、系统阐述人类命运共同体理念，主张共同推进构建人类命运共同体伟大进程，坚持对话协商、共建共享、合作共赢、交流互鉴、绿色低碳，建设一个持久

---

〔1〕 参见习近平：《顺应时代前进潮流 促进世界和平发展——在莫斯科国际关系学院的演讲》，载《人民日报》2013 年 3 月 24 日，第 2 版。

〔2〕 参见习近平：《在联合国教科文组织总部的演讲》，载《人民日报》2014 年 3 月 28 日，第 3 版。

〔3〕 参见习近平：《携手构建合作共赢新伙伴 同心打造人类命运共同体——在第七十届联合国大会一般性辩论时的讲话》，载《人民日报》2015 年 9 月 29 日，第 2 版。

〔4〕 参见习近平：《中国发展新起点 全球增长新蓝图——在二十国集团工商峰会开幕式上的主旨演讲》，载《人民日报》2016 年 9 月 4 日，第 3 版。

和平、普遍安全、共同繁荣、开放包容、清洁美丽的世界。[1]

2018 年 6 月 10 日，在上海合作组织成员国元首理事会第十八次会议上，习近平总书记发表《弘扬"上海精神"，构建命运共同体》的讲话，再次提出"坚持共商共建共享的全球治理观，不断改革完善全球治理体系，推动各国携手建设人类命运共同体"的观点，并提出"齐心协力构建上海合作组织命运共同体，推动建设新型国际关系，携手迈向持久和平、普遍安全、共同繁荣、开放包容、清洁美丽的世界"的美好愿景。[2]

2019 年 10 月 1 日，在庆祝中华人民共和国成立 70 周年大会上，习近平总书记指出：我们要坚持和平发展道路，奉行互利共赢的开放战略，继续同世界各国人民一道推动共建人类命运共同体。[3]

2020 年 5 月 18 日，新冠肺炎疫情发生后，习近平总书记在第 73 届世界卫生大会视频会议开幕式上致辞，提出"人类是命运共同体，团结合作是战胜疫情最有力的武器……中国始终秉持构建人类命运共同体理念，既对本国人民生命安全和身体健康负责，也对全球公共卫生事业尽责"[4]。为推进全球抗疫合作，习近平总书记在大会上提出了中国的五项举措，携手构建人类卫生健康共同体。

2020 年 11 月 10 日，习近平总书记在上海合作组织成员国元首理事会第二十次会议上以视频方式发表重要讲话，倡议在上海合作组织框架下构建更加紧密的命运共同体，并提出"卫生健康共同体""安全共同体""发展共同体""人文共同体"的命运共同体框架。[5]

2021 年 9 月 21 日，习近平总书记在第七十六届联合国大会一般性辩论上发表重要讲话，向全世界提出以坚持发展优先、坚持以人民为中心、坚持普

---

[1] 参见习近平：《共同构建人类命运共同体——在联合国日内瓦总部的演讲》，载《人民日报》2017 年 1 月 20 日，第 2 版。

[2] 习近平：《弘扬"上海精神"，构建命运共同体——在上海合作组织成员国元首理事会第十八次会议上的讲话》，载《人民日报》2018 年 6 月 11 日，第 3 版。

[3] 参见习近平：《在庆祝中华人民共和国成立 70 周年大会上的讲话》，载《人民日报》2019 年 10 月 2 日，第 2 版。

[4] 习近平：《团结合作战胜疫情 共同构建人类卫生健康共同体——在第 73 届世界卫生大会视频会议开幕式上的致辞》，载《人民日报》2020 年 5 月 19 日，第 2 版。

[5] 参见习近平：《弘扬"上海精神"深化团结协作 构建更加紧密的命运共同体——在上海合作组织成员国元首理事会第二十次会议上的讲话》，载《人民日报》2020 年 11 月 11 日，第 2 版。

惠包容、坚持创新驱动、坚持人与自然和谐共生、坚持行动导向为核心的全球发展倡议，以此来推动构建人类命运共同体。[1]

2022 年 10 月 16 日，中国共产党第二十次全国代表大会在北京召开，习近平总书记代表第十九届中央委员会向大会作报告，向全世界庄严宣告"中国始终坚持维护世界和平、促进共同发展的外交政策宗旨，致力于推动构建人类命运共同体。"[2]

人类命运共同体的提出具有一定的现实基础，源于日益严峻的全球挑战与现实困境，人类命运共同体实际上就是基于"（地球上）每个民族、每个国家的前途命运都紧紧联系在一起"的现实，需要全人类共同努力、同舟共济，才能有效应对人类面临的挑战与困难，共同建设和平、安全、繁荣、包容、清洁、美丽的世界，创造人类的幸福生活。中国提出"人类命运共同体"以来，在不同场合反复倡导，目的在于向全世界传递我国希望同世界各国一起通过平等合作实现共同发展的美好愿望。

人类命运共同体理念的优势在于以人类整体为中心，以共同利益为基石，以共同价值为导向，以共同责任为保障，以共同发展为追求，[3] 兼顾不同主体的利益需求，因而能够对全球的减贫和发展提供持续的动力与现实的效力。

人类命运共同体是对发展合作或者对外援助的理念贡献，推动新时代中国对外援助理念的转型与升华。"国际发展合作"这一用法体现鲜明的"发展"目标和明确的"合作"途径，能够更好地体现我国通过"一带一路"倡议、全球发展倡议等携手各国人民推动构建人类命运共同体的期待，这是新时代中国"对外援助"向"国际发展合作"话语转型的理念基础。

三、新时代的"对外援助"和"国际发展合作"

进入新时代以后，中国对外援助学界和实务界都越来越多地使用"国际发展合作"一词。一方面，"国际发展合作"是一个相对较新的概念，在国内来看

---

〔1〕 参见习近平：《坚定信心 共克时艰 共建更加美好的世界——在第七十六届联合国大会一般性辩论上的讲话》，载《人民日报》2021 年 9 月 22 日，第 2 版。

〔2〕 习近平：《高举中国特色社会主义伟大旗帜 为全面建设社会主义现代化国家而团结奋斗——在中国共产党第二十次全国代表大会上的报告》，载《人民日报》2022 年 10 月 26 日，第 1 版。

〔3〕 参见胡鞍钢、李萍：《习近平构建人类命运共同体思想与中国方案》，载《新疆师范大学学报（哲学社会科学版）》2018 年第 5 期。

是一种新的提法，也代表着一种新的理念。从某些意义上而言，相对于"对外援助"一词，"国际发展合作"意味着一种"创新"。另一方面，"对外援助"在含义上更为中性，仅仅表示一种援助现象，而"发展合作"表明援助方对于受援方经济发展的关注与支持姿态，体现了促进发展的主动性，有利于营造一种更为积极的发展话语，也能够更加便利地与西方世界形成发展话语上的互动。

尽管如此，目前我国对外援助相关部门仍在不同场合使用"对外援助"的用法。例如，《中华人民共和国国民经济和社会发展第十四个五年规划和2035年远景目标纲要》《对外援助管理办法》分别从国家中长期战略规划文件和部门立法上继续使用"对外援助"，《新时代的中国国际发展合作》中除使用"国际发展合作"的表述外也大量使用"对外援助"这一概念。可以说，相比于学术话语的转型，官方用语的全面转型需要考虑更多因素，转型难度更大、转型进度更慢。

客观地讲，现阶段在制度上审慎使用"国际发展合作"是有必要的，其主要原因是国内目前对"国际发展合作"的概念并没有形成清晰的认识。例如，《新时代的中国国际发展合作》曾为"国际发展合作"作了一个初步界定，认为"中国国际发展合作"指"在南南合作框架下，中国通过对外援助等方式在经济社会发展领域，包括人道主义援助方面开展的多双边国际合作"。[1] 显然，此处的"国际发展合作"并不等同于对外援助的概念，两者可以理解为是交叉的关系。再如，2023年6月28日通过的《中华人民共和国对外关系法》（以下简称《对外关系法》）第27条第1款也引入了"国际发展合作"的概念，但其含义上也显然不等同于对外援助。因而，"国际发展合作"的边界并不清晰，既需要想象，也需要明确。

新时代的中国对外援助概念、理念与实践都处于转型进程之中。在当前的对外援助话语中，存在着以"对外援助"作为主流话语、"国际发展合作"作为新兴话语的现实。在概念和话语转型升级过程中，"对外援助"和"国际发展合作"两个术语共同使用是不可避免的。通过加强对"国际发展合作"的内涵研究，深刻认识"国际发展合作"的积极意义与负面影响，进行充分的战略研判，并在制度选择中适时选用，具有重要意义。

---

〔1〕 参见中华人民共和国国务院新闻办公室：《新时代的中国国际发展合作》，人民出版社2021年版，第2页。

对外援助的组织：管理体制

人类已经逐渐进入制度化的时代，组织和规则成为经济社会活动的制度基础。对外援助作为一种对外经济交往活动，同样依赖于一定的组织、遵循特定的规则。在组织和规则的相互关系上，诺贝尔经济学奖获得者道格拉斯·诺思将制度理解为一种规则，认为组织和制度（规则）是相互影响的，组织的出现和演化受到规则框架的根本性影响，反过来，规则也影响着制度框架的演化；但从根本上而言，组织是制度（规则）变迁的动因，是促成制度（规则）变迁的主角。[1] 体制是组织的集合，蕴含组织之间的力量博弈，体制结构是组织力量的博弈结果，因而，体制是组织间的竞争、组织间的合作、组织间的对抗。

对外援助体制是指对外援助需求判断、战略型塑、管理活动的系统化的组织方式。对外援助体制包含对外援助管理体制和对外援助项目运行体制等，既包含横向和纵向的社会结构，也包含纵横交叉的社会结构。对外援助管理体制是对外援助体制的核心体制，是对外援助组织结构的关键要素，是对外援助工作顺利开展的宏观条件。鉴于此，本章以对外援助管理体制为核心，就对外援助的组织问题进行研究。

---

[1] 参见［美］道格拉斯·C. 诺思：《制度、制度变迁与经济绩效》，杭行译，格致出版社、上海三联书店、上海人民出版社 2008 年版，第 5 页。

第一节　我国对外援助管理体制的历史演进

一、我国对外援助主管部门的变迁

20 世纪 50 年代初期，我国的援外规模较小，仅涉及物资及少量现汇和技术援助，因而当时并未设立专门机构主管援外工作，而是由中央直接下达援外任务，交有关部门执行，直至 1952 年设立对外贸易部，由该部负责物资援助的管理和后续对外成套项目援助的谈判与缔约，此后中央和国务院的援助决策与援助管理开始相对分离。

1960 年，第二届全国人民代表大会常务委员会第十二次会议批准国务院设立对外经济联络总局，[1] 应对日益繁重的对外经济工作，同时作为国务院直属机构归口管理对外援助工作。1964 年，第二届全国人民代表大会常务委员会在第一百一十九次会议上，决定撤销对外经济联络总局，设立中华人民共和国对外经济联络委员会，[2] 此后又于 1970 年改为对外经济联络部负责对外援助工作。[3]

对外经济联络部运行十二年之后，国务院推进机构改革，根据重叠的机构撤销、业务相近的机构合并的原则，拟将当时的九十八个部、委、直属机构和办公机构，裁减、合并为五十二个，其中部、委由五十二个裁并为三十九个，直属机构由四十一个裁并为十个，办公机构由五个裁并为三个，认为将进出口管理委员会、对外贸易部、对外经济联络部和外国投资管理委员会合并组建对外经济贸易部的方案已经基本成熟。第五届全国人民代表大会常务委员会第二十二次会议经过审议，对国务院机构改革工作的进展情况表示满意，决定将前述四个部门合并，设立对外经济贸易部。[4] 自此，两部（对

---

〔1〕　参见全国人民代表大会常务委员会：《中华人民共和国第二届全国人民代表大会第二次会议全国人民代表大会常务委员会工作报告》，1960 年 3 月 30 日。

〔2〕　参见全国人民代表大会常务委员会：《中华人民共和国第二届全国人民代表大会第二次会议第一三六次会议全国人民代表大会常务委员会工作报告》，1964 年 12 月 17 日。

〔3〕　参见《当代中国》丛书编辑部编辑：《当代中国的对外经济合作》，中国社会科学出版社1989 年版，第 80～81 页。

〔4〕　参见全国人民代表大会常务委员会：《全国人民代表大会常务委员会关于国务院机构改革问题的决议》，1982 年 3 月 8 日第五届全国人民代表大会常务委员会第二十二次会议通过。

外贸易部、对外经济联络部）、两委（外国投资管理委员会、国家进出口管理委员会）合并后组建对外经济贸易部负责我国援外工作。[1] 尽管对外经济贸易部归口管理我国对外援助工作，但在援外方针政策和资金安排方面，仍需要与原国家计委、财政部等进行会商。按照国务院的分工，国家计委商同对外经济贸易部和财政部，根据我国政府对外援助的方针政策、双边协议、中央的有关批示和我国国力的可能，确定中期和年度的援外总金额；具体国别援款和项目的安排，由对外经济贸易部根据年度援外总规模和对外政策拟定，报国家计委、财政部纳入国民经济计划和国家预算。[2] 1993 年国务院机构改革时，将对外经济贸易部更名为对外贸易经济合作部，[3] 继续由该部门负责归口管理对外援助工作。

　　2001 年，中国加入世界贸易组织，但我国内外贸分割、国内外市场分割和进出口配额分割的管理体制，不能满足加入世界贸易组织新形势的需要，为适应内外贸业务相互融合的发展趋势和加入世界贸易组织的新形势，促进现代市场体系的形成，我国将国家经贸委的内贸管理、对外经济协调和重要工业品、原材料进出口计划组织实施等职能，国家计委的农产品进出口计划组织实施等职能，以及外经贸部的职能等整合起来，组建商务部。[4] 根据第十届全国人民代表大会第一次会议批准的《国务院机构改革方案》和《国务院关于机构设置的通知》（国发〔2003〕8 号），商务部职责包含原对外贸易经济合作部的全部职责及原国家经济贸易委员会、原国家发展计划委员会的部分职责，由合并后的商务部归口管理援外工作。自 2003 年到 2018 年 3 月《国务院机构改革方案》通过之前，对外援助工作主要由商务部负责，包括拟订并执行对外援助政策和方案、签署并执行有关协议、编制并执行对外援助计划、监督检查援外项目执行情况、管理援外资金和援外优惠贷款、推进援外方式改革，其职能范围基本涵盖了援外工作的各个阶段，具体工作由商务部下设的对外援助司负责。

---

〔1〕　参见周弘主编：《中国援外 60 年》，社会科学文献出版社 2013 年版，第 23 页。

〔2〕　参见国务院：《国家计委、国家经委、对外经济贸易部关于对外经济贸易工作中分工的意见》（国发〔1982〕13 号），1983 年 1 月 31 日。

〔3〕　参见全国人民代表大会：《第八届全国人民代表大会第一次会议关于国务院机构改革方案的决定》，1993 年 3 月 22 日第八届全国人民代表大会第一次会议通过。

〔4〕　参见王忠禹：《关于国务院机构改革方案的说明》，2003 年 3 月 6 日第十届全国人民代表大会第一次会议。

二、对外援助管理模式的发展

随着援外体制改革的推进及市场化改革的深化，对外援助基本管理模式也相应发生了变化。

在计划经济时期，我国主要采用"总交货人部制"（20世纪50~60年代）和"承建部负责制"（20世纪70年代）的管理体制，主要由中央直接制定援外政策、确定援外项目，由相应的部委直接负责援外项目的实施及管理的体制，在当时援助资源匮乏的情况下能够有效集中力量实施援助工作。

不断扩大的援助规模及市场化改革成为援外管理模式改革的重要推手，20世纪80年代初我国试行"投资包干制"，并在此后系统实施"承包责任制"，响应简政放权、政企分开的政治经济体制改革方向，将原先"中央指令—部门执行"的援外管理模式转变为"中央指示—部门统筹—企业实施"的管理模式，是援外管理市场参与的重要进展，但由于当时政企分开并不充分，因此援外管理体系改革需要进一步推进。

20世纪90年代初，根据政企职责分开、政府转变职能的原则，改变由对外经济贸易部对外援助司和援外项目执行局（即中国成套设备出口公司）分段管理援外工作的体制，由对外援助司负责归口管理。[1] 同时，建立"企业总承包责任制"，由总承包企业作为中国政府指定中方执行机构负责实施援外任务。[2] 按照这一模式调整，援外职能部门和实施部门的界限相对清晰，政府职能和企业职能能够明确进行区分，也充分考虑了行政、经济、市场、竞争、效率等各方面的因素。具体而言，援外工作由行政部门集中行使管理职能，由管理部门运用行政法规、制度对援外工作进行规范化的宏观调控；运用经济手段保证援外工程的质量和进度；建立实施援外任务的企业总承包责任制，承担援外任务的总承包企业在政府间协议规定的范围内，享有充分的自主权，并承担政治和全部经济技术责任；运用竞争机制，通过招标择优选定承担各类援外任务的总承包企业，视项目规模、性质和内容，分别采取相

---

〔1〕　参见中华人民共和国对外经济贸易部：《对外经济贸易部关于我部改革援外管理体制的通知》（〔1993〕外经贸援发第89号），1993年3月17日发布。

〔2〕　参见黄梅波、胡建梅：《中国对外援助管理体系的形成和发展》，载《国际经济合作》2009年第5期。

应的方式招标；择优选定技术、咨询、审计单位对援外项目进行设计审查、质量监督、财务审计和工程验收，实现对外援助工作的宏观管理。[1]

目前，我国仍然采用"企业总承包责任制"的援外管理模式，这种模式对于发挥市场作用、调动社会资源、提升援外效率方面具有重要意义。当然，如何通过进一步优化对外援助开展模式协调对外援助的政治目标和经济目标、平衡受援方的发展利益与我国自身的安全、发展利益等仍然有待进一步研究。

三、商务部时期援外工作的实施管理机构框架

国家国际发展合作署设立之前，商务部是对外援助工作的归口管理部门，其援外职责由对外援助司负责承担。从商务部的援外管理职能来看，其对外援助管理职能是完备的，包括决策管理、实施管理、监督评估全流程的管理职能，如与受援方政府签署援助协议、援外项目实施企业资格认定、援外项目任务下达、援外经费使用与统筹等都属于其工作职责。除商务部之外，其他部委作为协作部委，也承担着一部分援外实施职能，如科技部与商务部等共同组织科技援外相关工作；国家卫健委组织指导卫生方面的国际交流合作与卫生援外有关工作，并负责派遣援外医疗队；农业部协助有关部门组织实施农业援外项目；教育部同样承担一部分教育援外方面的管理职责等。

值得指出的是，尽管许多部门实施对外援助项目，成为对外援助的实施管理部门，但由于各种因素，部委本身往往并不直接开展实施管理，具体的实施管理工作大都委托其下属事业单位予以开展。以商务部为例，商务部国际经济合作事务局、中国国际经济技术交流中心、商务部国际商务官员研修学院（商务部培训中心）等单位作为商务部直属事业单位，受商务部委托在各自职责范围内承担一部分对外援助实施管理工作，是援外项目开展的具体管理部门。

其中，国际经济合作事务局主要负责援外成套项目（含技术合作项目）的组织实施与全程监督管理工作、政府间援外成套项目实施具体工作（包括商定设计方案、签订实施协议或合同、对外验收和移交等）、成套项目承包企业资格与合同管理（包括援外成套项目投标企业资格预审、招标监督管理、

---

〔1〕 参见中华人民共和国对外经济贸易部：《对外经济贸易部关于我部改革援外管理体制的通知》（〔1993〕外经贸援发第 89 号），1993 年 3 月 17 日发布。

签订和管理援外成套项目内部总承包合同、监督检查合同执行等）、援外成套项目预算编制与执行、援外成套项目人员管理（包括项目实施队伍的考核和日常管理、专家队伍的建设和日常管理等）、成套项目信息与资料管理（包括成套项目统计、信息报送及技术资料管理工作等）、成套项目制度建设（制订援外成套项目执行管理规定、操作规程和管理实施细则等）等事项。[1]

中国国际经济技术交流中心原先主要承担国际对华援助事宜，自 2008 年 12 月起承担了对外援助一般物资项目立项后招标的组织、决标和实施管理工作，并承担相应的人员培训及紧急救援物资的采购等工作，是我国对外援助实施体系中的重要组成部分。

商务部国际商务官员研修学院（商务部培训中心）是商务部直属教育培训事业单位，负责全国援外培训协调管理，也承担了部分援外培训执行的工作，是人力资源合作的重要实施机构。

除了中央部委与机构承担对外援助的实施管理职能之外，还有其他一些机构辅助开展对外援助工作。这些援外辅助的实施管理机构主要可以分为两类：第一类是地方商务主管部门，主要负责援外管理协调，包括执行对外援助政策、规章、制度和援助方案，对援外实施主体资格进行监督管理，参与属地企业相关的援外项目管理并监督检查相应项目实施。[2] 第二类是驻外使馆的经济参赞处或经济代表处，在援外项目实施过程中，援外主管与项目管理部门无法实现全程监督管理，因而须通过驻外机构与援外企业、受援方进行对接，管理援外项目开展，协调与受援方的关系，保障援外企业在受援方的利益，获取援外项目报告等。驻外使馆的商务机构是中国的经济合作"窗口"，同时也是重要的沟通与协调管理机构。

第二节　缘何推动援外管理体制改革？

2017 年 2 月 6 日，中央全面深化改革领导小组第三十二次会议审议通过《关于改革援外工作的实施意见》等文件，提出优化援外战略布局，改进援外

---

〔1〕　参见中华人民共和国商务部：《商务部关于印发机关服务中心、外贸发展中心等单位的主要职能的通知》（商办发〔2003〕9 号），2003 年 6 月 26 日发布。

〔2〕　参见黄梅波、胡建梅：《中国对外援助管理体系的形成和发展》，载《国际经济合作》2009 年第 5 期。

资金和项目管理，改革援外管理体制机制，提升对外援助综合效应。2018 年 3 月 17 日，第十三届全国人民代表大会第一次会议通过《国务院机构改革方案》，将商务部对外援助工作有关职责、外交部对外援助协调等职责整合，组建国家国际发展合作署，作为国务院直属机构，专门负责对外援助工作。国家国际发展合作署的成立是我国援外管理体制的重大改革与突破，也是推进"一带一路"倡议和人类命运共同体建设的重要举措。进入新时代以后，我国缘何要推进对外援助管理体制改革呢？

2017 年，经过六十多年的经验积累，中国在对外援助领域已经探索出一套具有中国特色的、以构建全球伙伴关系为目的的援外模式，同时也形成了一套具有中国特色的援外管理体制。然而，随着我国国际经济地位的提升，国际社会对中国寄予更多期待，中国的"一带一路"倡议、人类命运共同体理念的提出既是对自身发展的考虑，也是对国际社会期待的现实回应。因而，新的国内国际形势要求援外工作能够有所贡献，也自然而然需要对援外管理体制进行改革回应。

一、援外战略型塑呼唤援外管理体制改革

由于援外工作政治与经济关系的复合性，决定援外工作并非单纯的国际经济合作或是国际政治合作，这对国内的援外战略型塑提出了挑战。"一带一路"倡议提出初期，我国并未深入思考新时代的中国援外战略目标，当时也尚未形成明确的援外战略规划。然而，为保障"一带一路"倡议与人类命运共同体理念的推进与落实，援外工作的重要性不言而喻。由商务部门主管的援外工作自然地倾向于援外战略的经济侧面，无法充分顾及援外战略的政治与外交侧面，难以与国家的重大政治经济战略安排进行有效对接。可以说，援外战略规划的设定与落实，理顺援外管理体制是前提。

二、援外决策形成呼唤援外管理体制改革

援外管理体制的变迁给我国援外工作的部门协调带来了新问题，相较于原先由中央或国务院统筹决策的援外决策机制，商务部作为援外工作的主管部门，在援外决策中需要得到其他部门的配合与协作。例如，从宏观政策层面而言，特别是在制订国别援助方案和对外援助资金计划时，商务部应与外

交部、财政部和中国进出口银行进行经常性沟通并充分征求上述部门意见。从项目决策层面而言，中国的对外援助项目是在受援方需求基础上，通过适当的外交途径并且经过专家实地考察认定以后进入决策过程的，在决策程序中各相关部委之间存在着协商关系。[1] 根据 2011 年国务院新闻办公室发布的《中国的对外援助》白皮书，为加强各部门间的决策协调，商务部会同外交部、财政部等有关部门和机构，成立对外援助部际联系机制，并于 2011 年 2 月升级为部际协调机制。该部际协调机制由商务部（主任单位）、外交部（副主任单位）和财政部（副主任单位）等三部委领衔，共 24 个中央部委和单位参与，负责统筹援外归口管理和多方联动，发挥各方专业功能的优势，就中国援外问题进行沟通，定期就政策问题进行协调，强化对外援助领域的发展战略规划、政策规划和制度建设。[2] 这种松散的决策协调机制在现实中可能无法满足日益提升的援外工作需求，需要通过援外管理体制改革畅通援外决策机制。

三、援外制度建设呼唤援外管理体制改革

长期以来，我国的对外援助法制建设进程相对缓慢。2003 年组建商务部并由商务部负责对外援助工作以后，逐渐在规章层面开展对外援助的建章立制工作，但在体系化、透明度、有效性评价等方面的成果仍然差强人意。尽管"一带一路"倡议的开展成为对外援助法治化的重要引擎，商务部也曾于 2014 年便推出了《对外援助管理办法（试行）》，但援外制度建设仍然需要得到进一步的完善。例如，我国当前的援外制度主要以部门规章为主体，但部门规章在效力层级、效力范围及立法技术方面存在的问题导致援外制度无法得到有效供给。

四、援外实效提升呼唤援外管理体制改革

我国较为关注对外援助的资金流量与存量，进入新时代以后，进一步关注援外工作取得的实际效果。尽管对外援助的经济产出与政治影响在很多情况下难以精确衡量，但援外实效对于"一带一路"倡议、南南合作等推进具有重要现实意义，因而仍需通过建立机制对援外实效进行监测与评估。对援

---

[1] 参见周弘：《中国对外援助与改革开放 30 年》，载《世界经济与政治》2008 年第 11 期。

[2] 参见周弘主编：《中国援外 60 年》，社会科学文献出版社 2013 年版，第 41 页。

外项目和援外效果进行评估是开展对外援助的基本环节，商务部也曾初步建立对外援助项目的评估机制，但援外实效评估机制的建设与落实方面仍然有待加强。需要通过推进与深化援外管理体制改革，进一步完善和健全援外评估机制，有效提升援外实效。

第三节　对外援助管理体制模式的国际比较

一、外交部为核心的援外管理体制

这种模式是指以外交部为核心负责制定对外援助政策、执行援外项目、管理援外相关事务的援外管理体制，其优势在于能将一国的对外援助战略纳入整体外交战略框架，通过对外援助工作落实本国外交目的，推进本国的价值观和政治主张，提升对外援助工作的政治效应。当前丹麦、挪威、芬兰、荷兰、日本等许多发达国家均采用了这种模式。以丹麦为例，尽管丹麦的《国际发展合作法》（The International Development Cooperation Act）明确发展合作部长（Minister for Development Cooperation）承担发展援助职责，规定发展合作部长有义务管理丹麦的双边及多边发展合作事项，参与并协调发展合作议题相关的国际谈判，并可为发展中国家提供技术与财政支持。[1]但丹麦并没有设置独立的发展合作部，而是在外交部下设置了外交部长（The Minister for Foreign Affairs）和发展合作部长的双部长模式，目前其发展部长称为发展合作和全球气候政策部长（Minister for Development Cooperation and Global Climate Policy）。[2]按照 OECD 的数据，丹麦外交部几乎管理了丹麦全部的对外援助，2019 年外交部负责的对外援助资金占丹麦援外总量的 97.6%。[3]

按照援助国的援助规模及本国的政治现实，外交部负责制又分为外交部实施管理为主的模式与附属独立机构实施管理为主的模式。挪威的援外实施管理体系是以外交部为核心的模式，由外交部制定挪威发展援助/合作政策、

---

〔1〕　See *The International Development Cooperation Act*, Article 2-3.

〔2〕　See Ministry of Foreign Affairs of Denmark, The Ministers, https://um. dk/en/about-us/the-ministers, last visited on April 5, 2023.

〔3〕　See OECD, "OECD Development Co-operation Peer Reviews: Denmark 2021", *OECD Publishing*, Paris, 2021, p. 15.

管理协调挪威发展援助/合作的实施，并按照国会批准的援助预算向驻外大使馆分配援助资金。挪威发展援助/合作的具体项目主要由其驻外大使馆及国际发展合作署（Norwegian Agency for Development Cooperation，Norad）负责实施管理，其中挪威国际发展合作署主要负责援助咨询、质量保证与监督、赠款项目、发展援助公共传播、援外评价等事项，[1]发展援助/合作项目的具体洽谈、签署、执行、管理与后续跟进等事项均由挪威驻外大使馆负责执行管理或由挪威外交部直接执行其中部分内容（如协议签署等）。[2]当然，根据OECD的报告，这种以外交部为核心的管理模式虽然仍然没有改变，但自2013年以来，挪威国际发展合作署负责管理的援助项目比重逐渐有所提升。[3]日本的援外实施体系是附属独立机构实施模式的典型，按照日本《外务省设置法》的规定，日本外务省主要负责发展援助事务，承担发展援助政策制定、实施及与发展援助相关的机构设置调整方面的职责。[4]随着日本援外管理体制改革的推进，日本外务省承担的许多援外实施管理职能逐渐向日本国际协力机构（Japan International Cooperation Agency，JICA）转移。从当前的职能分配而言，日本外务省主要负责援外政策、计划制定与援外评估的组织实施，只承担极少部分的援外实施管理工作，绝大部分的双边援助实施管理由其管理的日本国际协力机构承担。日本国际协力机构的业务范围主要为赠款、技术合作及ODA贷款三个部分，通过实施海外开发技术合作、有偿及无偿的资金合作、大规模灾害的紧急援助及其他合作业务来提升国际合作，促进日本及国际经济社会的健康、持续发展。[5]这种实施分配是援外专业化、规模化挑战的重要应对模式，在保证对外援助外交目标的前提下，通过加强经济合作淡化援外工作的政治色彩，利于援外工作的顺利推进与援外制度目标的有效实现。

〔1〕　See Norwegian Agency for Development Cooperation，"Norad's five main tasks"，https：//www. no-rad. no/en/front/about-norad/five-main-tasks/，last visited on February 12, 2023.

〔2〕　See Norwegian Agency for Development Cooperation，"Guide to Norwegian Aid Management"，a-vailable at：https：//www. norad. no/contentassets/100145b291fc4aad87dd5b23693c9b42/guide-to-norwegian-aid-management-dec19. pdf，last visited on February 12, 2023.

〔3〕　See OECD，"OECD Development Co-operation Peer Reviews：Norway 2019"，*OECD Publishing*，Paris，2019，p. 62.

〔4〕　参见日本《外务省设置法》，第24~26条。

〔5〕　参见日本《独立行政法人国际协力机构法》，第3条。

二、援外专门机构为核心的援外管理体制

这种模式是指援助国为开展对外援助（发展合作）工作，设立了专门的对外援助（发展合作）部门，并以该部门为核心制定援助/合作政策、管理援外资金、管理援外实施的援外体制。这种体制设置主要考虑到以外交部门为核心的援外体系政治色彩过于浓厚，不利于援助工作与外交战略目标的推进，同时也可能尽量减少外交部门与其他协助部门间的职能协调问题，避免援外工作"碎片化"。该模式以援外体制改革前的英国和德国为代表。

1997 年，英国为了提升发展援助工作的效果，专门成立了主管援助和发展的专门机构——国际发展部（Department for International Development，DFID），在英国内阁的指导下制定援外政策、实施援外工作。英国国际发展部由英国联邦奖学金委员会和援助影响独立委员会配合其开展工作，前者主要用于奖励赴英留学人员和研究人员，后者主要任务是审查英国的发展援助工作。除了英国国际发展部之外，英国国防部、财政部、外交部等部门也在各自职权范围内配合国际发展部开展发展援助工作。英国国际发展部成立以后，牵头起草了《消除世界贫困：一个 21 世纪的挑战》(Eliminating World Poverty：A Challenge for the 21st Century)、《消除世界贫困：让全世界为减少贫困而工作》(Eliminating World Poverty：Making Globalization Work for the Poor) 等在对外援助领域具有世界影响的援助白皮书，并推动出台了《2002 年国际发展法》(International Development Act 2002) 等系列发展相关立法。英国的对外援助管理体系一度成为国际发展合作领域的典型，但在 2020 年 6 月，英国前首相约翰逊宣布将外交部与国际发展部合并，组建英国外交、联邦和发展办公室（Foreign，Commonwealth & Development Office，FCDO），并由该办公室继续负责对外援助工作。2020 年 9 月，英国国际发展部正式被撤并。

德国联邦政府中也有多个部门涉及对外援助工作，但德国的联邦经济合作与发展部（Federal Ministry for Economic Cooperation and Development，BMZ）是主要的、专门的对外援助职能部门，负责管理占德国对外援助资金总额 50% 左右的对外援助工作。[1] 除了紧急人道主义援助由德国外交部负责以

---

[1] See OECD, "OECD Development Co-operation Peer Reviews：Germany 2021", *OECD Publishing*, Paris, 2021, p. 71.

外，其他的发展援助工作都由经济合作与发展部负责决策并指导开展。德国对外援助工作的具体项目主要由复兴信贷银行、技术合作公司、国际培训与发展公司、德国发展服务局等予以实施。[1] 经济合作与发展部、技术合作公司以及复兴信贷银行构成德国对外援助工作的核心体系，由经济合作与发展部负责整合政策与资源分配，技术合作公司负责执行对外技术合作，复兴信贷银行则主要负责援外金融合作。但鉴于历史的延续和国内政治结构分权等原因，德国国际发展援助的组织体系难以避免"碎片化"局面，可能给国际合作带来混乱，从内部决策上而言，经济合作与发展部同样需要花费大量时间与德国众多机构协调（在与其他援助国和伙伴国政府协调时也会出现同样问题），并可能给援外监管带来诸多挑战。[2] 德国对外援助组织体系上的"碎片化"问题被长期诟病，目前其仍在如何克服碎片化、提升援助效率方面进行努力。

三、部际委员会统筹的援外管理体制

这种模式考虑到援外问题的复杂性，由国家组建一个超越各职能部门的高层级跨部门机构制定对外援助战略、政策，并对援外事项作出决策的援外管理体制，法国和韩国的对外援助管理体制就是采用了这种模式。这种模式能够较好地协调部际冲突与错位，便于从国家整体利益出发制定援助政策，利于援外政策的针对性与援外实施的协调推进。例如，法国负责对外援助的管理部门也相对较多，具有复杂性和"碎片化"特征，有至少十几个部门涉及相关业务，其中援外工作主要部门有三个，分别是欧洲和外交事务部（Ministry for Europe and Foreign Affairs）、经济财政部（Ministry of the Economy and Finance）以及法国开发署（French Development Agency）。法国欧洲和外交事务部战略性地监督发展合作工作，经济财政部负责管理与国际金融机构之间的联系、债务事项并向 OECD 报告发展援助数据，法国开发署则主要在实施阶段管理和交付法国的大部分对外援助。[3] 为促进对外援助各部门间的协调，

---

〔1〕　参见黄梅波、杨莉：《德国发展援助体系及管理制度》，载《国际经济合作》2011 年第 8 期。

〔2〕　参见余南平：《发展援助的中间道路：德国对外援助研究》，载《德国研究》2012 年第 4 期。

〔3〕　See OECD, "OECD Development Co-operation Peer Reviews: France 2018", *OECD Publishing*, Paris, 2018, p.66.

1998 年法国成立了国际合作与发展部际委员会（The Interministerial Committee on International Co-operation and Development，CICID），该委员会由法国总理担任主席，成员包括法国欧洲和外交事务部长、经济财政部长以及其他与发展合作有关的 12 名部长，是法国对外援助工作最高的决策机构。[1] 法国国际合作与发展部际委员会决定法国国际发展合作政策的主要战略方向、重点援助国家以及优先援助部门。[2] 这种做法既能兼顾到对外援助的政治外交需求，又能够相对有效地解决对外援助职能部门间存在的职能冲突。

韩国的对外援助管理机构按照分工可以分为决策机构、管理机构及实施机构三类。韩国国际发展合作委员会（Committee for International Development Cooperation，CIDC）是韩国对外援助的最高决策机构，同时也是重要的部际协调机构。韩国国际发展合作委员会主要职能在于审议、制定援外政策规划，开展援外职能与政策协调，推动对外援助评估工作。按照韩国《国际发展合作基本法》及总统实施令的规定，国际发展合作委员会主席由总理担任，委员主要来自援外主管机构、政府协调机构、中央实施机构、援外专门实施机构及民间社会。韩国的对外援助管理工作由外交部（Ministry of Foreign Affairs，MOFA，原外交通商部）和企划财政部（Ministry of Strategy and Finance，MOSF）共享，双边援助中的优惠贷款和按照《参与国际金融机构措施法》与国际金融机构开展的多边援助由企划财政部负责管理，双边援助中的无偿援助及与《参与国际金融机构措施法》规定之外的其他国际组织开展的多边援助由外交部负责管理。具体的援外实施管理主要由韩国国际合作局（KOICA）和进出口银行（EIB）来承担，其中前者具体实施无偿援助业务，后者具体负责优惠贷款业务。此外，外交部、企划财政部、教育部、科学技术信息通信部、司法部、环境部等与援外实施相关的中央国家机构与地方政府也在各自职责范围内承担援外职责。因而，更有必要通过高层级的机构对援外工作进行决策和协调。韩国的援外管理机制能够较好地反映其外交需求，在一定程度上也能较好地协调其援外部际关系。

除了上述援外管理体制模式之外，部分国家采用了以外交贸易大部为核

---

〔1〕 参见胡建梅、黄梅波：《法国对外援助管理体系及对中国的启示》，载《国际展望》2012 年第 3 期。

〔2〕 See OECD, "OECD Development Co-operation Peer Reviews: France 2018", *OECD Publishing*, Paris, 2018, p. 66.

心的援外管理体制，即由外交部整合援助国的外交事务、贸易及发展合作职能，并以外交贸易大部为核心开展援外工作，澳大利亚就是这一类模式的代表。

第四节　国家国际发展合作署：中国援外管理体制改革的里程碑

一、关于援外管理体制改革方案的学术争议

2017 年中央全面深化改革领导小组决定进行援外体制改革以后，经过将近一年的改革研究，援外体制改革方案于 2018 年初基本形成，在这段时间里，学术界对于援外体制改革的推进方向存在不同的认识。

国务院发展研究中心课题组在 2017 年 7 月发表的《各国援外体制改革镜鉴》一文中，认为应当综合采用不同国家援外体制之长，结合我国国情，在决策层面设立高层级国际发展合作跨部门协调机制，在部门协调基础上适时增加与非政府、企业、地方等参与主体的协调；在执行层面，通过顶层设计的统筹协调带动执行层面的协调合作，或成立国际发展合作专门机构负责综合实施。[1] 该课题组意在建议中央成立强有力的协调机制，并通过顶层权力协调推动实施，或者设立专门实施机构集中实施。

商务部国际贸易经济合作研究院国际发展合作研究所王泺研究员在其2018 年 2 月发表的《关于改革我国对外援助管理体制机制的思考》一文中，认为对外援助涉及国家安全利益，必须加强党中央、国务院的直接领导，提升对外援助部际协调机制层级，由国家领导人亲自担任机制牵头人，把握对外援助大政方针。在归口管理方面，王泺研究员提出两个方案，第一方案是组建正部级"国际发展合作总局"，作为国务院组成部门，该方案优点是行政级别高，战略统筹能力更强，部门设置更合理，缺点是编制、人力、财力等现实问题突出；第二方案是将商务部援外司升格为副部级"国际发展合作局"，作为由商务部管理的国家局，该方案优点是可以充分借助商务主管部门现有的行政与财政资源，消化编制压力，有效推进经济相关援助，但缺点是

---

〔1〕　参见国务院发展研究中心课题组：《各国援外体制改革镜鉴》，载《中国经济报告》2017 年第 7 期。

行政级别较低，在协调调动其他部委力量方面仍显力不从心。[1]

笔者也曾于 2017 年 11 月在广州参加中国国际经济法学会 2017 年年会时提交《"一带一路"背景下我国援外管理体制改革研究》一文进行学术交流，认为推进援外管理机制改革，必须考虑制度改革成本，适当平衡部门利益，兼顾对外援助的外交与经济效益，才能有效实现我国对外援助的战略目的。经比较其他国家的援外体制，笔者在顶层设计上提出如下观点：其一，尽管不少国家将外交部门作为援外核心管理部门，但由外交部主导开展的援外工作必将渲染浓厚的政治与外交色彩，可能会阻碍我国与受援方之间的经济发展合作，也存在较大的机构改革成本，因而我国不宜采用这种模式。其二，设立专门的对外援助机构（如"发展合作部"）最为理想，但考虑到援外机构改革的成本控制及负面影响，以及后续可能出现的连锁协调问题，设立专门的对外援助机构成为保留方案。其三，提升外交部的议事职权，在国务院层面设立对外援助委员会，在商务部和外交部设立联合秘书处。这种安排可以平衡双方利益关系，畅通双方信息交流机制，至少存在三个方面的优势：①在确立商务部主管对外援助工作主管部门时，同样强调了外交部在援外工作中的职能，有利于外交部门发挥援外力量。②通过设立联合秘书处，可以使双方及时共享援外工作中的信息与存在的问题，便于援外工作出现问题时的及时应对。③外交部驻外使馆所收到的驻在国的经济、政治、社会信息可以第一时间传达到外交部并共享给商务部，以便两部门正确作出援助决策，从后续的援外改革进程来看，笔者当时提出的体制改革方案相对保守。

可以说，上述三种观点虽然在具体方案上存在不同，但在许多地方不谋而合，都关注对外援助的经济与政治侧面，也都期待改善对外援助主管部门的决策协调与政策制定。

二、2018 年援外管理体制改革：组建国家国际发展合作署

2018 年 2 月 28 日，中国共产党第十九届中央委员会第三次全体会议审议通过了《中共中央关于深化党和国家机构改革的决定》和《深化党和国家机构改革方案》，同意把《深化党和国家机构改革方案》的部分内容按照法定程

---

[1] 参见王泺：《关于改革我国对外援助管理体制机制的思考》，载《人民论坛·学术前沿》2018 年第 4 期。

序提交十三届全国人大一次会议审议。

2018 年 3 月 13 日，王勇在第十三届全国人民代表大会第一次会议上作《关于国务院机构改革方案的说明》，强调对外援助的外交作用，认为对外援助是大国外交的重要手段，加强对外援助的战略谋划和统筹协调、推动援外工作统一管理、改革优化援外方式，能够更好服务国家外交总体布局和共建"一带一路"等。在部门职责调整与机构设立上，将商务部对外援助工作有关职责、外交部对外援助协调等职责整合，组建国家国际发展合作署，作为国务院直属机构，负责拟订对外援助战略方针、规划、政策，统筹协调援外重大问题并提出建议，推进援外方式改革，编制对外援助方案和计划，确定对外援助项目并监督评估实施情况等，援外的具体执行工作仍由相关部门按分工承担。

2018 年 3 月 17 日，第十三届全国人民代表大会第一次会议通过《国务院机构改革方案》，意味着国家正式批准设立国家国际发展合作署，由该部门负责对外援助的战略规划、决策、评估等职责。

2018 年 4 月 4 日，国务院任命王晓涛为国家国际发展合作署署长。4 月 18 日，国家国际发展合作署揭牌，为履行援外职责做好准备。4 月 23 日，国务院任命周柳军、邓波清为国家国际发展合作署副署长。5 月 30 日，国家国际发展合作署署长王晓涛与老挝工贸部部长代表各国政府签署相关合作协议。

国家国际发展合作署成立以来，为推动中国对外援助转型作出了重要贡献。特别是新冠疫情在全球范围内爆发时，国家国际发展合作署着力推进对外抗疫援助事宜，开展了新中国历史上时间最集中、规模最大的紧急人道主义援助。

三、当前援外管理体制面临的挑战

（一）援外协调机制仍需升级

在商务部主管援外工作时期，为应对日益严峻的援外工作协调需求，我国建立了一系列部际协调机制。这些部级协调机制中，既有援外决策协调机制，又有援外执行协调机制，还有援外巡视监督协调机制。由于我国的部际协调机制总体而言是松散的、不稳定的工作联系机制，因而在应对援外工时既缺乏必要的工作章程，也缺乏高效的执行力度，导致援外协调效果不尽如人意。

国家国际发展合作署成立以后，融合了商务部的经济援助职能和外交部的援外政策协调职能，国家希望能够通过这类组织安排兼顾援外工作的经济与政治双重效益。考虑到对外援助的战略综合性，援外部际协调机制依然需要继续发挥作用。然而，各个职能部门在援外职能方面存在差异，在行政级别上又处于平权态势，难免在立场、决策、力度等方面出现差异，致使援外战略、援外政策与援外实施无法形成合力。此外，国家国际发展合作署在机构设置和人员编制方面存在限制，一定程度上影响其职权行使。一方面，其工作开展一定程度上需要得到有关部门的支持，也必然受到有关部门职能的影响；另一方面，由于部门级别设置方面的差异，在部际协调机制中的主导作用也会受到一定限制。因而，现有的援外部际协调机制无法有效解决对外援助职能部门之间的协调问题，如果不升级当前的部际协调机制，则既难以有效促进对外援助决策，也难以有效提升援外管理水平。

（二）援外实施体制改革仍需深化

按照 2018 年通过的《国务院机构改革方案》，援外的具体执行工作仍由相关部门按分工承担。可以说，当前的援外体制改革仅仅进行到援外决策管理层面，尚未深入到实施管理层面，在援外实施管理体制上仍然存在两个方面的挑战：

一方面，是当前的援外实施工作本身存在条块分割的难题，按照援外工作的不同需要，不同的对外援助方式可能涉及不同的职能部门。例如，优惠贷款的审批与发放涉及商务部、外交部、财政部以及中国进出口银行等多个部门或机构，如果将优惠贷款资金与后续援外项目进行对接，则更可能涉及国际经济合作事务局、技术交流中心以及其他中央部委，在优惠贷款实施过程中，难免存在部门职能交叉以及权力协调方面的问题。到目前为止，尽管我国已经就成套项目、物资项目、技术援助项目等制定了部门内部的实施管理规定，但不同援助方式、援助项目的实施并没有形成一套完整的部际协调机制，甚至尚未形成透明、基础的制度性规范与机制，导致这种现状的原因在于条块分割的实施体系。根据学者的研究，目前的援外资金流动呈现出垂直而不交叉的现状，足以表明各个职能部门在援外领域中分头对外、各负其责的局面。〔1〕此外，承担援外职能的机构大多在行政上没有隶属关系，在职能上是配合关系，因而在目前条块分割、各负其职的实施管理体制之下，要提升我国对外援助的实效，存在体制上的阻碍。

另一方面，国家国际发展合作署与援外实施部门间的协调可能面临更大的阻力。从表面上而言，国家国际发展合作署的设立能够有效解决援外领域"多头管理"造成的碎片化问题，但其援外实施管理职能的缺位可能使今后国家国际发展合作署的援外职能运行存在限制。本轮援外体制改革之前，我国已经形成了以商务部及其直属事业单位为核心、其他部门共同参与的实施管理体制，在实施管理体制未能理顺的前提下，国家国际发展合作署在推动援外项目管理方面难免面临重重阻力。此外，在将商务部的决策管理职能划归新设立的国际发展合作署之后，原来商务部、地方商务部门、直属事业单位及驻外使馆经商参赞处对于援外实施管理的工作职能，并没有整合到国际发展合作署，且由于国际发展合作署本身的定位与级别，要独立协调其他部门的援外实施管理工作也存在一定难度。因而，当前的援外管理体制改革虽然已经显现了一定的成效，但援外管理体制改革仍然需要深化，尤其是援外实施管理体制改革仍然需要进一步的整合与协调。

（三）援外机构职责法定化程度仍需提升

对外援助管理体制的透明度不高使我国当前援外工作饱受争议，援外机构职能配置法定化问题尤为突出。《国务院机构改革方案》明确了援外工作的归口管理部门，但是对于援外工作的其他实施部门，则很难在法律或者行政法规层面寻找相应的制度依据，通常由国务院办公厅"三定"规定确定相应的职能、机构与编制。然而，一方面，目前国务院的"三定"规定实际上并未完全规定援外实施部门的职能范围，如教育部的援外工作并未在《国务院办公厅关于印发教育部主要职责内设机构和人员编制规定的通知》（国办发〔2008〕57 号）中予以明确；再以紧急人道主义援助领域为例，中国政府于2004 年 9 月初步建立了人道主义援助机制，目前机制的内容没有公布。〔2〕另一方面，"三定"规定存在效力位阶较低、监督机制缺失、制定程序不完善、

---

〔1〕 参见周弘：《中国对外援助与改革开放 30 年》，载《世界经济与政治》2008 年第 11 期。

〔2〕 参见李小瑞：《中国对外人道主义援助的特点和问题》，载《现代国际关系》2012 年第 2 期。

缺乏执行过程评估与监督制度规定、无法协调部门间职能冲突等问题，〔1〕容易导致职能交叉、缺位等现象，不利于国家行政权力的有序运行和行政目标的有效落实。可以说，我国援外管理体制的法定化程度，与目前我国全面推进依法治国、推动治理能力现代化的要求有一定距离，应当通过优化有关制度，提升援外机构的法定化程度，真正实现"职权法定"，并以此为基础推进制度建设，促进对外援助的规范化。

第五节　展望未来：深化援外管理体制改革建议

一、提升部际协调：设立国务院国际发展合作委员会

平权的部际协调机制导致我国难以形成统一的援外执行流程。纵观其他援助国，大都从国家层面制定有关对外援助的战略规划文件、国别援助文件，以便在一定时期内协调各职能部门有针对性地开展对外援助工作，落实国家对外战略。目前，尽管我国在国家中长期发展战略规划中涉及对外援助工作，但尚未公布国家层面的综合性对外援助战略规划，也没有公布有关专项性的援外政策文件，援外法律制度建设和工作落实的部际协调也面临一定挑战。

在援外工作推进过程中，势必需要由多个职能部门联动与推动。从国外的经验来看，法国、韩国等国的援外部际协调可以为我国援外部际协调机制的建立提供适度参考。从国内的实际情况而言，也有不少领域曾因部际协调问题陷入规制困境，但能够通过相应的立法设立议事协调机构不断予以调整优化。

例如，在反垄断法领域，由于我国不同部门之间的职能划分，导致反垄断执法现实上并不能由一个统一的职能部门予以承担，因而 2007 年制定的《中华人民共和国反垄断法》（以下称《反垄断法》）将反垄断执法事宜交由三个不同的部门予以承担。具体而言，由国务院价格管理部门对有关价格垄断的违法行为进行执法，由国务院商务部门对有关经营者集中的垄断违法行为进行执法，其他类型的垄断违法行为则由国家工商行政部门承担。这同样

---

〔1〕 参见朱维究、芦一峰：《关于我国机构编制法律管理的思考》，载《中国机构改革与管理》2013 年第 1 期。

涉及反垄断执法中的部门协调问题，为了妥善解决这一问题，《反垄断法》第9条规定设立反垄断委员会，负责组织、协调、指导反垄断工作。根据《反垄断法》的有关规定，国务院办公厅发文成立了以时任国务院副总理王岐山为主任、以商务部部长、发展改革委主任、工商总局局长、国务院副秘书长为副主任以及其他部委相关领导为委员的国务院反垄断委员会，该委员会的职责主要用于竞争政策制定及部门职能协调，国务院反垄断委员会秘书处设在商务部，其具体工作由商务部承担。[1] 由国务院领衔设立的反垄断委员会，避免了平权部际协调委员会主任之间可能存在的冲突，可以较好的协调部际合作。从《反垄断法》执法情况而言，虽然实践情况并非尽善尽美，随着时代的变迁也出现了新的挑战，但在多部门执法时期，国务院反垄断委员会的存在一定程度上保障了反垄断执法体系的组织效果。2018年《国务院机构改革方案》将国家发展和改革委员会的价格监督检查与反垄断执法职责、商务部的经营者集中反垄断执法以及国务院反垄断委员会办公室等职责整合，合并入新组建的国家市场监督管理总局，以进一步降低反垄断执法协调成本。值得注意的是，2022年修订《反垄断法》时，一方面，通过立法确认了2018年反垄断体制机制改革的成果，另一方面，仍然保留了国务院反垄断委员会，以便继续发挥其在反垄断领域的统筹、协调、指导等功能。

此外，备受关注的食品安全管理体制改革也经历了类似的从多部门"分头执法—协调执法—综合执法"的过程，目前也同样通过机构整合的方式解决了部际协调问题。

从援外职能行使来看，已经形成了相对集中的职能部门，但由于对外援助的经济与外交特征，援外战略、政策和制度的形成与落实无法由国家国际发展合作署一个部门完成。因而，为有效协调部际职能，也可以借鉴国外的做法，通过设立以国务院总理或副总理为主任、主要职能部门领导为副主任，其他相关职能部门领导为委员的国务院国际发展合作委员会，统一研究、制定我国对外援助中长期战略，决定对外援助政策，协调对外援助决策，评估对外援助成效。

---

〔1〕 参见国务院办公厅：《国务院办公厅关于国务院反垄断委员会主要职责和组成人员的通知》（国办发〔2008〕104号），2008年7月28日发布。

二、强化援外实施：重塑援外实施管理体制

对外援助的实施环节是援外工作的核心环节之一，但 2018 年对外援助管理体制改革并没有在援外实施管理体制改革方面予以过多关注，需要通过重塑援外实施管理体制，进一步推进援外实施体制改革。

其一，集中援外实施机构，统筹援外实施资源。2018 年《国务院机构改革方案》仅将商务部的援外决策、监督与评估职能转移给了国家国际发展合作署，相应的实施工作仍由商务部及有关部门作为执行部门予以承担。一方面，需要补足因援外决策、监督、评估职能与实施职能分割导致的协调短板，考虑如何在新的对外援助管理体制框架下，强化国家国际发展合作署在实施过程中的监督管理职能，以便进一步提升援外决策、援外实施、援外监督、援外评估之间的良性互动。另一方面，也需要解决分散实施体制下的实施效率问题。例如，商务部门管理的援外项目由国际经济合作事务局、国际经济技术交流中心、国际商务官员研修学院（商务部培训中心）根据各自职责承担实施管理工作。这三个援外项目管理部门的形成有其历史原因，但目前延续这种高度"碎片化"的实施管理体制则并不一定有利于援外工作的实施效率。此外，还有其他有关部门承担对外援助的具体实施管理工作，这进一步分散了援外工作的实施资源，降低了实施效率。今后，可以考虑以现有援外项目管理机构为基础，适度整合对外援助项目实施力量，建立相对集中的对外援助项目实施管理机构，通过这一平台统筹援外实施资源。同时，通过制度设计，加强新的援外实施机构与援外决策、监督评估职能部门的联系，缓解当前"条块分割"的援外实施管理体制面临的难题。

其二，加强"决策-实施"协调，提升援外实施协调效能。援外决策与援外实施从"碎片"到"整合"能够有效保证援外实效，但援外实施并不可能完全归于一个部门，不同部门出于事权与专业原因必然需要适度"分享"援外实施职能，多头负责下的援外战略实现必然需要援外主管部门的协调。国家国际发展合作署作为国务院直属机构，在援外政策落实和具体项目协调过程中，其与外交部、商务部、国家发展改革委等传统部委的协调效果难以得到保证。因而，应当通过高层级的立法明确将国务院国际发展合作委员会的秘书处或办公室设立于国际发展合作署，为其创设协调平台，以保证国家国

际发展合作署在实施管理过程中能够有效、便利地实现其协调职能。

三、推动机构职能法定：依托援外立法明晰部门职权

援外管理机构的法定化不仅是依法治国和依法行政的基本要求，同时也是援外职能顺利开展的基本保障。法律制度对于体制变迁具有重要意义，通过对外援助法律制度明确各职能部门的职权，不仅能够明确各个职能部门所主管的具体援外事项或者工作环节，同时也为今后实施政府绩效评价和追究部门责任提供法律依据；不仅能够明确政府部门的援外职权，也可以避免援外部门职能冲突、职能交叉或者职能缺位的情况，也能有效改善部门各自为政、多头援助的局面。

我国近期立法都倾向于明确规定某一特定事项的主管部门，并规定与该特定规制事项相关的其他主管部门的职权，这是我国立法技术的进步，也体现了我国法治化程度的提升。例如，2016 年制定的《中华人民共和国中医药法》第 5 条明确规定，国务院中医药主管部门负责全国的中医药管理工作，国务院其他有关部门在各自职责范围内负责与中医药管理有关的工作，通过该条规定明确了中医药管理工作的主管部门。该法第 14 条关于中医医疗机构设立与审批问题以及第 15 条关于中医人员的分类考核事项，廓清了中医药主管部门与卫生行政部门的职能界限，尊重卫生行政部门对于医疗机构的主管职能，避免了中医药主管部门与卫生行政部门的职能冲突。此外，该法第 24 条关于中药材质量监测工作的规定、第 30 条关于中药复方制剂药品批准文号的规定、第 32 条关于中药制剂品种配制、使用的监督检查等内容，均涉及其他相关职能部门，这三条均明确了不同工作环节中医药主管部门和药品监管的工作职责，既避免主管或者监管职能重叠，也可以有效避免主管或监管职能缺位，使得各个职能部门可以各司其职，协调运作。

再如，2016 年制定的《中华人民共和国环境保护税法》（2018 年修正，以下简称《环境保护税法》）第 14 条规定，环境保护税由税务机关依照《中华人民共和国税收征收管理法》和该法的有关规定进行征收管理，生态环境主管部门依照本法和有关环境保护法律法规的规定负责对污染物的监测管理，厘清了该法实施部门的分工，在污染物监测管理上由环保部负责，在税收征收上则由税务部门负责。为避免双方相互扯皮，推动双方信息共享，协调配

合，该法第 15 条规定，生态环境主管部门和税务机关应当建立涉税信息共享平台和工作配合机制；生态环境主管部门应当将排污单位的排污许可、污染物排放数据、环境违法和受行政处罚情况等环境保护相关信息，定期交送税务机关；税务机关应当将纳税人的纳税申报、税款入库、减免税额、欠缴税款以及风险疑点等环境保护税涉税信息，定期交送生态环境主管部门。这种规定就较好地考虑到不同部门之间的信息沟通与职能互动，便于职能部门职能协调对接，顺利落实《环境保护税法》。此外，由于纳税人可能在从事海洋工程时向中华人民共和国管辖海域排放应税大气污染物、水污染物或者固体废物，但海洋区域由国务院海洋主管部门予以管理，因而，为了避免环保部门与海洋主管部门的职能冲突，该法第 22 条规定缴纳环境保护税的具体办法由国务院税务主管部门会同国务院生态环境主管部门规定，明确了纳税人从事海洋工程时的环保税纳税规则。

《对外关系法》虽然对我国的外事管理体制作了总体规定，但关于对外援助具体职能则仍需通过专门立法予以明确。十多年来，全国人大代表已经四度提出议案建议制定"对外援助法"，表明"对外援助法"已经存在较强的现实需求。进入新时代以后，中国的对外援助管理体制改革已经取得重大进展，但仍然需要后续的深化和完善，体制改革的成果需要法律制度的推动和确认。尽管商务部主管对外援助工作时期出台了不少援外部门规章和规范性文件，国家国际发展合作署成立后更是加快了援外管理制度的梳理和"立改废"工作，通过《对外援助管理办法》这一综合性部门规章就对外援助机构的职能问题作出了初步的规定，有力推动了机构职责法定化进程。然而，对外援助是一项综合、复杂的工作，需要多个部门协同，《对外援助管理办法》作为国家国际发展合作署、外交部、商务部三部委的联合规章，难以对其他援外相关部门的职责作出明确规定。因而，有必要通过升级对外援助相关立法的层级，通过推动制定援外专门立法，解决机构职责法定化的问题。具体而言，在今后制定对外援助专门立法时，可以参照其他法律的做法，一方面，明确对外援助的主管部门、相关职能部门及其各自职责，对于援外相关职能部门数量过多的，也应在前期立法论证阶段，梳理各有关部门的援外工作，以便为科学推进援外立法、制定援外配套立法提供实践依据。另一方面，明确援外主管部门与相关部门间的职能界限，通过立法尽可能避免职能交叉或冲突，通过推动机构职责法定、明确职责界限促进援助工作高效开展。

四、坚定转型方向：明确相关部门的援外定位

《新时代的中国国际发展合作》白皮书指出，当今世界，各国相互联系、相互依存日益紧密，人类越来越成为你中有我、我中有你的命运共同体。中国的对外援助顺应时代要求，向国际发展合作转型升级。新时代的中国国际发展合作，以推动人类命运共同体为引领，中国把为人类做出新的更大贡献作为使命，努力为国际社会提供更多公共产品，与各国共创更加美好的未来。[1]2018年中国对外援助管理体制改革是新时代中国对外援助转型发展的体制回应，是推进构建人类命运共同体的重要体制依托之一。固然，转型中的中国对外援助不可避免地存在本国的政治、经济、外交诉求，但进入新时代以后，概念和话语转型是中国对外援助的外在表现，人类命运共同体理念的确立是中国对外援助的内在升华。因而，新时代的中国对外援助，不仅要超越中国传统的对外援助，更要超越西方国家基于利己主义的发展援助。

新时代中国对外援助的转型，需要人类命运共同体的理念引领，也需要基于人类命运共同体构建导向的援外制度依托和援外体制支撑。中国组建国家国际发展合作署是新时代中国对外援助转型的里程碑，今后如何进一步推动对外援助转型升级，需要妥善处理援外主管部门与有关部门之间的关系。其一，明确国家国际发展合作署的部门定位，确保其能依法履行对外援助职能，顺利推进对外援助工作，呼应人类命运共同体构建的要求。其二，明确国家国际发展合作署与外交部、商务部、财政部等主要援外职能部门间的关系定位，以便不同援助部门之间在援外战略、决策、实施、反馈等方面形成良性互动。其三，明确中央援外职能部门、地方援外职能部门以及海外援助机构之间的关系定位，以便对外援助的研究链、决策链、执行链、评估链能够实现导向明确、有效衔接。

今后，需要秉持使命崇高、导向正确、理性客观的原则，从新时代中国对外援助的理念出发，明确对外援助相关部门在援外工作中的定位与互动关系，进一步深化中国对外援助管理体制改革。

---

〔1〕 参见中华人民共和国国务院新闻办公室：《新时代的中国国际发展合作》，人民出版社2021年版，第2~5页。

对外援助的规则（一）：体系

　　组织和规则是现代社会活动的两大关键要素。第二章从对外援助管理体制切入，就新时代中国对外援助的组织演变历程与走向进行分析。本章和第四章将从对外援助的规则出发，就新时代中国对外援助的运行规范进行梳理和研究。其中，本章侧重于研究对外援助规则的宏观层面，就我国对外援助的规则体系进行考察，包含战略规划、政策规范、法律规则三大方面。

第一节　战略规划

　　战略思想古已有之，最初起源于军事领域，但战略思想从未自限于军事领域，相反，战略概念已在许多领域得到广泛借用，几乎成为宏观思维、整体把握、深谋远虑的代名词。[1] 例如，《辞海》关于战略的定义是，战略泛指对全局性高层次的重大问题的筹划与指导，如大战略、国家战略、国防战略、经济发展战略等。战略是思想、计划、行动三种不同层次的要素综合而成的完整的战略体。[2] 国家战略就是国家通过分配、使用各种资源、手段实现其所预定的目标。中国对外援助战略作为国家战略的部门战略，是对外援助战略目标、战略谋划和战略手段的集合，是通过战略谋划与战略手段的相互协调与互动实现对外援助战略目标的动态过程。

　　中国的对外援助采取政府主导、社会参与的运行模式，体现了中华民族天下大同、和衷共济、守望相助的传统文化传承，是一项蕴含发展、安全、

---

　　〔1〕　参见门洪华：《构建中国大战略的框架：国家实力、战略观念与国际制度》，北京大学出版社 2017 年版，第 43 页。

　　〔2〕　参见钮先钟：《战略研究入门》，文汇出版社 2018 年版，第 217 页。

外交动因的战略行动。尽管战略研究界对战略构成要素的观点不尽相同，但就战略的本质特性和功能而言，战略目标、战略方针、战略手段这几个要素应当构成战略的基本成分。[1] 具体到对外援助战略，战略目标属于对外援助战略的观念和思维层面；战略方针即战略计划或战略谋划，体现对外援助战略目标的要求，是实现对外援助战略目标的基本途径或方案；战略手段是实现对外援助战略目标的具体方式或方法，属于战略目标的具体落实。用以实现战略目标的战略手段可单独使用，但更多的时候是综合运用。[2] 多种战略手段的综合运用与相互联动，并通过制度化的方式成为有机联系、内部协调的实现机制，能够促成战略目标的有效实现。

战略属于顶层设计，其中对外援助的战略目标是援外战略所要实现的目的，不同国家在不同时期的对外援助目标会因时而异，往往具有抽象性、模糊性和多元性。对外援助战略规划是战略目标表达的载体、体现与实现方案，往往体现为国家层面的规则性文件，为推动对外援助战略目标实现提供宏观方向。对外援助战略手段则体现为具体的方式，往往是组织、规则和行动的综合体。

对外援助战略规划是对外援助的顶层设计，是关于对外援助的国家宣言，是一定时期对外援助活动的基本规则。战略规划具有体系性，一般可以分为总体战略、国别战略和专项战略。按照《对外援助管理办法》第9条至第11条的规定，国家国际发展合作署会同有关部门拟订对外援助的战略方针和中长期政策规划，按照程序报批后执行；国家国际发展合作署会同有关部门制定分国别的对外援助政策，按照程序报批后执行；国家国际发展合作署会同有关部门拟订对外援助总体方案和年度计划，按照程序报批后执行。从上述规定来看，国家国际发展合作署将对外援助战略规划区分为战略方针、中长期政策规划、总体方案和年度计划等多种类型，对于国别援助战略，援外有关部门纳入政策规范层面。

根据当前公开的战略规划文件，对外援助战略规划主要体现为两种形式：其一是国家中长期发展规划中的对外援助战略方针。如第一章提及的《中华人民共和国国民经济和社会发展第十四个五年规划和2035年远景目标纲要》

---

〔1〕 参见肖天亮主编：《战略学》，国防大学出版社2015年版，第14页。
〔2〕 参见门洪华：《中国国际战略导论》，格致出版社、上海人民出版社2017年版，第13页。

中就对外援助体制机制改革、对外援助的重点国别和优先领域等作出了明确的规定，为我国设定了今后一段时间对外援助的总体方向。其二是相关行业发展规划中涉及的对外援助战略规划。例如，《"十四五"体育发展规划》提出，推动武术"走出去"，利用国际多边合作和高级别人文交流机制等平台，通过组织培训、境外展演、对外援助、举办比赛等方式，扩大武术的全球影响力。再如，《"十四五"可再生能源发展规划》提出，强化与其他发展中国家能源绿色发展合作，提高发展中国家能源领域应对气候变化能力，为有需要的国家提供能力建设、低碳转型等支持，务实推动全球能源转型。这些分布于行业、产业发展规划中的对外援助规划，既属于行业、产业战略规划的范畴，也是对外援助战略规划的范畴。

当然，我国当前对外援助战略规划体系仍不完备，今后需要结合对外援助工作开展实际，研究形成有机的战略规划体系，推动构建人类命运共同体。

第二节　政策规范

一、对外援助政策的功能向度

国内外关于政策的认识存在诸多差异，如《辞海》对政策的定义是"国家、政党为实现一定历史时期的路线和任务而规定的行动准则"。有学者在系统研究政策的词源及相关政治实践之后，认为"政策是国家权威机构或社会政治集团在特定的时期为解决某项社会问题，按照某种预定的战略或策略所采取的一系列政治行为，其中包括制定行为规范，直接采取的行动和表示某种态度"[1]。国外学者对于政策的制定具有不同的认识，如詹姆斯·E·安德森在其《公共决策》一书中转引了卡尔·弗雷德里奇的观点，认为弗雷德里奇把政策看作是"在某一特定环境下，个人、团体或政府有计划的活动过程，提出政策的用意就是利用时机、克服障碍，以实现某个既定的目标，或达到某一既定的目的"[2]。安德森本人也认为"政策是一个有目的的活动过程，而这些活动是由一个或一批行为者，为处理某一问题或有关事务而采取的。"[3]可

---

〔1〕 刘润南：《政策定义辨析》，载《理论探讨》1992年第1期。
〔2〕 ［美］詹姆斯·E·安德森：《公共决策》，唐亮译，华夏出版社1990年版，第3页。
〔3〕 ［美］詹姆斯·E·安德森：《公共决策》，唐亮译，华夏出版社1990年版，第4页。

以发现，一方面，关于政策制定的主体，国外学者认为政策制定者除了国家或者政府之外，也可以是个人和社会团体；另一方面，关于政策的本质，学者对政策的规范属性和行为属性具有分歧。

前述关于政策含义理解的分歧源于对政策的认识差异及语境差异，若在当前我国国家政策的语境下进行理解，则可以将政策理解为"政府或者社会政治集团在特定时期内为实现既定目标、按照预定的战略而制定的行为准则"。这种关于国家政策的理解具有五个方面的特征：第一，政策的制定主体是政府或者社会政治组织，即制定主体具有国家权威性，以区别于一般社会团体、企业的内部政策。第二，政策作为国家行动，其形成和执行过程必然具有目的性，即政策的制定与实施服务于特定的战略目标，是按照预先设定的战略规划推进的具体的国家行动。第三，政策本身属于政治过程，但并不等同于所有政治活动的过程。政府的政治活动包括抽象的行为规范和具体的政治或行政活动，我国国内一般将政策理解为用以指引具体政治或行政活动的抽象行为规范，具体的政治或行政活动本身并不属于政策。第四，政治活动和政府治理的核心是利益，政策代表政府对特定领域利益的权威分配，是利益分配规范的显性表现。第五，政策与法律都是国家权威制定的行为准则或者行为规范，但政策并不是法律，政策具有特定性、临时性、引导性与灵活性，法律则具有普遍性、稳定性、滞后性与强制性。笔者认为，我国的国家政策一般都包含了上述几个方面的特征，至于政策的具体表现形式，则既可能以成文的方式进行公布，也可能以口头交流方式予以传递。

对外援助属于典型的国家行动，国家的对外援助政策（简称援外政策），即是由国家为实现特定时期内的战略目标、按照预定的战略规划而制定的行为准则，是援外制度体系的重要组成部分，是援外工作顺利推进的保障。一般认为，公共政策在管理社会公共事务过程中可以发挥导向、调控及分配功能。[1] 援外政策除了具有公共政策的这些一般功能之外，还具有宣示功能及外交功能。因而，总体来看，对外援助政策能够发挥以下几个方面的功能：

第一，宣示功能。对外援助既是外交工具，同时也是发展驱动，但对于对外援助的理念、性质，不同援助国可能存在不同的认知与定位，需要通过一定的正式制度展示本国的援助理念，宣示对外援助主张。援外政策作为一

---

[1] 参见陈庆云主编：《公共政策分析》，北京大学出版社 2011 年版，第 14 页。

国援外战略目标的实现方式，能够以政府文件的形式对本国的援助理念与性质进行系统的阐释，以获得国际社会的认可、支持与价值认同。

第二，外交功能。国家的对外援助起源于救济性援助，具有道德性，但起初并不具有外交性质。第二次世界大战以后，美国启用"马歇尔计划"复兴欧洲经济以巩固西方阵营，苏联利用对外援助扩充社会主义阵营，使得对外援助逐渐成为大国竞争的重要外交工具。可以说，大国的这种"援助交易"成为其他国家竞相学习的"模板"，使得其后英国、法国、日本等国均不同程度将对外援助用于外交目的。对受援方而言，外部援助实际是一种经济激励，援助国对某一受援方提升援助力度，实际上代表了援助国对受援方的积极外交姿态，同时也希望受援方给予相应的回馈；相反，援助国减少对某一受援方的援助力度，代表援助国对受援方的消极外交姿态，意味着援助国与受援方之间的关系趋于恶化，甚至可以理解为援助国对受援方的一种"惩罚"，以此要求受援方对援助国的外交需求进行有效回应。因而，对外援助政策可以作为援助国外交需求的外在表现，能通过对外援助政策引起受援方的外交响应，从而通过援助交易实现其外交目的。

第三，导向功能。对外援助分为政府援助和民间援助，但即使是政府援助，援外工作的具体实施仍然主要交由市场主体承担。政府围绕特定的援外战略目标制定援外政策，通过公布援外政策对国内援外市场主体、产业开展援外活动提供指引，从而为国内分散的援助力量与援助资源的有效整合提供制度基础，有利于受援方的援助需求满足与援助国的援助战略实现。

第四，调控功能。援外战略、援外政策与援外法律作为援外制度的核心组成部分，援外战略为援外工作推进提供基本目标与基本路径，援外政策为援外工作开展提供行动指引，援外法律为援外工作开展提供规制依据，三者作用互补，实现援外调控目标，共同促进援外制度实效提升。但援外工作调控必然需要以援外政策与援外法律为载体，由于法律具有滞后性和强约束性的特点，在许多情况下需要通过刚柔并济的方式才能最大限度发挥调控作用，因而引导性较强、规制性较弱的援外政策可以较好地与援外法律进行匹配，最大限度发挥制度的调控作用。

第五，分配功能。资源的稀缺性决定社会成员之间利益冲突的必然性。政治决策过程就是利益分配过程，政策就是政治决策的体现，是利益分配的结果和外在表现。一国的对外援助资源取决于援助国国内的财政状况与政治意愿，援外资源的总额与流向是重要的政治决策过程，不少国家制定的部门优先政策和地区优先政策等援外优先政策，其本质即是对外援助资源的分配决策，决定了后续对外援助资源的大致流向。

正是因为对外援助政策具有上述多重功能，因而需要重视援外政策的型塑，以便强化援外战略针对性，加强援外政策与援外法律制度之间的互动，最大限度发挥援外政策的制度效能。

二、对外援助政策的基本形式

目前来看，我国的对外援助政策主要由领导人讲话、对外援助白皮书以及相关外交政策文件中的对外援助政策构成。

（一）领导人讲话中提出的对外援助政策

1. 和平共处五项原则

和平共处五项原则是指互相尊重领土主权、互不侵犯、互不干涉内政、平等互利、和平共处五项原则。1953 年 12 月 31 日至 1954 年 4 月 29 日中国政府代表团和印度政府代表团就中印两国在中国西藏地方的关系问题举行了谈判，和平共处五项原则是周恩来总理在谈判开始时同印度政府代表团谈话的一部分，该五项原则后来正式写入双方达成的《中印关于中国西藏地方和印度之间的通商和交通协定》的序言中。[1] 在 1954 年 6 月下旬，周恩来访问印度、缅甸时，在中印、中缅两个联合声明中均加入了和平共处五项原则。1955 年 4 月 19 日，周恩来总理在印度尼西亚万隆举行的亚非全体会议（即"万隆会议"）上发表讲话，再次倡导和平共处五项原则，并希望以此为基础同亚非国家建立正常关系、相互了解、开展合作。可以说，和平共处五项原则是新中国成立初期与其他国家开展政治、经济合作的基本原则，同样也是我国后续经济合作与援助原则的基础。

2. 中国对外经济技术援助八项原则

1964 年，周恩来总理代表我国政府首次向世界宣布以平等互利、不附带

---

〔1〕　参见中华人民共和国外交部、中共中央文献研究室编：《周恩来外交文选》，中央文献出版社 1990 年版，第 63 页。

条件为核心的对外经济技术援助八项原则，其主要内容是：[1]

第一，中国政府一贯根据平等互利的原则对外提供援助，从来不把这种援助看作是单方面的赐予，认为援助是相互的。

第二，中国政府在对外提供援助的时候，严格尊重受援国的主权，绝不附带任何条件，绝不要求任何特权。

第三，中国政府以无息或者低息贷款的方式提供经济援助，在需要的时候延长还款期限，以尽量减少受援国的负担。

第四，中国政府对外提供援助的目的，不是造成受援国对中国的依赖，而是帮助受援国逐步走上自力更生、经济上独立发展的道路。

第五，中国政府帮助受援国建设的项目，力求投资少、收效快，使受援国政府能够增加收入、积累资金。

第六，中国政府提供自己所能生产的、质量最好的设备和物资，并且根据国际市场的价格议价。如果中国政府所提供的设备和物资不合乎商定的规格和质量，中国政府保证退换。

第七，中国政府对外提供任何一种技术援助的时候，保证做到使受援国的人员充分掌握这种技术。

第八，中国政府派到受援国帮助进行建设的专家，同受援国自己的专家享受同样的物质待遇，不容许有任何特殊要求和享受。

可以说，援外八项原则是我国对外援助政策的最初形态，也是此后很长一段时期内援外工作的基本准则。

3. 开展经济技术合作四项原则

我国的对外援助财政占比在 20 世纪 70 年代初达到顶峰后，后逐渐将政府工作重心转移到现代化建设，援外方针也随着对外政策的转变作了适度调整，并提出了有出有进、平等互利的主张。1983 年初，在坦桑尼亚宣布了中国同非洲国家开展经济技术合作的四项原则，即"平等互利、讲求实效、形式多样、共同发展"，具体内容是：[2]

第一，中国同非洲国家进行经济技术合作，遵循团结友好、平等互利的

---

〔1〕 参见中华人民共和国外交部、中共中央文献研究室编：《周恩来外交文选》，中央文献出版社 1990 年版，第 388~389 页。

〔2〕 参见任晓、刘慧华：《中国对外援助：理论与实践》，格致出版社、上海人民出版社 2017 年版，第 147 页。

原则，尊重对方的主权，不干涉对方的内政，不附带任何政治条件，不要求任何特权。

第二，中国同非洲国家进行经济技术合作，从双方的实际需要和可能条件出发，发挥各自的长处和潜力，力求投资少、工期短、收效快，并能取得良好的经济效益。

第三，中国同非洲国家进行经济技术合作，方式可以多种多样，因地制宜，包括提供技术服务、培训技术和管理人员、进行科学技术交流、承建工程、合作生产、合作经营等。中国方面对所承担的合作项目负责守约、保质、重义。中国方面派出的专家和技术人员不要求特殊待遇。

第四，中国同非洲国家进行经济合作，目的在于取长补短，互相帮助，以利于增强双方自力更生的能力和促进各自民族经济的发展。

可以发现，我国在改革开放以后提出的对外援助政策，一方面坚持了1964年周恩来同志提出的"对外经济技术援助的八项原则"的基本政策方针，特别是强调了"不干涉内政""不附加政治条件"等基本原则，另一方面则按照国情需求对我国的援外政策实现了发展，在原有援助原则的基础上，更加注重我国与受援方之间的互利共赢。

（二）对外援助白皮书

1. 《中国的对外援助》

我国在很长一段时间的援外实践中并没有公开发布专门的对外援助立场文件，直到2011年我国向全世界发布了第一份对外援助白皮书——《中国的对外援助》。这份白皮书第一次以政府文件的形式明确、重申了我国的对外援助政策，总结了中国的对外援助历程，介绍了我国对外援助基本情况与现状，在我国的援外历史中具有里程碑意义。《中国的对外援助》主要包含如下几方面内容：

第一，阐述我国对外援助的基本历程与援外政策。《中国的对外援助》将我国的对外援助分为四个阶段，第一阶段为新中国成立初期到改革开放之前的阶段，第二阶段为改革开放初期到20世纪80年代的援外政策初步调整阶段，第三阶段为20世纪90年代的援外方式改革阶段，第四阶段为进入21世纪以来的援外发展新阶段。

第二，公开了我国对外援助资金的主要类型与总额。《中国的对外援助》

将我国的对外援助资金分为三种类型，分别是无偿援助、无息贷款和优惠贷款。其中无偿援助主要用于帮助受援方建设医院、学校、低造价住房、打井供水项目等中小型社会福利性项目；无息贷款主要用于帮助受援方建设社会公共设施和民生项目；优惠贷款主要用于帮助受援方建设有经济效益和社会效益的生产性项目和大中型基础设施，或提供成套设备、机电产品、技术服务以及其他物资等。截至2009年底，中国累计对外提供援助金额达2562.9亿元人民币，其中无偿援助1062亿元，无息贷款765.4亿元，优惠贷款735.5亿元。

第三，明确了我国对外援助的主要方式。目前我国主要通过八种方式开展对外援助，分别是成套项目、一般物资、技术合作、人力资源开发合作、援外医疗队、紧急人道主义援助、援外志愿者和债务减免，每种援外方式适用的场合不同，能够起到的作用也不一样，占我国援外资金的额度比例也有差别。

第四，统计了我国六十年来对外援助的资金流向。从受援助的地区来看，受援方涉及亚洲、非洲、拉丁美洲、大洋洲和东欧等地区大部分发展中国家，截至2009年底，累计向161个国家以及30多个国际和区域组织提供了援助。从受援助的领域来看，中国对外援助项目主要分布在农业、工业、经济基础设施、公共设施、教育、医疗卫生等领域，重点帮助受援方提高工农业生产能力、增强经济和社会发展基础、改善基础教育和医疗状况，应对气候变化成为中国对外援助的一个新领域。

第五，介绍了当时对外援助的管理体制和援外国际合作。《中国的对外援助》勾勒出我国以商务部为主、其他部门共同合作的援外管理体制，并介绍了我国为进行援外部际协调形成的部际协调机制。除了开展双边援助之外，我国在力所能及的前提下支持和参与联合国等多边机构的发展援助工作，并通过各种平台与国际组织、其他发展中国家开展各种层面的发展合作。

根据《中国的对外援助》，我国形成了以五个"坚持"为基本内容的援外政策，分别是：坚持帮助受援方提高自主发展能力，坚持不附带任何政治条件，坚持平等互利、共同发展，坚持量力而行、尽力而为，坚持与时俱进、改革创新。

2.《中国的对外援助》（2014）

我国在《中国的对外援助》基础上，于2014年7月10日发布了第二份关于中国对外援助的白皮书——《中国的对外援助（2014）》。

《中国的对外援助（2014）》在体例编排上与 2011 年发布的《中国的对外援助》存在差异，主要就 2010 年至 2012 年我国的对外援助情况作了介绍。具体内容上，包含五个方面的内容：第一，公布这三年间中国对外援助资金、对外援助分布、对外援助方式的基本情况，表明这三年内中国对外援助事业稳步发展。第二，介绍三年间在民生领域的对外援助情况，主要包括农业援助、教育援助、医疗卫生援助、公益设施援助以及人道主义援助五个方面。第三，介绍三年间在经济社会领域的对外援助情况，主要包括基础设施援助、能力建设合作、贸易发展援助、生态环境援助四个方面。第四，介绍三年间在对外援助区域合作方面的成果，包括推动中非新型战略伙伴关系、中国-东盟合作促进以及其他区域经济社会发展合作三个方面。第五，介绍三年间在参与对外援助国际交流合作方面的进展，包含支持多边机构发展援助、参与发展合作国际交流、开展援外国际合作三个方面。

《中国的对外援助（2014）》重申了我国对外援助的基本政策，坚持不附带任何政治条件，不干涉受援国内政，充分尊重受援国自主选择发展道路和模式的权利；明确了我国开展对外援助的四项基本原则——相互尊重、平等相待、重信守诺、互利共赢四大援外基本原则。

3.《新时代的中国国际发展合作》

《中国的对外援助（2014）》白皮书发布以后，我国并没有继续以三年为周期定期发布对外援助白皮书。国家国际发展合作署的组建，使得中国对外援助的体制、机制、话语和支持系统发生了重大转变，这可能是对外援助白皮书没有定期发布的一个重要原因。国家国际发展合作署组建三年后，国务院新闻办公室于 2021 年 1 月再度发布有关对外援助的白皮书，该份白皮书涵盖 2013 年至 2018 年的数据，主要介绍了中国进入新时代以后开展对外援助的新主张、新理念、新实践，因而命名为《新时代的中国国际发展合作》。

《新时代的中国国际发展合作》主要包含八个方面的内容：

第一部分主要阐释新时代中国国际发展合作理念和政策主张，包含中国国际发展合作的文化根脉和精神源泉、新时代的中国国际发展合作观、中国国际发展合作的政策主张、中国开展国际发展合作的务实举措四个方面。

第二部分介绍新时代中国国际发展合作取得的新进展，主要从对外援助规模、对外援助方式、对外援助改革管理的突破等方面进行切入和介绍。

第三部分介绍新时代的中国国际发展合作在建设"一带一路"方面的重要意义，认为中国根据"一带一路"合作国家的发展需要，积极开展发展合作，在深化政策沟通、加快设施联通、推动贸易畅通、促进资金融通、增进民心相通上发挥作用，为各国发展培育空间、创造机遇，推动高质量共建"一带一路"。

第四部分介绍中国国际发展合作在推动落实联合国 2030 年可持续发展议程中的积极作用，白皮书从助力消除贫困、提升粮食安全、推动卫生发展、保障优质教育、促进性别平等、改善基础设施、推进可持续创新经济增长、支持生态环保八个方面列举了中国国际发展合作对 2030 年可持续发展议程的贡献。

第五部分介绍中国国际发展合作对全球人道主义挑战应对方面的贡献，主要就我国开展自然灾害应急救援、响应公共卫生突发事件、提供粮食援助应对饥荒、参与灾后恢复与重建、提高防灾减灾能力、参与缓解移民和难民危机等方面作出的贡献进行了介绍。

第六部分介绍中国在帮助发展中国家增强自主发展能力方面的贡献，进入新时代以后，我国继续加大技术和人力资源开发合作等方面援助力度，不断丰富援助内容、创新援助方式，为发展中国家自主发展能力建设贡献中国经验和中国方案，帮助提升治理能力、规划水平和行业发展能力，为发展中国家的发展事业培养治理人才和技术力量。

第七部分介绍中国开展对外援助国际交流合作的立场与实践，明确表达中国对开展国际发展领域交流和三方合作持开放态度，将继续坚持发展中国家定位，本着开放包容原则，深化与其他国家和组织的沟通交流，积极与有关各方探讨开展三方合作，丰富国际发展合作的方式和途径，提升国际发展合作的水平和能力。

第八部分对中国国际发展合作作出展望，将继续助力构建人类卫生健康共同体，推动落实联合国 2030 年可持续发展议程，提高政策制定和管理水平，推动国际发展合作高质量开展。

《新时代的中国国际发展合作》总结中国长期的对外援助实践经验，结合新时代中国国际发展合作的新特点，在白皮书中进一步凝练和拓展了新时代的中国对外援助政策主张，即：①相互尊重，平等相待；②量力而行，尽力而为；③聚焦发展，改善民生；④授人以渔，自主发展；⑤形式多样，讲求实效；⑥善始善终，注重持续；⑦开放包容，交流互鉴；⑧与时俱进，创新发展。

上述八个政策主张，继承了中国对外援助政策和原则的精髓，同时也凸显了百年变局下大国国际发展合作的时代要求。这些国际发展合作政策主张可以称之为新时代中国国际发展合作的"八项原则"，是1964年中国对外经济技术援助八项原则的继承和发展。

（三）外交政策文件中的援助政策

1. 综合外交政策文件中的援助政策

外交政策文件已经逐渐成为中国表达外交立场的一种重要方式，对外援助作为中国参与全球治理的重要方式，也往往会在中国的外交政策文件中有所涉及。例如，外交部在《2015年后发展议程中方立场文件》中表明：作为一个负责任的发展中国家，中国在南南合作框架下，为120多个发展中国家实现千年发展目标提供力所能及的支持和帮助。在实现千年发展目标过程中，中国政府和人民立足国情，积极探索，勇于实践，积累了丰富的发展经验，走出了一条具有中国特色的发展道路。中国愿继续与世界各国分享经验，包容互鉴，促进共同发展。此外，该文件还指出通过加强南南合作建立全球发展伙伴关系，提升各国自身发展能力，通过培训、经验交流、知识转让、技术援助等多种形式，加强能力建设等，这些表述中均涉及中国对外援助问题，也表达了中国开展对外援助的立场和倾向。

再如，2022年发布的《中国出席第77届联合国大会立场文件》也同样指出：中国秉持开放包容的伙伴精神，坚持发展优先、以人民为中心、人与自然和谐共生、创新驱动、全球发展伙伴关系、行动导向、协同增效等原则，不让任何一国、任何一人掉队，提出减贫、粮食安全、抗疫和疫苗、发展筹资、气候变化和绿色发展、工业化、数字经济、数字时代互联互通等八个重点合作领域，为加快落实2030年可持续发展议程提供可行路径。这一立场文件实际上表明了中国与其他国家开展发展合作的积极态度，同时也明确了今后开展国际发展合作的主要领域。

2. 区域外交政策文件中的援助政策

不少发达国家专门制定了对外援助的区域政策，如美国、韩国、日本等都制定了相应的区域或国别援外政策。我国目前尚未公布专门的区域或国别援外政策，但对特定区域制定了相应的对外政策，其中包含相应的援外政策，如《中国对非洲政策文件》《中国对拉丁美洲和加勒比政策文件》等。非洲、拉丁美洲和加勒比地区是中国对外援助的主要区域，因而中国在对这两个区域的外交政策文件中也较多涉及援外内容。

中国对非洲的援外政策主要包含在中国政府于 2006 年、2015 年分别发表的两份《中国对非洲政策文件》文件中。2006 年《中国对非洲政策文件》明确"真诚友好、平等互利、团结合作、共同发展"是中非交往与合作的基本原则；加强同非洲国家的团结与合作，始终是中国独立自主和平外交政策的重要组成部分；中国坚定不移地继承和发扬中非友好的传统，从中国人民和非洲人民的根本利益出发，与非洲国家建立和发展政治上平等互信、经济上合作共赢、文化上交流互鉴的新型战略伙伴关系。[1] 2006 年《中国对非洲政策文件》全面勾勒了我国与非洲国家在政治、经济、教育、科技、文化、卫生、社会、和平与安全等全方位的合作框架。该文件共出现了 10 次援助，其中 9 次援助分别涉及经济援助、教育援助、技术援助、医疗物资援助、紧急人道主义援助以及在地区冲突解决方面提供的援助。除了直接指明中国为非洲提供援助的领域之外，中国也在其他方面的合作中提供力所能及的帮助，通常以"帮助"或者"合作"的用语来表达，这些领域包括贸易、投资、金融、农业、基础设施建设、资源、旅游、减免债务、人力资源开发、民间交往等各方面的援助与合作。

经过十几年的精诚合作，2006 年《中国对非洲政策文件》的内容得到了全面落实，包括其中的发展合作与援助内容。在 2015 年 12 月 4 日，我国基于当时世界的新形势，发表第二份《中国对非洲政策文件》，提出建立和发展中非全面战略合作伙伴关系，巩固和夯实中非命运共同体，提升中非合作级别，升华中非合作理念。此外，在这份《中国对非洲政策文件》中，我国不仅延续、而且扩大了前一份《中国对非洲政策文件》的合作内容，明确新形势下我国将秉持"真""实""亲""诚"的对非政策方针和正确义利观，推动中非友好互利合作实现新的跨越式发展，[2] 不仅强调与非洲的全方位合作，还将"持续增加对非洲发展援助"作为加强中非发展合作的首要组成部分。由

---

〔1〕 参见中华人民共和国国务院：《中国对非洲政策文件》，2006 年 1 月 12 日发布。
〔2〕 参见中华人民共和国国务院：《中国对非洲政策文件》，2015 年 12 月 4 日发布。

此可见，我国对非洲的经济合作政策已经日趋成熟，中国希望与非洲通过精诚合作实现互利共赢，助推非洲可持续发展。

拉丁美洲和加勒比地区国家同样也是我国的重要援助区域，是除非洲、亚洲以外我国援助力度最大的地区。1949 年中华人民共和国中央人民政府成立后很长一段时间内，我国同拉美及加勒比国家的交流主要是民间交流为主。随着中国改革开放的推进，中拉各个领域、各个级别的交往日益频繁，加强中拉的合作符合双方的战略利益。因而，《中国对拉丁美洲和加勒比政策文件》明确中国将在政治、经济、人文、社会、和平、安全和司法等方面与拉丁美洲和加勒比国家开展全方位的合作，并提出愿同拉丁美洲和加勒比国家建立和发展平等互利、共同发展的全面合作伙伴关系。[1] 随着世界经济的重大变革与深入调整，中国希望同拉丁美洲和加勒比国家共同构建政治上真诚互信、经贸上合作共赢、人文上互学互鉴、国际事务中密切协作、整体合作和双边关系相互促进的中拉关系新格局，推动中拉全面合作伙伴关系再上新台阶，成为携手发展的命运共同体。[2] 相对于《中国对非洲政策文件》，中国在两份对拉丁美洲和加勒比国家的政策文件中，更加强调交流与合作，较少使用"援助""帮助"等词，但中国同时也承诺：在充分尊重拉美和加勒比国家意愿基础上，根据中国自身财力和经济社会发展状况，继续向拉美有关国家提供不附加任何政治条件的经济技术援助，并根据拉美国家的需求，在力所能及的条件下逐步增加援助，创新援助模式，重点用于人力资源开发、发展规划、经济政策咨询培训、基础设施建设、农业和粮食安全、减贫、气候变化以及人道主义援助等领域。[3]

值得注意的是，2022 年 5 月 30 日，外交部发布《中国关于同太平洋岛国相互尊重、共同发展的立场文件》，基本上成为我国同太平洋岛国的合作政策。在该立场文件中，我国提出了与太平洋岛国开展合作的十四个方面的愿景与设想，其中至少有九个方面涉及中国的对外援助。为落实前述的愿景与设想，中国提出在二十四个领域开展具体合作，其中绝大部分内容涉及对外援助，具体包含农业援助、减灾援助、应急物资援助、气候援助、治理能力

---

〔1〕 参见中华人民共和国国务院：《中国对拉丁美洲和加勒比政策文件》，2008 年 11 月 5 日发布。

〔2〕 参见中华人民共和国国务院：《中国对拉美和加勒比政策文件》，2016 年 11 月 24 日发布。

〔3〕 参见中华人民共和国国务院：《中国对拉美和加勒比政策文件》，2016 年 11 月 24 日发布。

援助、教育援助、医疗卫生援助、资金捐助等。[1] 这些援助，基本涵盖了太平洋岛国最需要的领域，体现出鲜明的需求导向。

可以说，我国虽然没有出台专门的区域或国别援外政策，但区域对外政策中的援外政策既能够体现该区域对中国的重要战略意义，同时也能适度体现我国对该区域的援助领域与援助力度，为我国一定时期的援外工作提供重要指引。

（三） 专项政策文件中的援助政策

除了前述综合性外交政策文件、区域外交政策文件中涉及援助相关政策之外，我国相关部门还在专项政策文件中涉及中国的对外援助政策。例如，2020 年 9 月，我国在联合国生物多样性峰会前发布了中方立场文件《共建地球生命共同体：中国在行动》，从生态文明思想、政策措施、促进可持续发展、全社会广泛参与、全球生物多样性治理和国际交流与合作等方面系统阐述我国生物多样性保护的经验成就和立场主张。其中，在生物多样性保护领域的对外援助方面，该立场文件提出：打造"一带一路"绿色发展合作平台，积极为发展中国家保护生物多样性提供力所能及的支持，中国将继续高举多边主义旗帜，秉持人类命运共同体理念，积极参与全球生物多样性治理，为共谋全球生态文明之路、共建地球生命共同体贡献中国智慧。[2] 类似专门领域的政策文件，也是中国对外援助政策的重要组成部分。

第三节　法律规则

一、对外援助法律体系的发展历程

近年来，中国基于全球发展需求和国内发展现实，推进对外援助管理体制改革。与此同时，中国逐步形成具有自身特色的法律体系，法律制度在国家治理中的地位受到充分重视，法治成为中国推进国家治理体系和治理能力现代化的重要依托。基于上述背景，中国对外援助工作开展的制度化、法制

---

〔1〕　参见中华人民共和国外交部：《中国关于同太平洋岛国相互尊重、共同发展的立场文件》，2022 年 5 月 30 日发布。

〔2〕　参见中华人民共和国外交部、生态环境部：《共建地球生命共同体：中国在行动——联合国生物多样性峰会中方立场文件》，2020 年 9 月 21 日发布。

化获得广泛关注，法制建设也已取得较大进展。

中国的对外援助制度建设也主要经历了三个不同的发展阶段：

第一阶段是 20 世纪 50 年代到 20 世纪末期，属于萌芽期。这一时期的对外援助工作主要由对外援助相关部委单独发布或者联合发布的部委规范性文件进行调整，例如财政部印发的《对外援助支出预算资金管理办法》（财外字〔1998〕308 号，已失效）、原对外贸易经济合作部和财政部联合印发的《援外合资合作项目基金管理办法》（〔1998〕外经贸计财发第 481 号，已失效）等，这些规范性文件为后续的中国对外援助法制发展奠定了制度基础。

第二阶段是 2000 年到 2017 年，属于创立期。在这一时期，一方面，自 2000 年开始正式实施的《中华人民共和国立法法》明确了中国法律的基本表现形式，规定了制定立法的基本权限与程序，有力推动了中国立法的整体进程；另一方面，我国组建商务部以后，由商务部主管对外援助工作，为对外援助的法制发展提供了机构基础。商务部成立之后不仅启动了对外援助专门立法、行政法规的前期调研工作，推进了对外援助管理的规范化、法制化，[1] 还制定了《对外援助管理办法（试行）》等一批重要部门规章、规范性文件和内部工作规则，初步形成中国对外援助的部门法律规范体系。

第三阶段是 2018 年国家国际发展合作署成立以后，属于发展期。由于国家国际发展合作署成立于中国全面推进依法治国、推进国家治理体系与治理能力现代化的大背景之下，提升对外援助治理体系现代化、推进对外援助工作法制化势必成为其重要任务之一。因而，国家国际发展合作署成立并正式开展工作之后，进一步加快了对外援助制度建设进程，仅 2020 年一年便制定了 4 件部门规章、7 件部门规范性文件，[2] 于 2021 年出台《对外援助管理办法》，另有多件部门规章已经发布草案向社会公开征求意见，目前尚在制定过程之中。

二、中国对外援助法制建设的主要成就

经过多年的实践与制度建设努力，目前中国的对外援助法制建设已经取

---

〔1〕 参见商务部研究院编：《中国对外经济合作 30 年》，中国商务出版社 2008 年版，第 264 页。
〔2〕 参见国家国际发展合作署：《国家国际发展合作署 2020 年政府信息公开工作报告》，2021 年 2 月 23 日发布。

得了一定的成果：

第一，中国已经形成较为清晰的、具有包容性的对外援助理念——推动构建人类命运共同体，并已初步将这一理念转化为中国对外援助法律规则的制度理念。例如，国家国际发展合作署等三部委于2021年制定的《对外援助管理办法》第4条就明确规定："对外援助致力于帮助受援方减轻与消除贫困……推动构建新型国际关系，推动构建人类命运共同体。"《对外援助管理办法》的这一规定与《新时代的中国国际发展合作》白皮书的提法相互呼应，使得新时代中国的对外援助理念在制度层面日益明晰。

第二，尽管中国目前尚未制定对外援助专门立法，但并不能认为中国没有对外援助相关的法律规则。实际上，2018年3月11日通过的《中华人民共和国宪法修正案》规定的"发展同各国的外交关系和经济、文化交流，推动构建人类命运共同体"为中国通过对外援助推动人类命运共同体提供了最高法律依据。[1] 2023年6月28日通过的《对外关系法》在涉外基础性立法层面就对外援助作出了原则规定，成为对外援助专门法、下级法制定的基础。国家国际发展合作署新制定的部门规章和商务部主管援外工作时期制定的部门规章使得对外援助领域形成一定规模的部门规章体系。因而，中国虽然尚未形成完备的对外援助法律体系，但已经初步形成以宪法规定为纲领、部门规章为主体、规范性文件为支持的对外援助法律规范集合。

第三，中国对外援助法律规范不断完备。中国以长期的对外援助实践为基础，围绕对外援助管理的基本环节，在商务部主管对外援助工作时期，制定了对外援助综合规定，并就对外援助立项管理、决策管理、标识管理、资格认定、采购管理、实施管理、监督评估等作出规定，形成以综合部令为龙头，以成套项目、物资项目、技术援助项目、人力资源开发合作项目和特殊项目等全覆盖对外援助项目类型为"横向"，以可研立项、资格准入、采购招标、合同管理、绩效评估等全链条对外援助项目管理程序为"纵向"的新的"五纵五横"管理制度体系。[2] 国家国际发展合作署组建以后，推进前述对外援助规章、规范性文件的"立改废"工作。同时，进一步出台了对外援助

---

〔1〕 参见曹俊金：《对外援助法》，中国政法大学出版社2019年版，第36页。

〔2〕 参见俞子荣：《不平凡的探索与成就——中国对外援助70年》，载《国际经济合作》2020年第6期。

行政处罚、行政复议等方面的规定，进一步推动依法援外工作，优化对外援助的内部制度结构。

三、对外援助法律规范的基本类型

（一）宪法中的对外援助法律规范

《中华人民共和国宪法》（以下简称《宪法》）是国家的根本大法，具有最高法律效力，也是治国安邦的"总章程"，其主要内容在于规定国家的根本任务、国家性质、政党制度、政权组织形式、基本经济制度、公民的基本权利和义务以及国家机构等根本性事项，因而关于国家的对外交往规定得也较为原则。前已述及，2018年3月11日第十三届全国人民代表大会第一次会议通过《中华人民共和国宪法修正案》，将序言第十二自然段中原"发展同各国的外交关系和经济、文化的交流"修改为"发展同各国的外交关系和经济、文化交流，推动构建人类命运共同体"，这一修改为我国通过对外援助工作推动人类命运共同体构建提供了最高法律依据，也为对外援助法律制度的完善提供了依据和契机。

（二）法律中的对外援助法律规范

法律是全国人民代表大会或者全国人大常委会制定或认可的规范性文件。我国目前尚未制定专门的对外援助立法，其他法律中也尚不存在规制对外援助活动的规范。值得指出的是，2018年3月17日，全国人大表决通过《第十三届全国人民代表大会第一次会议关于国务院机构改革方案的决定》，将商务部对外援助工作有关职责、外交部对外援助协调等职责整合，组建国家国际发展合作署，作为国务院直属机构。该决定以法律的形式组建对外援助工作的专门机构，既确认了我国援外管理体制改革的成果，为今后我国更有针对性地开展援外工作、提升援外实效奠定了机构基础，同时也为今后援外法律制度与法律部门的发展提供了部门依托。

2023年6月28日，第十四届全国人民代表大会常务委员会第三次会议通过《对外关系法》，其中第27条规定："中华人民共和国通过经济、技术、物资、人才、管理等方式开展对外援助，促进发展中国家经济发展和社会进步，增强其自主可持续发展能力，推动国际发展合作。中华人民共和国开展国际人道主义合作和援助，加强防灾减灾救灾国际合作，协助有关国家应对人道主义紧急情况。中华人民共和国开展对外援助坚持尊重他国主权，不干涉他国内政，不附加任何政治条件。"该法的顺利通过，使得该条成为统领我国对外援助制度体系的直接依据。

（三）部门规章中的对外援助法律规范

我国当前的援外法律制度是以援外部门规章为核心建立起来的，由于援外工作涉及不同的职能部门，因而不少部门根据实际情况在本部门职权范围内制定了相应的援外规章。如民政部公布的《救灾捐赠管理办法》（民政部令第 35 号），商务部公布的《援外青年志愿者选派和管理暂行办法》（商务部令 2004 年第 18 号）等。

"一带一路"倡议提出后，为进一步规范援外工作，促进援外实效，推进依法援外进程，商务部又制定或修订了《对外援助管理办法（试行）》（商务部令 2014 年第 5 号，已废止）、《对外援助成套项目管理办法（试行）》（商务部令 2015 年第 3 号）、《对外援助物资项目管理办法（试行）》（商务部令 2015 年第 4 号）、《对外技术援助项目管理办法（试行）》（商务部令 2015 年第 5 号）等规章，短时间内极大推进了我国对外援助法治化进程。

国家国际发展合作署组建后，在商务部制定的部门规章基础上新制定或重新发布援外部门规章，例如，2019 年国家国际发展合作署通过的《对外援助标识使用管理办法》（国家国际发展合作署令二〇二〇年第 1 号）和 2021 年国家国际发展合作署、外交部、商务部通过的《对外援助管理办法》（国家国际发展合作署、外交部、商务部令二〇二一年第 1 号），即是在商务部《对外援助标识使用管理办法（试行）》（商务部 2016 年第 1 号令，已废止）和《对外援助管理办法（试行）》（商务部令 2014 年第 5 号，已废止）基础上经修改重新发布的。2020 年通过的《对外援助项目咨询服务单位资格认定办法》（国家国际发展合作署令二〇二〇年第 4 号）则是在参考商务部 2015 年颁布的《对外援助项目实施企业资格认定办法（试行）》（商务部令 2015 年第 1 号）的基础上，就对外援助项目咨询服务单位资格认定事宜制定的专门规章。此外，国家国际发展合作署根据依法行政的要求，于 2020 年制定了《国家国际发展合作署行政处罚实施办法》（国家国际发展合作署令二〇二〇年第 2 号）和《国家国际发展合作署行政复议实施办法》（国家国际发展合作署令二○二○年第 3 号）两个部门规章。

（四）行政规范性文件中的对外援助法律规范

严格意义上来讲，各级各类行政规范性文件由于缺乏严格的制定程序，在《中华人民共和国立法法》和传统法学理论上并不具有正式的法律渊源地位。然而，各级各类行政规范性文件现实上大量存在着，而且在一定程度上影响着行政相对人的利益，因而许多行政规范性文件虽然并不具有"法律"的名义，却有着"法律"的效力。

基于这一现实，对行政规范性文件的规范成为一种必要，但这种规范也意味着对行政规范性文件的法律效力的默许。典型的如，2018 年，国务院下发《国务院办公厅关于加强行政规范性文件制定和监督管理工作的通知》（国办发〔2018〕37 号），明确行政规范性文件是除国务院的行政法规、决定、命令以及部门规章和地方政府规章外，由行政机关或者经法律、法规授权的具有管理公共事务职能的组织依照法定权限、程序制定并公开发布，涉及公民、法人和其他组织权利义务，具有普遍约束力，在一定期限内反复适用的公文。2023 年 3 月 13 日，第十四届全国人民代表大会第一次会议通过《全国人民代表大会关于修改〈中华人民共和国立法法〉的决定》，本次修法增加一条，作为第 116 条："对法律、行政法规、地方性法规、自治条例和单行条例、规章和其他规范性文件，制定机关根据维护法制统一的原则和改革发展的需要进行清理。"由此可见，行政规范性文件现实的法律约束力是无法回避的，也逐渐得到立法上和行政上的默认，并通过法律和行政规范性文件加以规范。

目前，有不少对外援助相关的管理规定是以规范性文件的形式而非法规、规章形式发布的。基于这类规范性文件的现实效力，虽然其并不属于传统法学理论上的法律渊源，但可以将其作为对外援助法渊源的补充规范。对外援助相关的行政规范性文件，主要有国务院发布的行政规范性文件和对外援助各职能部门发布的行政规范性文件。前者如国务院办公厅于 2008 年 7 月 11 日印发的《商务部主要职责内设机构和人员编制规定》（国办发〔2008〕77 号），规定商务部是中国对外援助的归口管理部门，具体工作由下设的对外援助司负责。国家国际发展合作署组建后，按照惯例，国务院办公厅也应通过行政规范性文件的形式发布有关职责内设机构和人员编制的规定，但目前没有公开。后者如原卫生部公布的《卫生部关于援外医疗工作人员管理办法

（试行）》（卫人发〔2003〕184号）、财政部和教育部联合印发的《国家公派出国教师生活待遇管理规定》（财教〔2011〕194号）、商务部的《对外援助项目评估管理规定》（商援发〔2015〕487号）、《商务部办公厅关于调整援外项目管理工作职能分工的通知》（商办援函〔2008〕34号）等。此外，商务部直属事业单位也根据商务部的职能授权发布了对外援助的规范性文件。

（五）国际条约中的对外援助法律规范

援助方与受援方的援助意向需要双方签署相应的文件予以确定，并通过国际协议进一步明确双方的权利义务关系。因而，除了对外援助活动相关的国内立法之外，规定援助权利义务的援助条约或者援助协定也是对外援助法的法律渊源。我国与其他发展中国家的援助条约往往以"经济合作"或"经济技术合作"等用语作为条约名称，如2001年我国与缅甸签署的《中华人民共和国政府和缅甸联邦政府经济技术合作协定》、2006年我国与阿富汗签署的《中华人民共和国政府和阿富汗伊斯兰共和国政府贸易和经济合作协定》等。也有部分援助协议直接以援助项目命名，但在条约名称上未出现"援助"用语，如1994年我国与肯尼亚签署的《中华人民共和国国家教育委员会与肯尼亚共和国教育部关于高教发展项目协议》、2006年我国与柬埔寨签署的《中华人民共和国国家文物局与柬埔寨王国文物局关于保护吴哥古迹二期项目的协议》等。还有部分国际条约名称中直接体现了援助的内容，且同时出现"援助"的用语，例如1965年《中华人民共和国政府和阿尔巴尼亚人民共和国政府关于中国向阿尔巴尼亚提供技术援助和供应成套设备的议定书》、1968年《中华人民共和国政府和越南民主共和国政府关于中国向越南提供成套设备项目援助的议定书》等。

在"一带一路"倡议启动以后，我国与其他发展中国家以"联合声明""联合公报"的形式签署了大量双边文件，如2017年5月我国与柬埔寨签署的《中华人民共和国和柬埔寨王国联合新闻公报》、2016年9月我国与老挝签署的《中华人民共和国和老挝人民民主共和国联合公报》等，都表现出相应的援助意向。

四、综合性规章：《对外援助管理办法》

2021年8月31日，国家国际发展合作署、外交部、商务部联合公布了

《对外援助管理办法》，该办法自 2021 年 10 月 1 日起施行。《对外援助管理办法》是我国对外援助领域的综合性规章，对于今后我国推进新型国际关系、推动构建人类命运共同体具有重要的制度保障作用。

（一）《对外援助管理办法》出台的背景

2018 年国家国际发展合作署组建以后，秉持全面推进依法治国、推进国家治理体系与治理能力现代化的工作理念，加快援外法制建设进程，2018 年 11 月便公布《对外援助管理办法（征求意见稿）》向社会公开征求意见，并围绕对外援助工作及时制定了大量的部门规章与规范性文件。2021 年国家国际发展合作署等三部委联合公布的《对外援助管理办法》，是在 2018 年《对外援助管理办法（征求意见稿）》基础上经过广泛调研、长期酝酿、多方协调达成的重要制度成果，是当前对外援助管理的综合性、统领性文件，也堪称对外援助部门规章中的"基本法"。

（二）《对外援助管理办法》出台的重要意义

第一，《对外援助管理办法》的出台是对习近平外交思想和习近平法治思想的贯彻与落实。该办法明确将促进高质量共建"一带一路"、推动构建新型国际关系、推动构建人类命运共同体作为中国对外援助的目标，从制度层面全面贯彻落实习近平外交思想和习近平法治思想，用习近平外交思想指导援外工作实践，[1] 以推进援外法制工作落实习近平法治思想。

第二，《对外援助管理办法》的出台有利于促进援外职能部门依法履职。全面依法治国是一个系统工程，依法行政是全面依法治国的题中要义。2018 年《国务院机构改革方案》对援外职能部门的职权作了原则性规定，具体的部门职责需要通过法律制度进一步细化与确认。《对外援助管理办法》的出台以法律制度形式确认了 2018 年援外管理体制改革成果，也为援外主管部门、援外执行部门及相关部门依法履职提供了制度依据。

第三，《对外援助管理办法》的出台为新时代援外工作顺利推进提供制度保障。对外援助作为中国对外交流合作的重要方式，既需要制度规范，也需要制度保障。该办法的出台既能确保对外援助工作开展的制度化、规范化，

---

［1］　参见国家国际发展合作署、外交部、商务部：《关于〈对外援助管理办法〉的政策解读》，2021 年 8 月 31 日发布。

同时也能为援外战略和援外工作的顺利推进提供坚强的制度保障，成为援外制度与其他制度良性互动的基本媒介。

第四，《对外援助管理办法》的出台有助于促进新时代中国援外法治发展。商务部主管对外援助时期，制定了《对外援助管理办法（试行）》等一批重要部门规章、规范性文件和内部工作规则。国家国际发展合作署组建之后，对原有的援外规章制度进行"立、改、废"，以更好地规范我国的对外援助工作，提升对外援助的实际效果。《对外援助管理办法》在对外援助规章中具有"基本法""龙头法"地位，其出台意味着国家国际发展合作署成立后在短期内重塑了对外援助法律规范集会，成为今后健全援外法制建设、促进援外法治的重要步骤。

第五，《对外援助管理办法》的出台为统筹推进国内法治和涉外法治作出贡献。当前，世界正面临百年未有之大变局，国内外政治经济形势巨变，需要通过加快涉外法治工作战略布局、统筹推进国内治理与国际治理，为我国的主权、安全、发展利益提供制度支持。援外法律是我国涉外法治的重要构成，《对外援助管理办法》既关注我国国内发展实际，又能对我国的涉外工作提供制度支持，为我国的发展环境、安全利益提供助力，成为推动人类命运共同体构建的重要涉外法治环节。

（三）《对外援助管理办法》的主要内容及其亮点

《对外援助管理办法》共8章51条，包括总则、对外援助政策规划、对外援助方式、对外援助项目立项、对外援助实施管理、对外援助监督和评估、法律责任、附则。《对外援助管理办法》既确立了新时代中国对外援助的理念和目标，也明确了各援外职能部门在对外援助工作中的职责和分工；既涵盖了对外援助工作开展的基本环节、型塑了援外制度基本框架，也尝试通过援外制度创新引领援外工作发展。

总体而言，《对外援助管理办法》具有如下几个方面的亮点：

第一，系统阐释新时代中国对外援助目标，优化对外援助理念，明确对外援助基本原则。一方面，该办法以法律的形式回应了国内外就中国对外援助目的产生的争议，明确规定中国对外援助的目的在于"帮助受援方减轻与消除贫困，改善受援方民生和生态环境，促进受援方经济发展和社会进步，增强受援方自主可持续发展能力，巩固和发展与受援方的友好合作关系，促进高质量共建'一带一路'，推动构建新型国际关系，推动构建人类命运共同体"。另一方面，该办法充分考虑中国国情，坚持平等互利，坚持不附加政治条件，坚持受援方需求导向，注重援助实效，在其第 5 条中明确了中国对外援助的理念与基本原则。

第二，明确各援外职能部门的职责分工，致力于建立高效的援外管理体制。对外援助工作是一项系统性工作，需要由多个部门分工负责、协调推进。为了避免对外援助各职能部门的职权交叉、竞合，《对外援助管理办法》根据全国人大通过的《国务院机构改革方案》及国务院有关规定进一步确认了国家国际发展合作署的援外研究、援外决策、援外监督、援外评估、援外国际交流等职能，细化了商务部等援外执行部门的援外实施管理职责，明确了外交部的援外建议及驻外使领馆（团）的境外协助职能。此外，为了加强对外援助工作的统筹协调，该办法明确规定由国家国际发展合作署牵头建立对外援助部际协调机制，优化对外援助的战略部署、决策与实施协调工作，提升对外援助开展效果。

第三，加强援外顶层制度设计，促进援外管理制度化。要最大限度发挥对外援助的战略效果，首先需要形成科学、合理的援外战略、规划与政策体系。《对外援助管理办法》明确提出由国家国际发展合作署会同有关部门拟定或制定对外援助的战略方针、中长期政策规划、国别对外援助政策、对外援助总体方案和年度计划等政策规划文件，加强援外顶层制度设计。在具体的援外管理中，该办法明确规定国家国际发展合作署牵头推进对外援助法制化建设，与援外执行部门根据职责分工制定相应的对外援助管理制度，新增援外信息报送制度和援外全口径统计制度，推进援外管理制度化。

第四，增加对外援助项目法定类型，创新对外援助实施方式。商务部 2014 年发布的《对外援助管理办法（试行）》列举了成套项目、物资项目、技术援助项目、人力资源开发合作项目、志愿服务项目五类法定援外项目，《对外援助管理办法》将对外援助项目法定类型增至八项，除了前述五类项目之外，将援外医疗队、紧急人道主义援助两类传统援助方式增列为法定援外项目，同时将南南合作援助基金（2022 年升级为"全球发展和南南合作基金"）这一援助创新也增列为法定援助项目。在对外援助实施方式上，《对外援助管理办法》也作出了一定的突破创新，除了原有的中方负责实施、外方自主实施以及中外合作实施三种实施方式之外，又新增了同其他国家、国际组织、非政府组织等第三方合作实施的方式。对外援助项目法定类型的增加及对外援助实施方式的创新，有利于根据受援方的发展需求、对外援助项目的实施条件、对外援助工作开展的现实影响等因素，提升中国对外援助开展的灵活性与实效性。

第五，细化对外援助管理，规范对外援助开展程序。长期以来，我国对外援助的决策和管理成为关注的焦点，《对外援助管理办法》在具体的条文中细化了对外援助管理的基本环节，有利于进一步规范今后对外援助工作的开展。一是充实了对外援助项目立项及实施管理方面的内容，使得对外援助工作开展的基本环节都能有法可依。二是明确了紧急人道主义援助项目的立项程序，将紧急人道主义援助项目的立项、实施、监督、评估纳入了《对外援助管理办法》的适用范围，回应了紧急人道主义援助项目开展的制度需求。三是在实施管理、监督、评估环节设置较多的"授权性"条文，为后续出台具体的管理、监督、评估规定埋下伏笔，确保对外援助规范开展。四是在对外援助立项、实施、监督、评估等不同环节分别明确了援外主管部门、援外执行部门、援外协调协助部门等的不同职责，有利于援外职能部门在对外援助项目管理过程中分工协作。

第六，统筹国内与国际法律，切实保障国家利益。由于国内外形势的变化，对外援助项目开展过程中的变化与风险问题也纳入了《对外援助管理办法》的考虑范围。该办法从国内立法的角度出发，明确规定了对外援助相关国际协定的商签事宜，也就援外国际协定签署后的变更问题作出了程序性规定。此外，该办法还明确规定，因外交、国家安全或者承担的国际义务等原因，或者因不可抗力导致对外援助项目无法实施时，国家国际发展合作署按照程序报批后可以中断或者终止对外援助项目。该规定给我国通过暂停或终止对外援助项目保障国家利益提供了制度依据，进一步充实了应对挑战、防范风险的涉外法律"工具箱"。

五、中国对外援助法制建设的未来展望

《新时代的中国国际发展合作》白皮书将"提升国际发展合作能力和水平"作为中国未来国际发展合作的重要议题，并提出将"继续推进相关法律法规和制度建设，为国际发展合作提供法制保障"。[1] 显而易见，通过完善

---

[1] 参见中华人民共和国国务院新闻办公室：《新时代的中国国际发展合作》，人民出版社 2021年版，第 68 页。

对外援助法律体系与法律制度来进一步提升对外援助的治理体系与治理能力将是今后中国对外援助领域的重要工作安排。

中国可以考虑从如下几个方面推进对外援助法制进程：

首先，实现新时代中国对外援助理念、政策与法律制度的互动与互补。中国需要将通过多年开展对外援助实践形成的援助理念、原则、政策等融入法律规则，既注重法律的制度规范功能，也注重法律的制度保障功能，通过法律的实施来实现新时代中国对外援助理念与政策目标。

其次，中国基于长期对外援助和南南合作的深厚基础，积极推动对外援助向国际发展合作的转型。考虑到目前在法律术语上仍然保留了"对外援助"的用法，今后是否需要通过法律术语的转换来支持中国对外援助的转型升级，也是对外援助法制建设的基础性议题。第一章已经提及，韩国在 2010 年制定《国际发展合作基本法》时，并没有选择"对外援助"或者"官方发展援助"这两个传统术语，而是将"国际发展合作"作为其对外援助的正式法律术语；日本内阁在 2015 年对原《官方发展援助宪章》进行修订时，将原《官方发展援助宪章》更名为《发展合作宪章》，实现了从"官方发展援助"向"发展合作"的话语转型。对于中国而言，究竟在法律上使用"对外援助"还是"国际发展合作"，仍然需要深入研究。

再次，中国需要进一步塑造对外援助法律体系，通过制定对外援助基本法、单行法及相关的实施条例等法律、法规，提升对外援助法律的立法层级，推动形成以法律、法规为主体的援外法律体系，有助于更好地规范与协调对外援助工作。我国可以参考美国、英国、法国、加拿大、丹麦、韩国等发达国家的对外援助或国际发展合作立法，选择与我国对外援助实际相契合的立法模式，并以此为基础进一步制定对外援助配套立法，构建对外援助法律体系。

最后，中国也需要审视当前对外援助具体制度存在的不足，通过创新具体制度设计来尽快补足其制度短板。目前来看，可以从优化对外援助部际协调，调整对外援助筹资合作，[1] 促进对外援助多元主体参与，提升对外援助人才培养，强化对外援助税收激励等方面切入，进一步完善中国对外援助法律制度的内部结构。

---

〔1〕　参见王泺：《关于改革我国对外援助管理体制机制的思考》，载《人民论坛·学术前沿》2018 年第 4 期。

对外援助的规则（二）：程序

第三章从宏观上分析了新时代中国对外援助的规则体系框架，本章主要从微观上梳理对外援助工作开展的具体流程。随着中国对外援助工作逐步法制化，对外援助有关职能部门逐渐完善对外援助的决策、实施、评估规则，并逐步向社会公布，使得对外援助管理规范性不断增强。

尽管相比过去有着巨大的进步，但在对外援助具体规则研究时，仍面临不小的挑战：一是双边援助规则与多边援助规则不平衡，目前的对外援助法律规范主要是基于双边援助形成的，对中国参与多边援助的规范基本是"缺失"的，因而本书关于对外援助程序规则的探讨主要属于双边援助程序规则。二是部分规则"得而又失"，目前国家国际发展合作署对于立项、评估等方面的配套规则没有公开，考虑到其制定或拟制定的援外规章制度以商务部发布的对外援助为规则基础，因而，涉及援外项目立项、评估等尚未公开的规范性文件的，本书参照商务部的有关规定对"缺失"的援外管理规范加以论述。

第一节　预　算

一、援外预算一般制度

公共预算的过程即是公共决策过程，公共支出的预算治理反映国家权力间的相互制衡，有助于公共资金的高效利用与国家行政权力的良性运行。预算必须获得议会批准的做法确立了行政机关对立法机关的政治责任，使得立法机关可以事前在支出政策上对行政机关施加压力。[1] 因而，几乎所有法治国家的基本法律都规定议会或国会对本国政府具有公共财政使用上的批准或控制权，这是现代法治国家民主价值的基本体现。关于我国不同机构对公共财政的使用权限，我国《宪法》对此作了基本规定：第 89 条规定国务院享有预算编制权和预算执行权，第 62 条规定全国人民代表大会对国务院编制的预算及预算的执行情况行使审查和批准权，第 67 条规定在全国人大闭会期间，全国人大常委会对预算执行过程中的调整方案具有审查权和批准权。但《宪法》作为根本法，只能对国家权力运行进行原则性规定，具体的公共财政运行规则需要通过预算制度来实现。

《中华人民共和国预算法》（以下简称《预算法》）对预算运行予以具体规范，明确"政府的全部收入和支出都应当纳入预算"，即政府支出的预算编制、预算审查和批准、预算执行、预算调整以及预算执行的监督等具体事项，应符合预算法律制度的规定。我国的对外援助属于利用政府财政资源实施的对外交往行为，这种对外援助支出在本质上属于典型的政府公共支出，因而需要纳入预算法律制度的规范。也就是说，我国对外援助的预算编制、预算实施以及预算执行的监督评价等都要遵守预算法律制度的规定，这实际上也是立法权对行政权力控制的法律体现。

除了《预算法》作为预算领域基本法对援外支出进行一般性的规范之外，财政部的部门规范性文件也对预算法律制度进行了细化，通过颁布《中央本级基本支出预算管理办法》《中央本级项目支出预算管理办法》《中央部门预算绩效目标管理办法》《中央部门预算绩效运行监控管理暂行办法》等对预算监督、预算绩效管理等作出了较为严格的制度安排，为对外援助领域的支出规范提供了制度支持。援外主管部门和援外执行部门在对外援助资金使用中应当按照《预算法》及其配套制度的规定开展援外预算管理。

二、援外预算特别制度

除了《宪法》和预算法律制度对我国的对外援助资金存在着一般性规定之外，《对外援助管理办法》对援外资金的预算编制、预算执行等问题也作出

---

[1] 参见［美］维托·坦齐、［德］卢德格尔·舒克内希特：《20 世纪的公共支出》，胡家勇译，商务印书馆 2005 年版，第 185 页。

了原则规定。

根据《对外援助管理办法》，国家国际发展合作署在预算编制和预算执行方面的职责主要有如下三个方面：

1. 统筹援外预算。《对外援助管理办法》第 6 条第 1 款规定，国家国际发展合作署"归口管理对外援助资金规模和使用方向，编制对外援助项目年度预决算"，但根据第 2 款规定，商务部等对外援助执行部门负责根据对外工作需要提出对外援助相关建议，承担对外援助具体执行工作，"管理本部门的对外援助资金"。从这两个规定上看，对外援助资金的预算统筹在国家国际发展合作署，对外援助具体项目资金预算的执行在各执行部门。

2. 执行部分援外预算。尽管各执行部门管理的对外援助资金由各部门负责，但国家国际发展合作署也执行一部分援外预算。例如，《对外援助管理办法》第 6 条第 1 款规定，"国际发展合作署负责拟订对外援助方针政策，推进对外援助方式改革……确定对外援助项目，监督评估对外援助项目实施情况，组织开展对外援助国际交流合作"，其中的研究工作、可行性研究、前期调查、项目咨询、项目评估等需要第三方组织或个人予以支持，这部分工作也应当纳入援外预算，由国家国际发展合作署负责管理和执行。

3. 监督援外资金使用情况。对外援助资金使用的监督是援外预算管理的重要组成部分。援外资金使用的监督可以分为内部监督和外部监督，前者是按照预算法律制度的规定，监督本部门预算的执行，国家国际发展合作署和各援外执行部门在执行援外预算的同时都应做好监督工作。后者是其他部门对援外执行部门执行援外预算的监督，其中既包括人大和财政部门的监督，考虑到《对外援助管理办法》规定国家国际发展合作署对援外项目的实施情况具有监督评估的职能，因而外部监督也应包括国家国际发展合作署对其他执行部门在援外项目资金使用方面的监督。

三、援外资金类型

2011 年《中国的对外援助》白皮书、2014 年商务部《对外援助管理办法（试行）》、2021 年《新时代的中国国际发展合作》及国家国际发展合作署等三部委制定的《对外援助管理办法》均将援外资金分为无偿援助、无息贷款和优惠贷款三种类型。其中无偿援助是由中国财政资金提供的、不需要受援方返还本息的援助形式；无息贷款是由中国财政资金提供贷款、受援方在约定的贷款期限届满后仅向中国归还本金的援助形式，主要向经济条件较好的发展中国家提供；优惠贷款是由中国进出口银行通过市场筹措本金并根据政府间的援助协定向受援方提供优惠利率贷款（由国家财政补贴利息差），受援方按照援助协定约定还本付息的援助形式。我国近期主要通过援外项目的形式向受援方提供援助，以现汇形式提供的援助比例较小，且主要用于紧急人道主义援助。

（一）无偿援助

无偿援助主要用于帮助受援方建设中小型社会福利项目以及实施人力资源开发合作、技术合作、物资援助和紧急人道主义援助等，由国家财政直接拨付。无偿援助在性质上属于赠与，无需归还任何本金或利息，受援方也不需要承担相应的对待给付义务。在我国的援助实践中，无偿援助主要用于帮助受援方建设医院、学校、低造价住房、打井供水项目等中小型社会福利性项目，还用于实施人力资源开发合作、技术合作、物资援助、紧急人道主义援助等领域的项目。[1]根据三份白皮书，截至 2009 年底，中国无偿援助资金为 1062 亿元人民币，占对外援助总额的 41.4%；2010～2012 年无偿援助 323.2 亿元人民币，占对外援助总额 36.2%；2013～2018 年，我国提供无偿援助 1278 亿元人民币，占对外援助总额的 47.30%。

（二）无息贷款

无息贷款在性质上属于国家间无息借款合同，主要用于帮助受援方建设社会公共设施和民生项目。无息贷款期限一般为 20 年，其中使用期 5 年，宽限期 5 年，偿还期 10 年，主要向经济条件较好的发展中国家提供。[2]无息贷款在我国目前的援外资金支出中所占的比例并不高，且近年来比例下降幅度较大。根据三份白皮书，截至 2009 年底，中国无息贷款资金为 765.4 亿元人民币，占对外援助总额的 29.9%；2010～2012 年三年中，中国对外提供无息贷款 72.6 亿元人民币，占对外援助总额的 8.1%；2013～2018 年，我国对外提供无息贷款 113 亿元人民币，占对外援助总额的 4.18%。从宏观数据上

---

[1] 参见中华人民共和国国务院新闻办公室：《中国的对外援助》，人民出版社 2011 年版，第 7 页。
[2] 参见中华人民共和国国务院新闻办公室：《中国的对外援助》，人民出版社 2011 年版，第 7 页。

来看，我国对外援助资金中，无息贷款的占比有所下降。从个案来看，在中非合作论坛成立十五周年之际，中国国家主席习近平在论坛上宣布未来三年同非方重点实施第三方"十大合作计划"，给予非洲600亿美元融资支持，[1] 其中无息贷款所占的比例也相对较小，即50亿美元是无偿援助和无息贷款，350亿美元是优惠性质贷款和出口信贷额度，其他资金属于商业性投融资金，[2] 可见从个案来看无息贷款的总体比例也处于下降趋势。

（三）优惠贷款

优惠贷款在性质上属于国家间的有偿借款合同，主要用于帮助受援方建设有经济效益和社会效益的生产性项目和大中型基础设施，或提供成套设备、机电产品、技术服务以及其他物资等，中国提供的优惠贷款年利率一般为2%至3%，期限一般为15年至20年（含5年至7年宽限期）。[3] 我国目前的优惠贷款业务主要由中国进出口银行予以负责，本金由该行通过市场筹措，贷款利率产生的利息差额由国家财政补贴。根据三份白皮书，截至2009年底，中国共向76个国家提供了优惠贷款，支持项目325个，其中建成142个，优惠贷款总额735.5亿元人民币，占对外援助总额28.7%；2010~2012年，中国对外提供优惠贷款497.6亿元人民币，占对外援助总额的55.7%；2013~2018年，我国对外提供援外优惠贷款1311亿元人民币，占对外援助总额的48.52%，用于帮助其他发展中国家建设有经济社会效益的生产型项目和大中型基础设施，提供成套设备、机电产品、技术服务以及其他物资等。

相较于无偿援助和无息贷款，在政府援助资金有限的现实下，优惠贷款可以为受援方筹集更多的发展资金，同时可以通过这种合作模式激励受援方与我国一道为项目的后期收益共同努力。中国进出口银行是优惠贷款业务的经办机构，该银行系由国家出资设立、直属国务院领导、支持中国对外经济贸易投资发展与国际经济合作、具有独立法人地位的国有政策性银行，提供

---

〔1〕 参见郑青亭：《习近平宣布600亿美元"十大合作计划" 中非关系提升为全面战略合作伙伴》，载《21世纪经济报道》2015年12月8日，第8版。

〔2〕 参见贺阳：《600亿美元援非支持中非"十大合作计划"》，载《中国商报》2016年7月29日，第P05版。

〔3〕 参见中华人民共和国国务院新闻办公室：《中国的对外援助》，人民出版社2011年版，第7页。

援外优惠贷款和优惠出口买方信贷是其重要业务范围之一。[1] 进出口银行专门设置了主权客户部（优惠贷款部）负责办理援外优惠贷款业务和优惠出口买方信贷业务，其中优惠贷款属于援外资金的范畴。按照中国进出口银行官方网站的介绍，优惠贷款业务的借款人一般为借款国政府主权机构，某些情况下可以为借款国政府指定并经中国进出口银行认可的金融机构或其他机构，但应由其主权机构提供担保。借款人向中国进出口银行申请优惠贷款需要符合如下条件：①借款国政府借款申请函；②商务合同；③项目可行性研究报告（建议书）、环评报告；④项目业主材料；⑤执行企业和主要分包商/供货商材料等。[2] 因而，从政治上而言，借款人需要与我国政府签署相应的优惠贷款协议，而在经济上而言，贷款所实施的项目也需要具有一定的可行性和还款保障。

值得指出的是，尽管中国进出口银行负责发放贷款业务，但援外主管部门可能对中国进出口银行的优惠贷款的决定产生重要影响。黛博拉·布罗蒂加姆在其研究中得到进出口银行工作人员的如下答案："优惠贷款的内容不是我们能说了算的，他们的框架协议由政府签署，我们只是按照相关条款行事；援外司负责谈判，他们代表政府，而银行只提供资金，但银行可以从商务部提供的几个项目中加以挑选；只要优惠贷款资金充足，项目设计合理，我们就会尽最大可能提供支持"。[3] 因而，对于优惠贷款的发放，既取决于援外项目本身的实际情况，很大程度上也取决于援外主管部门的决策结果。

第二节　立　项

一、项目类型

除人道主义援助等紧急或者特殊情况下向受援方提供现汇援助之外，我

---

〔1〕　参见中国进出口银行网站：《章程（摘要）》，载 http://www.eximbank.gov.cn/aboutExim/profile/zczy/201902/t20190225_ 8813.html，最后访问日期：2023 年 2 月 24 日。

〔2〕　参见中国进出口银行网站：《"两优"贷款业务》，载 http://www.eximbank.gov.cn/business/credit/feco/201806/t20180610_ 3519.html，最后访问日期：2023 年 2 月 24 日。

〔3〕　参见［美］黛博拉·布罗蒂加姆：《龙的礼物——中国在非洲的真实故事》，沈晓雷、高明秀译，社会科学文献出版社 2012 年版，第 154 页。

国主要以对外援助项目的方式开展对外援助工作。即我国主要是以项目为单位向受援方提供援助，援助资金的交付也是以项目形式开展，这是我国长期对外援助实践的经验总结。

2011年《中国的对外援助》白皮书将我国的对外援助方式归纳为八类：成套项目、一般物资、技术合作、人力资源开发合作、援外医疗队、紧急人道主义援助、援外志愿者和债务减免。值得指出的是，按照2014年商务部制定的《对外援助管理办法（试行）》，仅将成套项目、物资项目、技术援助项目、人力资源开发合作项目、志愿服务项目五种对外援助项目作为法定项目类型，当时并未将援外医疗队、紧急人道主义援助和债务减免三种对外援助方式作为援外项目予以规定。2021年出台的《对外援助管理办法》对法定的对外援助项目类型进行了调整，即将成套项目、物资项目、技术援助项目、人力资源开发合作项目、志愿服务项目、援外医疗队项目、紧急人道主义援助项目、南南合作援助基金项目（注：现为全球发展和南南合作基金项目）八类项目作为对外援助项目的法定类型。相较于2011年《中国的对外援助》白皮书和2014年《对外援助管理办法（试行）》，当前的《对外援助管理办法》有两方面的变化：一是对援助方式进行了调整，新增了南南合作援助基金这一援助方式，调撤了债务减免这一援助方式；二是扩充了对外援助项目的法定类型，将原来的五类对外援助项目扩充至当前的八类，为统一对外援助的决策、管理、评估提供了制度便利。

根据《对外援助管理办法》的规定，结合相关政策和援助实践，我国现有的对外援助项目分别是：

（一）成套项目

成套项目，即通过组织或者指导施工、安装和试生产全过程或者其中部分阶段，向受援方提供生产生活、公共服务等成套设备和工程设施，并提供长效质量保证和配套技术服务的项目。[1] 在成套项目开展过程中，一般由中方负责项目考察、勘察、设计和施工的全部或部分过程，提供全部或部分设备、建筑材料，派遣工程技术人员组织和指导施工、安装和试生产，项目竣

---

〔1〕参见国家国际发展合作署、外交部、商务部：《对外援助管理办法》（国家国际发展合作署、中华人民共和国外交部、中华人民共和国商务部二〇二一年第1号），2021年8月27日发布，第19条第1款第（一）项。

工后，移交受援方使用。[1] 中国帮助发展中国家建成大量与当地民众生产和生活息息相关的各类成套项目，涉及工业、农业、文教、卫生、通信、电力、能源、交通等多个领域。总体而言，成套项目在资金支出上比较灵活，既有通过无偿援助援建成套项目的，也有通过无息贷款或者优惠贷款资金进行援助的。由于不少成套项目属于经济基础设施项目，金额相对较大，因而成套项目在我国援外资金总支出中所占的比例相对较大。

（二）物资项目

物资项目，即向受援方提供一般生产生活物资、技术性产品或者单项设备，并承担必要配套技术服务的项目。[2] 中国最早的对外援助活动便是始于物资援助，并且我国始终将国内生产的质量最好的产品作为援助物资，提供的物资涉及机械设备、医疗设备、检测设备、交通运输工具、办公用品、食品、药品等众多领域，[3] 其中以医疗设备、办公用品、食品、药品等所占比例较高。这些物资的给予，一方面满足了其他发展中国家公民日常生活的迫切需求，另一方面也满足了他们在工农业发展中的重要设备与技术需求，不同程度地促进了受援方的经济发展、生活与医疗条件的提升。

（三）技术援助项目

技术援助项目，即综合采用选派专家、技术工人或者提供政策和技术咨询、设备等手段帮助受援方实现某一特定政策、管理或者技术目标的项目。[4] 早在 20 世纪 60 年代，周恩来总理便提出，中国为其他发展中伙伴援助的技术，保证做到受援国的人员充分掌握这项技术。技术已经成为发达国家与发展中国家之间经济差距的重要因素，如果发展中国家能够掌握更为先进的技

---

〔1〕　参见中华人民共和国国务院新闻办公室：《中国的对外援助》，人民出版社 2011 年版，第 9 页。

〔2〕　参见国家国际发展合作署、外交部、商务部：《对外援助管理办法》（国家国际发展合作署、中华人民共和国外交部、中华人民共和国商务部二〇二一年第 1 号），2021 年 8 月 27 日发布，第 19 条第 1 款第（二）项。

〔3〕　参见中华人民共和国国务院新闻办公室：《中国的对外援助》，人民出版社 2011 年版，第 11 页。

〔4〕　参见国家国际发展合作署、外交部、商务部：《对外援助管理办法》（国家国际发展合作署、中华人民共和国外交部、中华人民共和国商务部二〇二一年第 1 号），2021 年 8 月 27 日发布，第 19 条第 1 款第（三）项。

术，则可能利用发展中国家的资源、人力等后发优势追赶发达国家，提升本国经济与生活水平，缩小发展差距。但从现阶段而言，许多发展中国家尤其是最不发达国家缺乏必要的技术人员和研发资金，没有能力开发相应的技术，也没有资金来引进必要的发展技术。因而，在具有技术优势的领域，我国已经力所能及的为其他发展中国家提供技术援助，通过提供关键技术、派遣技术专家、进行人力资源培训、提供配套设备等方式，尽量帮助受援国掌握并应用技术。

（四）人力资源开发合作项目

人力资源开发合作项目，即为受援方人员提供各种形式的学历学位教育、研修培训、人员交流以及高级专家服务的项目。[1] 人力资源开发对于一国的技术发展、社会治理与经济管理的重要性不言而喻。我国与其他发展中国家进行援外人力资源开发合作的范围较为广泛，涉及工业、经济、外交、农业、医疗、卫生、文化、环保等各个领域。项目类型上，既有通过招收外国实习生、学生、政府官员来华培训的方式开展合作，也有通过派出专家去外国授课、指导的方式进行合作；既有与其他受援方的双边合作，也与其他国际组织、受援方等开展三方人力资源合作。部分情况下，人力资源合作与其他成套项目配合开展，如我国援刚果（金）农业示范中心落成之后，及时组织当地学员参加培训班。[2] 除了开展人力资源开发合作，我国驻外机构还经常开展培训人员的座谈，以便对培训成果及今后的培训方向积累经验要素。

（五）志愿服务项目

志愿服务项目，即选派志愿者到受援方从事公益性服务的项目，[3] 主要是在教育、医疗卫生和其他社会发展领域为当地民众提供服务，例如援外青

---

〔1〕 参见国家国际发展合作署、外交部、商务部：《对外援助管理办法》（国家国际发展合作署、中华人民共和国外交部、中华人民共和国商务部二〇二一年第1号），2021年8月27日发布，第19条第1款第（四）项。

〔2〕 参见中国驻刚果（金）使馆经商参处：《中国援刚果（金）农业示范中心举行首期培训班开班仪式》，载 http://yws.mofcom.gov.cn/article/b/201512/20151201214890.shtml，最后访问日期：2020年12月10日。

〔3〕 参见国家国际发展合作署、外交部、商务部：《对外援助管理办法》（国家国际发展合作署、中华人民共和国外交部、中华人民共和国商务部二〇二一年第1号），2021年8月27日发布，第19条第1款第（五）项。

年志愿者和汉语教师志愿者便是志愿服务项目的典型项目。中国政府派出的志愿者是中国与其他发展中国家进行交流与合作的重要纽带，也是今后提升中国援外社会效果的重要力量。我国以往派出了大量的志愿服务者，在派出人次上具有较大优势，但民间自发的志愿服务仍然较少，志愿者服务主要依赖于国家层面的组织与补贴，在这方面与发达国家的民间援外区别较大。

（六）援外医疗队项目

援外医疗队项目，即选派医务服务人员，并无偿提供部分医疗设备和药品，在受援方进行定点或者巡回医疗服务的项目。[1] 援外医疗队项目是许多发展中国家医疗服务的重要补充形式，在一些受援方，病患者在不少情况下得不到及时的治疗，即使能够及时在医院接受治疗，也缺乏足够的医护人员和充足的对症药品。某些地区由于气候、环境等原因导致疾病易于传播，且由于医疗条件的限制导致疾病传播得不到及时的控制，而中国则经常于疫情爆发的第一时间派出医疗队提供援外医疗服务，为补足受援方的医疗短板作出重要贡献。

援外医疗队项目有两种模式，一种是常规援外医疗队的派遣，我国根据受援方的需求，与其签署援外医疗队派遣协议，并从国内抽调医疗人员派遣到受援方予以开展；另一种是紧急情况下的援外医疗队派遣，如 2020 年新冠疫情席卷全球之时，中国在自身疫情防控仍然面临巨大压力的情况下，仍向其他国家派出医疗专家组，协助受援方开展疫情防控合作。

（七）紧急人道主义援助项目

紧急人道主义援助项目，即在有关国家遭受人道主义灾难的情况下，通过提供紧急救援物资、现汇或者派出救援人员等实施救助的项目。[2] 许多国家或地区发生地震、海啸、洪水、飓风、泥石流等自然灾害导致居民基本生活受到较大影响，中国经常第一时间对受灾害地区提供援助。援助形式上既

---

〔1〕 参见国家国际发展合作署、外交部、商务部：《对外援助管理办法》（国家国际发展合作署、中华人民共和国外交部、中华人民共和国商务部二〇二一年第 1 号），2021 年 8 月 27 日发布，第 19 条第 1 款第（六）项。

〔2〕 参见国家国际发展合作署、外交部、商务部：《对外援助管理办法》（国家国际发展合作署、中华人民共和国外交部、中华人民共和国商务部二〇二一年第 1 号），2021 年 8 月 27 日发布，第 19 条第 1 款第（七）项。

有提供物资援助的，也有提供现汇援助的，还有以派出志愿者形式开展援助的，是受援方发生特殊困难时我国利用多种援外形式施以援手的综合体现，也是中国负责任大国形象的具体体现。例如，2023 年 2 月 6 日，土耳其南部和叙利亚北部遭遇强烈地震，应土耳其政府请求，中国政府派遣中国救援队 82 名队员赴土耳其展开救援；[1] 向叙利亚提供了价值 3000 万元的紧急人道主义援助，援助物资总重 80 吨，除急救包、棉服、帐篷、毛毯等紧急救援物资外，还包括呼吸机、麻醉机、制氧机等灾后重建急需的医疗设备。[2]

（八）南南合作援助基金项目（全球发展和南南合作基金项目）

南南合作援助基金项目（全球发展和南南合作基金项目），即使用南南合作援助基金，支持国际组织、社会组织、智库等实施的项目。[3] 2015 年 9 月 26 日，中国国家主席习近平在纽约联合国总部出席联合国发展峰会，在发表题为《谋共同永续发展 做合作共赢伙伴——在联合国发展峰会上的讲话》的重要讲话中宣布，中国将设立"南南合作援助基金"，首期提供 20 亿美元，支持发展中国家落实 2015 年后发展议程。[4] 2017 年 5 月，习近平主席在"一带一路"国际合作高峰论坛开幕式上宣布向南南基金增资 10 亿美元。2022 年 6 月，习近平主席在全球发展高层对话会上发表重要讲话，表示中国将加大对全球发展合作的资源投入，把南南合作援助基金整合升级为"全球发展和南南合作基金"，并在 30 亿美元基础上增资 10 亿美元。[5] 设立南南合作援助基金（全球发展和南南合作基金），是中国政府支持 2030 年可持续发展目标和其他发展中国家可持续发展的重要工具之一，是中国政府重视南南合作、支持南南合作的具体举措，是中国作为负责任国家欢迎各国搭乘中

---

〔1〕 参见国家国际发展合作署：《中国救援队 82 人抵达土耳其开展救援工作》，载 http://www.cidca.gov.cn/2023-02/08/c_ 1211726460.htm，最后访问日期：2023 年 2 月 24 日。

〔2〕 参见国家国际发展合作署：《中国政府援叙利亚紧急人道主义物资项目在大马士革举行交接仪式》，载 http://www.cidca.gov.cn/2023-02/16/c_ 1211729376.htm，最后访问日期：2023 年 2 月 24 日。

〔3〕 参见国家国际发展合作署、外交部、商务部：《对外援助管理办法》（国家国际发展合作署、中华人民共和国外交部、中华人民共和国商务部二〇二一年第 1 号），2021 年 8 月 27 日发布，第 19 条第 1 款第（八）项。

〔4〕 参见习近平：《谋共同永续发展 做合作共赢伙伴——在联合国发展峰会上的讲话》，载《人民日报》2015 年 9 月 27 日，第 2 版。

〔5〕 参见习近平：《构建高质量伙伴关系 共创全球发展新时代——在全球发展高层对话会上的讲话》，载《人民日报》2022 年 6 月 25 日，第 2 版。

国发展"便车"、实现共同发展的重要体现。南南合作援助基金项目（全球发展和南南合作基金项目）能够联合国际组织、社会组织、智库等组织实施对外援助项目，拓展了中国对外援助的合作对象与合作平台，是中国对外援助的方式创新。

二、项目建议

对外援助项目的决策立项工作是援外项目的起点，按照 2018 年《国务院机构改革方案》和 2021 年《对外援助管理办法》，国家国际发展合作署负责确定对外援助项目——即立项。需要指出的是，尽管国家国际发展合作署具有立项职能，但除其自身可直接就项目开展可行性研究，并推动立项之外，也通过其他渠道接受项目建议。

一是受援方主动提出项目建议。按照《对外援助管理办法》第 22 条第 1 款的规定，受援方有援助需求时，应当将项目建议通过驻外使领馆（团）向中方提出，驻外使领馆（团）对受援方提出的项目建议进行国别政策审核并形成明确意见后报外交部和国家国际发展合作署，并抄报援外执行部门。关于受援方提出项目建议的具体内容和材料，《对外援助管理办法》没有明确，国家国际发展合作署也没有公开发布涉及项目建议的相关文件。结合商务部 2015 年的《对外援助项目立项管理规定（试行）》，受援方提出项目建议的，受援方应当负责向驻外使领馆援外工作机构正式提交援助项目建议书，项目建议书应当符合援外主管部门规定的格式，内容至少应包括援外项目的预期目标、项目名称、项目内容、实施地点、项目规模、实施期限、投资匡算等。[1] 如受援方缺乏编制项目建议书的技术能力，或受援方所提项目建议书内容明显不充分，援外主管部门可选定有技术能力的中方单位协助受援方开展援助项目的准备性技术研究，以便协助受援方深化研究和筛选援助项目需求，代理受援方编制相关援助项目的项目建议书并提交受援方确认后向我国驻外使领馆援外工作机构提交。[2]

---

〔1〕　参见中华人民共和国商务部：《对外援助项目立项管理规定（试行）》（商援发〔2015〕485 号），第 11 条。

〔2〕　参见中华人民共和国商务部：《对外援助项目立项管理规定（试行）》（商援发〔2015〕485 号），第 12 条。

二是我国援外执行部门提出项目建议。按照《对外援助管理办法》第22条第2款的规定，援外执行部门可以根据工作需要向国家国际发展合作署提出项目建议。对于"工作需要"如何理解，《对外援助管理办法》没有作出进一步解释说明。理论上而言，这种"工作需要"可以作广义的理解，既可以是各执行部门业务开展的需要，也可以是对外工作需要或重大专项援助规划推进的需要。

三、立项论证

对外援助项目在立项前应当经过可行性研究，中方可以要求受援方提供拟立项项目的相关资料，作为进行可行性研究的前提。国家国际发展合作署组织项目前期论证，根据可行性研究结果确定项目，并按照程序批准立项。项目的可行性研究与项目的前期论证工作不仅影响到立项结果，还会对对外援助项目的开展以及风险产生重要影响，因而立项前的论证和准备工作尤为重要。

目前，国家国际发展合作署没有公布关于立项论证程序的具体文件，但其会同商务部拟订的《对外援助成套项目管理办法（征求意见稿）》《对外援助物资项目管理办法（征求意见稿）》《对外技术援助项目管理办法（征求意见稿）》等都明确规定，由国家国际发展合作署负责审批援外项目的可行性研究报告和立项建议书并办理立项。结合商务部《对外援助项目立项管理规定（试行）》的规定，对外援助项目的可行性研究和立项建议基本程序如下：

第一，启动项目可行性研究。援外主管部门根据对外工作的需要，在综合考虑援助资金计划、立项规划以及相关部门和驻外使领馆意见的基础上，选择条件基本成熟的援外项目及时启动可行性研究工作。[1]

第二，开展项目可行性研究。援外项目可行性研究遵循"全面系统、客观准确、充分论证、科学荐策"的工作原则，主要围绕政策目标、技术目标、效果目标三个援助目标开展。[2] 援外主管部门根据有关规定择优选定可行性

---

[1] 参见中华人民共和国商务部：《对外援助项目立项管理规定（试行）》（商援发〔2015〕485号），第15条。

[2] 参见中华人民共和国商务部：《对外援助项目立项管理规定（试行）》（商援发〔2015〕485号），第14条。

研究单位，并与其订立可行性研究工作委托合同，明确可行性研究的具体工作方案以及委托双方的权利义务。[1]可行性研究单位应当根据援外相关规定及委托合同的各项具体约定，搜集、整理和归纳援外项目基础资料，准确把握援外项目涉及的援外方针、政策和规划要求，与受援方充分沟通并认真分析受援方需求，切实开展必要的现场考察、科学研究、勘察测绘、综合调研和定性定量分析等工作，通过综合分析论证各项援助目标得出可行性研究结论和立项建议，并对可行性研究工作质量及其研究结论承担经济、技术和法律责任。[2]

援外项目可行性研究单位在开展可行性研究过程中应当全面搜集援外项目的基础资料，驻外使领馆援外工作机构协助可行性研究单位做好援外项目基础资料的搜集工作。援外项目可行性研究涉及的基础资料主要包括：受援方国民经济长期规划、行业规划、地区规划及专项规划；受援方经济社会发展水平，自然条件等情况；受援方历史、文化、宗教和风俗习惯；与援外项目有关的财税、金融、贸易、环保、市场准入、劳动、出入境管理等方面的法律法规，以及相关技术法规和技术标准；与援外项目有关的配套基础设施和实施条件；与援外项目有关的各类生产要素的采购、供应、准入条件和市场价格；项目完成后运营的考虑，以及受援方可投入的人力和资金等情况。[3]如国内搜集的资料无法满足可行性研究工作需要，经援外主管部门同意，可行性研究单位可派可行性研究工作组赴受援方进行现场考察，对可行性研究初步结论进行核实和校验。[4]

第三，提交项目可行性研究成果。援外项目可行性研究单位在完成可行性研究之后，应当向援外主管部门提交援外项目可行性研究成果文件，可行性研究报告为必要文件。援外项目可行性研究成果文件应围绕援外项目立项的必要性、技术可行性、投资合理性等予以充分论证，保证内容完整、客观

---

〔1〕　参见中华人民共和国商务部：《对外援助项目立项管理规定（试行）》（商援发〔2015〕485号），第16条第1款。

〔2〕　参见中华人民共和国商务部：《对外援助项目立项管理规定（试行）》（商援发〔2015〕485号），第17条。

〔3〕　参见中华人民共和国商务部：《对外援助项目立项管理规定（试行）》（商援发〔2015〕485号），第19条。

〔4〕　参见中华人民共和国商务部：《对外援助项目立项管理规定（试行）》（商援发〔2015〕485号），第20条第1款。

准确、结论清晰、深度达到要求。[1]可行性研究报告一般包含如下内容：项目背景、编制依据和可行性研究概况；与项目相关的受援方概况；援助目标设定；立项必要性论证；技术可行性论证；援助方案设想；投资规模控制与资金筹措；环境、安全、财务、风险等专题研究；采购方式；援外标识使用方案；宣传方案；可行性研究结论。[2]除了上述要素之外，不同类型的援外项目还应当具备符合该类型项目要求的调查研究内容。

第四，编制项目建议书。援外项目可行性研究单位经过可行性研究认为切实可行的项目，还应按照援外主管部门的规定编制项目立项建议书，将立项建议书作为可行性研究的成果文件。援外项目立项建议书应当在可行性研究报告的基础上单独编制，主要是明确提出援外项目立项的具体经济技术方案，一般应包含以下内容：立项条件；项目实施条件和实施模式；项目实施方案；中外双方分工方案；投资预估算和投资限额；项目的绩效评估目标；采购方式；援外标识使用方案；宣传方案。[3]除上述一般要素之外，立项建议书还应当根据成套项目、物资项目以及技术援助项目等不同项目类型明确项目开展所应包含的特殊要素。

第五，援外主管部门审批。援外主管部门根据可行性研究报告及有关评估意见对援外项目立项建议书进行审批，审批确定援外项目的实施条件、实施方案、中外双方分工、投资预估算和投资限额以及绩效评估目标等主要立项指标。[4]

可以说，立项前的可行性研究和论证阶段是决策立项的重要环节，直接决定了项目的经济可行性和项目效益。当然，对外援助项目对受援方能够产生的经济、社会、文化、民生等效益是立项的重要因素，但并不是唯一因素，我国的总体外交战略和整体援外政策也是决定援外项目是否立项的因素之一。

---

[1] 参见中华人民共和国商务部：《对外援助项目立项管理规定（试行）》（商援发〔2015〕485号），第26条。

[2] 参见中华人民共和国商务部：《对外援助项目立项管理规定（试行）》（商援发〔2015〕485号），第28条。

[3] 参见中华人民共和国商务部：《对外援助项目立项管理规定（试行）》（商援发〔2015〕485号），第32条。

[4] 参见中华人民共和国商务部：《对外援助项目立项管理规定（试行）》（商援发〔2015〕485号），第33条。

四、立项审批

根据援外项目的前期论证过程，国家国际发展合作署认为项目立项条件成熟的，应按照程序办理立项。至于按照什么样的"程序"办理立项，《对外援助管理办法》没有明确，参照商务部《对外援助项目立项管理规定（试行）》的规定，援外项目需按权限进行分级立项审批，投资限额在国务院规定额度（含）以下的援外项目，由援外主管部门审批立项；投资限额超出规定额度的援外项目，由援外主管部门依据有关规定报国务院审批立项。同时，援外项目立项审批遵循会商程序，对于一般性援外项目，援外主管部门在征求本部地区经贸政策、财务等有关主管部门意见后办理审批；对于敏感或重大援外项目，援外主管部门在内部会商基础上根据需要与部外相关部门进行会商或征求其意见后办理审批。[1]

对于优惠贷款项下的对外援助项目，还应由承办金融机构出具相应的项目评审意见，由援外主管部门结合评审意见并按照程序批准立项。

性质上来看，立项审批是中国政府同意向受援方提供具体的对外援助项目的决定，属于政府提供对外援助的内部程序，并不产生国家之间的权利义务关系。关于我国与受援方之间的具体权利义务，需要由双方通过商签援助协议的方式予以确定。

五、商签协议

对外援助项目立项后，国家国际发展合作署一般应当与受援方商签政府间立项协议，明确协议各方的权利和义务，主要包括项目内容、资金安排、实施配套条件、相关税收减免、安全保障等。[2]立项协议是政府间的援助协议，性质上属于国际条约，能对我国与受援方产生国际法上的约束力，也是后续对外援助项目实施协议的基本依据，具有框架性和基础性意义。

---

〔1〕参见中华人民共和国商务部：《对外援助项目立项管理规定（试行）》（商援发〔2015〕485号），第35条。

〔2〕参见国家国际发展合作署、外交部、商务部：《对外援助管理办法》（国家国际发展合作署、中华人民共和国外交部、中华人民共和国商务部二〇二一年第1号），2021年8月27日，第25条。

关于立项协议的形式要件，按照《对外援助管理办法》，立项后应当商签"政府间立项协议"，即形式上要求以"协议书"的方式商签立项协议，这是常见的、较为正式的立项协议。参照商务部《对外援助项目立项管理规定（试行）》的规定，立项协议的具体形式由援外主管部门在立项审批时予以确定，可以采用条约的形式，特殊情况下，也可以采取商签政府间备忘录或单方外交照会等形式，或免除商签立项协议。[1] 在长期的对外援助实践中，我国也通过多种方式形成"援助协议"。其中，有以换文方式形成的，如1964年中国和阿尔巴尼亚的《中阿关于无偿援助的换文》、1961年中国和越南的《中越关于中国给予越南海宁省六项无偿援助的换文》等；有以谅解备忘录形式签订的，如2004年《中华人民共和国政府和印度尼西亚共和国政府关于经济技术合作无偿援助谅解备忘录》；有以议定书形式签订的，如1977年中国和马耳他签订的《中华人民共和国政府和马耳他共和国政府关于中国对马耳他马尔萨什洛克港口防波堤工程提供技术援助的议定书》、1986年中国和利比里亚签订的《中华人民共和国政府和利比里亚共和国政府关于向利比里亚博米州政府医院提供医疗援助的议定书》等；还有以协定形式签订的，如中国和越南签订的《中华人民共和国政府和越南民主共和国政府关于中国给予越南经济技术援助的协定》等。

第三节　实　施

对外援助项目立项商签以后，即可按照立项协议进入实施阶段。由于目前中国的对外援助主要是政府的对外援助，资金来源均为我国政府的财政性资金，按照《中华人民共和国政府采购法》（以下简称《政府采购法》）的规定，如项目金额超过政府采购标准限额的，需要按照《政府采购法》的规定实行政府采购。然而，考虑到对外援助项目的特殊性，我国对承担对外援助项目的单位设定了资质要求。援外执行部门在经认定的援外项目实施单位范围内根据援外项目采购规定选定援外实施单位，签订实施协议，由对外援助实施单位具体开展对外援助工作。

---

〔1〕参见中华人民共和国商务部：《对外援助项目立项管理规定（试行）》（商援发〔2015〕485号），第36条第2款。

一、实施单位资质许可

为了保证我国对外援助项目的质量和效果，我国目前仍然对援外项目实施单位保留行政许可，只有按照规定的程序和条件获得援外资质的单位才能承担相应的对外援助项目。按照目前的规定，成套项目总承包企业、成套项目项目管理企业、物资项目总承包企业、技术援助项目实施单位、人力资源项目实施单位以及项目咨询服务单位等六类单位需要通过援外单位资格认定取得援外资质，经资格认定的实施单位可在相应的资格类别范围内承担援外项目具体实施任务。

在援外单位资格认定和管理的职能设定方面，按照《对外援助项目实施企业资格认定办法（试行）》（商务部令2015年第1号发布，根据商务部令2019年第1号《商务部关于废止和修改部分规章的决定》和商务部令2021年第2号《商务部关于废止和修改部分规章的决定》修订）的规定，对外援助项目实施企业的资格认定和管理工作由商务部负责，省级商务主管部门协助援外主管部门进行援外项目实施企业资格认定，援外项目管理机构协助商务部对援外项目实施企业进行资格管理。[1] 另外，根据国家国际发展合作署2020年10月30日公布的《对外援助项目咨询服务单位资格认定办法》（国家国际发展合作署令2020年第4号）的规定，国家国际发展合作署负责援外项目咨询服务单位的资格认定和资格管理，省、自治区、直辖市人民政府及新疆生产建设兵团负责对外援助工作的具体部门协助其进行援外项目咨询服务单位资格认定。[2] 由此可见，在2018年援外管理体制改革之后，尽管援外企业资格认定和管理的主要职能仍然由商务部承担，但国家国际发展合作署也承担援外项目咨询服务单位的资格认定与管理工作，以便其能够通过援外项目咨询服务加强援外决策、监督及评估能力。

根据援外项目实施企业的不同类别，商务部分别采用资格审查或资格招标方式进行援外项目实施企业资格认定。具体而言，商务部通过资格审查方

---

[1]　参见中华人民共和国商务部：《对外援助项目实施企业资格认定办法（试行）》（中华人民共和国商务部令2021年第2号），2021年5月10日发布，第3条。

[2]　国家国际发展合作署：《对外援助项目咨询服务单位资格认定办法》（国家国际发展合作署令二〇二〇年第4号），2020年10月30日发布，第3条。

式认定成套项目总承包企业和物资项目总承包企业的资格，通过资格招标方式认定成套项目的项目管理企业、技术援助项目实施单位、人力资源项目实施单位和咨询服务单位的援外资格。采取资格审查方式认定资格的，中央企业和其他在国务院工商行政主管部门登记的企业按照规定直接向商务部提交申请材料，其他企业向所在地省级商务部门提交申请并由省级商务部门完成初步审核后报商务部审核。[1] 采用资格招标方式认定资格的，由商务部依法委托招标代理机构组织招标，《对外援助项目实施企业资格认定办法（试行）》规定了发布招标公告、发出招标文件、对招标文件提出异议、投标文件的编制与送达等基本程序，规定由商务部组建评标委员会对投标文件进行评审，按照规定评审后向商务部提交评标报告（包含评标结果和中标候选单位排序），并由商务部在评标报告推荐的中标候选单位中确定中标单位，经过公示后颁发有效期为三年的许可文件。[2]

援外项目实施企业向商务部申请援外资格审查或者参与援外企业资格招标的，应满足基本资格条件和专项资格条件，基本资格条件包括：①系依照中国法律在中国境内设立的法人；②所有出资人均为中国投资者；③前三个会计年度未出现亏损；④前三年未受过刑事处罚、未因进行非法经营活动或违反有关援外管理规章受过行政处罚；⑤依法纳税和缴纳社会保险费。[3] 由于不同类型的援外项目要求企业具有特定或专门的资质与业绩要求，因而《对外援助项目实施企业资格认定办法（试行）》分别对不同类型的企业规定了相应的专项资格条件。

国家国际发展合作署通过资格审查的方式认定援外项目咨询服务单位资格，其中，在国务院相关主管部门和机构登记的咨询服务单位直接向该署提交资格认定申请，其他单位向所在地省级援外主管部门提交资格认定申请，由省级援外主管部门初审后报该署审核。[4] 援外项目咨询服务单位应具备以

---

〔1〕 参见中华人民共和国商务部：《对外援助项目实施企业资格认定办法（试行）》（中华人民共和国商务部令2021年第2号），2021年5月10日发布，第13~14条。

〔2〕 参见中华人民共和国商务部：《对外援助项目实施企业资格认定办法（试行）》（中华人民共和国商务部令2021年第2号），2021年5月10日发布，第18~29条。

〔3〕 参见中华人民共和国商务部：《对外援助项目实施企业资格认定办法（试行）》（中华人民共和国商务部令2021年第2号），2021年5月10日发布，第5条。

〔4〕 国家国际发展合作署：《对外援助项目咨询服务单位资格认定办法》（国家国际发展合作署令二〇二〇年第4号），2020年10月30日发布，第11~12条。

下基本资格条件：①系依照中国法律在中国境内设立的法人，包括企业、事业单位和社会团体；②所有出资人均为中国投资者；③具备能够从事对外援助工作的专业部门和五名以上咨询工作人员，其中主要业务负责人从事咨询业务不少于十年；④具备相应类别的境内（外）咨询服务业绩；⑤前两个会计年度未出现亏损；⑥前两年未受过刑事处罚、未因进行非法经营活动或违反有关援外管理规章受过行政处罚；⑦依法纳税和缴纳社会保险费；⑧具有良好的经营诚信表现。[1]

除了前述基本资格条件之外，根据《对外援助项目咨询服务单位资格认定办法》第 5 ~9 条的规定，不同类型的项目咨询服务单位还应具备专业性条件，例如申请工程类可行性研究单位资格的，还应具备国务院相关行业主管部门颁发的工程设计综合甲级或行业甲级资质，且符合国务院相关行业主管部门指导认定的工程咨询单位甲级资信评价标准；申请项目咨询单位资格的，还应符合国务院相关行业主管部门指导认定的工程咨询单位甲级资信评价标准；申请评估咨询单位资格的，还应符合国务院相关行业主管部门指导认定的工程咨询单位综合甲级资信评价标准；申请经济技术咨询单位资格的，还应具备国务院相关主管部门颁发的工程造价咨询企业甲级资质。

在援外项目实施单位的资格管理方面，主要涉及援外项目实施单位的变更、改制、分立、合并、诚信评价、资格撤销以及资格丧失等方面事项，商务部《对外援助项目实施企业资格认定办法（试行）》及国家国际发展合作署《对外援助项目咨询服务单位资格认定办法》均就各自职权范围内的援外资格管理问题作出了规定。

二、援外项目采购管理

援外项目采购是援外实施的起始阶段，也是提升援外资金高效使用的关键环节。援外项目的采购应当满足《中华人民共和国民法典》《政府采购法》《中华人民共和国招标投标法》及相关法律、法规关于采购的一般规定。国家国际发展合作署、各援外执行部门对援外项目采购作出特殊规定的，还应当满足援外项目采购的特殊要求。为提升对外援助资金的使用效益，按照《政

---

〔1〕 参见国家国际发展合作署：《对外援助项目咨询服务单位资格认定办法》（国家国际发展合作署令二〇二〇年第 4 号），2020 年 10 月 30 日发布，第 5 条。

府采购法》的要求，商务部曾制定《对外援助项目采购管理规定（试行）》（商援发〔2015〕484号）具体调整对外援助项目的采购活动。国家国际发展合作署、商务部在《对外援助成套项目管理办法（征求意见稿）》等文件中规定援外执行部门根据援外项目采购规定选定援外项目实施单位，但目前国家国际发展合作署尚未公开发布关于援外项目采购的规定。

商务部作为对外援助主要执行部门，在2018年对外援助管理体制改革之后，其制定的《对外援助项目采购管理规定（试行）》仍能适用于本部门的采购活动。按照该规定，政府采购一般包括采购人、采购代理机构以及供应商三方当事人。商务部作为援外项目的执行机构，也是援外项目政府采购的采购人，如商务部将援外项目交由援外项目管理机构组织实施的，则由援外项目管理机构代行采购人职责。[1] 对于按照规定实施政府采购的援外项目，采购人应委托具备相应资质的采购代理机构承办援外项目采购业务，对于不需要实行政府采购的援外项目，采购人可以自行采购，也可委托采购代理机构采购。[2] 参与援外项目采购的供应商应当是经商务部认定存在援外项目实施资格的企业，对于暂时未组织资格认定的部分技术类别或业务类别的援外采购项目，或经认定资格的援外项目实施企业不能满足项目实施需要的，应在全社会范围内采购；特殊情况下，商务部可根据国家区域发展政策选定援外项目实施企业。[3]

按照《政府采购法》的规定，政府采购采用公开招标、邀请招标、竞争性谈判、单一来源采购、询价、国务院政府采购监督管理部门认定的其他采购方式等六种方式。《对外援助项目采购管理规定（试行）》缩小了政府采购方式的范围，规定援外采购项目采用公开招标、竞争性谈判、竞争性磋商或单一来源采购的采购方式，[4] 明确了不同采购方式的适用范围，即：①公开招标是援外采购项目的主要采购方式。②对于因采用公开招标所需时间不

---

〔1〕 参见中华人民共和国商务部：《对外援助项目采购管理规定（试行）》（商援发〔2015〕484号），2015年12月18日发布，第5条。

〔2〕 参见中华人民共和国商务部：《对外援助项目采购管理规定（试行）》（商援发〔2015〕484号），2015年12月18日发布，第6条。

〔3〕 参见中华人民共和国商务部：《对外援助项目采购管理规定（试行）》（商援发〔2015〕484号），2015年12月18日发布，第7条。

〔4〕 参见中华人民共和国商务部：《对外援助项目采购管理规定（试行）》（商援发〔2015〕484号），2015年12月18日发布，第13条。

能满足实施需要的项目，因专业特点不能提前统一确定竞争性技术要求或实施方案的援外人力资源项目、对外技术援助项目和援外项目咨询服务任务以及经公开招标但有效投标单位只有两家且履行采购方式变更程序的项目，可采用竞争性谈判或竞争性磋商方式采购。③对于使用了不可替代的专利或专有技术且只有一家单位可以承担的项目，或属于原项目的延续性内容等情形且需要由原项目实施企业继续承担的项目，或是政府采购预算限额标准以下的援外采购项目以及经公开招标但有效投标单位只有一家且履行采购方式变更程序的，项目可以采用单一来源采购方式。〔1〕同时，《对外援助项目采购管理规定（试行）》通过设立专章对公开招标程序、竞争性谈判和竞争性磋商程序、单一来源采购程序作出了详尽的规定。

为了保障援外项目采购程序的公开、公正，通过竞争性、诚信采购实现援外项目质量和效果提升，《对外援助项目采购管理规定（试行）》还就采购信息公开以及采购监督管理设立专章进行规定，以此保证采购过程公开透明、质疑程序有据可循、采购结果竞争高效。当然，援外项目采购的公开以保证国家安全为前提，在采购信息公开制度上采用了"国家安全例外"的做法，即援外采购项目的招标公告、资格预审公告、采购结果公示和采购结果公告应当在财政部指定的政府采购信息发布媒体上统一发布，其中，涉及国家安全和秘密的援外采购项目不予发布，〔2〕对于紧急援助项目以及涉及国家安全和秘密的特殊援助项目的采购，有特殊规定的按照特殊规定执行。〔3〕这种做法既保证了常规援外项目采购与《政府采购法》的对接，也考虑到了对外援助本身的特殊性。

考虑到对外援助执行部门存在各自不同的采购模式和习惯，也大都形成了适用于本部门的采购规则。因而，对于教育部、生态环境部等部委负责实施的援外项目，并不尽然适用商务部制定的《对外援助项目采购管理规定（试行）》，而由其在《政府采购法》等法律、法规规定下各自形成采购规

〔1〕参见中华人民共和国商务部：《对外援助项目采购管理规定（试行）》（商援发〔2015〕484号），2015 年 12 月 18 日发布，第 14~16 条。

〔2〕参见中华人民共和国商务部：《对外援助项目采购管理规定（试行）》（商援发〔2015〕484号），2015 年 12 月 18 日发布，第 84 条。

〔3〕参见中华人民共和国商务部：《对外援助项目采购管理规定（试行）》（商援发〔2015〕484号），2015 年 12 月 18 日发布，第 100 条。

定，并在其各自选定的对外援助项目实施单位范围内进行采购。

三、援外项目实施管理

由于不同的援外方式具有自身的特殊性，需要采用不同的管理方式才能保证援外项目开展的现实效果。商务部在主管对外援助工作期间已经针对成套项目、物资项目以及技术援助项目的管理分别专门发布部门规章，以确保主要援外项目的顺利开展，保证援外项目的实施效果。为加强对外援助成套项目、物资项目以及技术援助项目的管理，国家国际发展合作署会同商务部对《对外援助成套项目管理办法（试行）》（商务部令 2015 年第 3 号）、《对外援助物资项目管理办法（试行）》（商务部令 2015 年第 4 号）、《对外技术援助项目管理办法（试行）》（商务部令 2015 年第 5 号）进行修订，并于 2020 年 10 月 29 日公布了重新拟订的《对外援助成套项目管理办法（征求意见稿）》《对外援助物资项目管理办法（征求意见稿）》《对外技术援助项目管理办法（征求意见稿）》。尽管这三个部门规章尚未正式生效，但征求意见稿的发布反映了国家国际发展合作署和商务部在对外援助实施管理问题上已经形成初步共识。

按照上述规定，我国目前关于对外援助成套项目、物资项目与技术援助项目的实施管理已经形成如下基本规则。

（一）成套项目管理

《对外援助成套项目管理办法（试行）》及《对外援助成套项目管理办法（征求意见稿）》将成套项目分为"中方代建"和"受援方自建"两种模式。"中方代建"模式是指中国政府受受援方委托负责成套项目的勘察、设计、建设和调试运行全过程或其中部分阶段任务，以"交钥匙"形式交付受援方使用，并提供建成后长效质量保证和配套技术服务的管理模式；"受援方自建"模式是指受援方在中国政府援助资金和技术支持下，负责成套项目的勘察、设计和建设全过程或其中主要阶段任务，并相应承担建成后运营、维护责任，中国政府对受援方自建项目实施外部监管的管理模式。[1]按照现行

---

〔1〕参见中华人民共和国商务部：《对外援助成套项目管理办法（试行）》（中华人民共和国商务部令 2015 年第 3 号），2015 年 12 月 9 日发布，第 3 条；国家国际发展合作署：《对外援助成套项目管理办法（征求意见稿）》，2020 年 10 月 29 日公布，第 3 条。

援外职能分工，无论是采用何种模式进行成套项目建设，理论上均应由国家国际发展合作署负责立项，并由该署根据现行部门分工统筹安排援外执行部门组织实施项目，商务部、农业农村部、生态环境部等援外执行部门负责依据立项批准内容组织实施成套项目，对成套项目的安全、质量、进度、投资控制等负责，并可委托有关机构组织实施管理，驻外使领馆（团）协助办理与成套项目实施管理有关事务，负责成套项目实施的境外监督管理。

中方代建项目实行"项目管理+工程总承包"的实施方式和企业承包责任制，中方代建项目的管理主要包含如下几个方面：①项目责任管理，规定项目管理企业和工程总承包企业根据不同的项目承包方式分别承担项目的专业考察、工程勘察、各阶段设计、项目管理和工程建设任务，并承担相应法律责任；②项目采购管理，包括成套项目采购的特殊规则和程序，以及中标企业的转包、分包等管理规定；③项目实施管理，包括勘察设计管理、施工前准备管理、施工现场管理、项目验收管理等内容；④项目质量管理，规定项目工程勘察企业、项目设计企业、工程总承包企业各自应承担的项目质量责任，明确除因受援方使用不当引致的质量问题外，工程总承包企业应对其承包责任范围内的建成项目，在合理使用期限内终身承担无缺陷质量保证责任；⑤项目进度管理，要求项目管理企业和工程总承包企业共同承担项目工期进度控制责任，项目建设期限一经确定，不得随意变动，如因业主责任、不可抗力等原因需要暂停项目或者调整工期进度的，需要按照规定进行协调；⑥项目投资管理，规定项目投资管理的方式、风险准备金的使用、投资估算控制以及项目投资费用组成等内容；⑦项目安全生产管理，包括设计方案符合工程安全标准、项目施工符合生产规章制度和操作规程、为境外项目人员办理人身意外保险等；⑧项目风险管理，列举了成套项目涉及的主要风险，并划分各类风险的承担原则；⑨项目技术资料管理，规定项目技术资料的种类和不同类型技术资料的管理责任归属，以及项目技术资料的归集、整理、保存与建库。

中方代建是成套项目的主要实施模式，但为提高受援方的自主发展能力，我国鼓励采取受援方自建模式组织实施成套项目或成套项目的主要任务阶段。受援方自建模式可以由受援方明确提出，如中方代建存在实际困难时，经与受援方商定，也可以采取受援方自建模式，但无论由哪一方提出，为确保援外项目的顺利推进，均应满足以下三个条件：其一，受援方有完备的工程建设招投标法律法规制度和管理体系；其二，受援方有独立承担工程勘察设计能力或接受认可中方已完成的可行性研究、勘察设计等前期工作，具备组织实施的经验，并愿意接受中方的外部监管；其三，项目投资限额明确，中方和受援方的分工责任和费用承担划分清楚，风险可控。采用受援方自建模式立项的，国家国际发展合作署在立项时即明确采取受援方自建模式，并按照双方确定的分工责任和费用承担划分确定项目投资总额和中方援款投资限额。[1] 在具体实施主体方面，一般由受援方从我国推荐的企业范围内依据规定选定实施企业来开展项目建设，推荐的中资企业可与受援方当地企业组成联合体或建立专业分包关系；经双方协商，也可以由受援方在受援方企业范围内选定实施企业。[2] 在项目监管方面，援外执行部门依法选定项目管理企业对受援方自建项目实施进行外部监管，确保受援方按政府间立项协议和项目实施协议完成项目。[3] 受援方自建模式的项目结束后，援外执行部门可自行组织检查验收，也可与受援方共同对项目进行验收，对项目立项意图的实现、投资控制、安全生产、工程质量等方面进行评定；竣工验收后援外执行部门负责与受援方办理项目完成确认证书，确认情况报国家国际发展合作署备案。[4]

此外，国家国际发展合作署还就成套项目规定了较为完善的监督管理制度，特别是从制度层面要求援外执行部门对成套项目建设的各个阶段进行监督管理。

（二）物资项目管理

《对外援助物资项目管理办法（试行）》和《对外援助物资项目管理办法（征求意见稿）》对我国对外援助物资项目的管理作了较为系统的规定。与成套项目类似，物资项目也由国家国际发展合作署负责立项，理论上也应根据现行部门分工统筹安排援外执行部门组织实施项目，商务部等援外执行

---

〔1〕 参见国家国际发展合作署：《对外援助成套项目管理办法（征求意见稿）》，2020年10月29日公布，第72条。

〔2〕 参见国家国际发展合作署：《对外援助成套项目管理办法（征求意见稿）》，2020年10月29日公布，第73条。

〔3〕 参见国家国际发展合作署：《对外援助成套项目管理办法（征求意见稿）》，2020年10月29日公布，第74条。

〔4〕 参见国家国际发展合作署：《对外援助成套项目管理办法（征求意见稿）》，2020年10月29日公布，第76条。

部门依据立项批准内容组织实施物资项目并对物资项目的安全、质量、进度、投资控制等负责，具体可委托有关机构组织实施管理。驻外使领馆（团）协助办理与物资项目实施管理有关事务，负责物资项目实施的境外监督管理。[1]物资项目一般也由中方负责组织实施，由援外执行部门根据援外项目采购规定选定物资项目总承包企业，但受援方对援助物资有特别需求而须在受援方当地采购的物资项目，经中方与受援方商定，可以采用中方代理采购方式组织实施。[2]

　　关于对外援助物资项目，综合《对外援助物资项目管理办法（试行）》和《对外援助物资项目管理办法（征求意见稿）》的规定，目前已经形成如下几个方面的具体制度：①实行援外物资供货指导目录，明确中国政府对外提供援助物资的原则和导向，由国家国际发展合作署制定、发布《对外援助物资供货指导目录》并实行动态管理，对产品的产品描述、技术要求和标准等内容进行随时更新，同时根据对外援助需要及援助效果、技术标准变化等情况，每四年进行一次全面修订；②项目采购管理，包括物资项目采购的特殊规则和程序，以及中标企业的转包、分包等管理规定；③项目实施管理，包括对物资项目承包企业关于生产采购、仓储包装、检验检疫和运输、物资交付、配套技术服务提供以及手续交接等方面的规定；④项目进度管理，国家国际发展合作署在立项阶段确定项目实施期限，期限一经确定，不得随意变动，由于非企业责任原因需要调整进度的，总承包企业应提出合同进度调整方案报项目管理机构并通过合同调整程序签订补充合同规定，如超出对外实施协议约定的期限，项目执行机构应与受援方签订补充对外实施协议；⑤项目质量管理，明确物资项目承包企业的质量保证责任和期限，要求企业承担协议约定的项目维护和维修服务，对于进行非标设计或有特殊建造需求的物资项目特别规定了监造制度；⑥项目风险管理，列举了物资项目涉及的主要项目风险，明确各类风险的承担主体。

　　受援方提出的援助物资需求符合中方代理采购的实施条件，经中方与援方商定采用中方代理采购方式的，国家国际发展合作署应在中外双方签订

---

　　〔1〕　参见国家国际发展合作署：《对外援助物资项目管理办法（征求意见稿）》，2020 年 10 月 29 日公布，第 4 条。

　　〔2〕　参见国家国际发展合作署：《对外援助物资项目管理办法（征求意见稿）》，2020 年 10 月 29 日公布，第 3 条。

的立项协议（或其他政府间文件）中明确有关实施方式，并由受援方从中方推荐的企业范围内依据受援方法律法规规定的程序选定中方代理企业，中方代理企业按照与受援方签订的委托代理合同，按与供货商议定的价格和供货条件等负责采购受援方指定产品，并办理受援方委托的国内运输、仓储等相关事宜。[1]

国家国际发展合作署对物资项目实施建立了相应的监督管理制度，具体由援外执行部门依据实施合同对总承包企业进行监督管理，采取检查等有效方式对项目实施进行事中和事后监管，并定期向该署报告项目执行情况。

（三）技术援助项目管理

关于对外技术援助项目，《对外技术援助项目管理办法（试行）》和《对外技术援助项目管理办法（征求意见稿）》同样将技术援助项目分为中方负责实施与受援方组织实施两种类型予以规定。

中方负责实施的技术援助项目是我国技术援助项目的主要形式之一，技术援助项目管理主要包括如下几方面的内容：①项目采购管理，包括技术援助项目采购的主要选择标准、技术援助项目投标人的特殊要求，以及中标企业的转包、分包等管理规定。②项目实施管理，包括技术援助项目政府间协议及实施协议的签订和履行、项目实施定期与专题汇报、项目验收与整改、项目交接与技术资料移交等内容。③技术专家管理，包括技术专家的遴选、技术专家的工作评估、技术专家的待遇和保证等内容。④智力成果管理，包括技术援助项目智力成果的类型、智力成果的评审、智力成果的权利归属等内容。⑤附带物资管理，将附带物资分为专家物资、零配件和技术物资三类，并对这三种附带物资的采购和管理进行规定。⑥附带工程管理，对附带工程按照规模不同分别适用不同的实施程序和管理要求，技术援助项目附带工程由技术援助项目实施单位依法组织实施或委托受援方当地有技术能力的中资单位或当地工程承包商组织实施；对于技术援助项下投资规模在一千万元人民币以上的附带新建工程，援外执行部门应依据援外项目采购规定的程序，从具备援外成套项目实施企业资格的单位中择优选定项目管理公司承担附带工

---

[1] 参见国家国际发展合作署：《对外援助物资项目管理办法（征求意见稿）》，2020年10月29日公布，第29条。

程管理任务。[1] ⑦项目风险管理，列举了技术援助项目涉及的主要项目风险，明确各类风险的承担主体。

如受援方有组织实施意愿，中方可结合项目实际情况与受援方商定，将技术援助项目交由受援方组织实施，但受援方组织实施技术援助项目应具备完备的招投标法律制度和管理体系，具有独立组织实施的能力与经验且愿意接受中方外部监管，项目投资限额明确，中方和受援方的分工责任和费用承担划分清楚、风险可控。[2] 对于受援方组织实施的技术援助项目，受援方应从中方推荐企业范围内依据其法律法规规定的招标程序选定具体实施单位，推荐的中资企业可与受援方当地企业组成联合体或建立专业分包关系；同时，援外执行部门负责与受援方签订项目实施纪要，并且按援外项目采购规定选定中方项目管理单位对受援方组织实施的技术援助项目进行外部监管。[3] 对于受援方组织实施的技术援助项目，项目资金应当依据受援方与实施企业签订的合同和经技术援助项目管理单位审核签发的拨款申请直接拨付到实施企业账户。技术项目完成后，由技术援助项目管理单位负责对技术成果进行预审核，并与受援方共同对技术援助项目进行成果验收，通过验收后由援外执行部门与受援方办理技术援助项目完成确认证书并及时向国家国际发展合作署提交技术援助项目完成报告。[4]

此外，为做好技术援助项目的监督管理，《对外技术援助项目管理办法（征求意见稿）》还延续了《对外技术援助项目管理办法（试行）》的做法规定援助项目管理机构对技术援助项目实施单位的境内外资金进行监督管理以确保援外资金专款专用，建立重大技术援助项目巡视检查制度以确保项目实施单位落实援外项目管理制度和援助合同内容，并就监督巡视情况及时、定期向国家国际发展合作署通报。

---

〔1〕 参见国家国际发展合作署：《对外技术援助项目管理办法（征求意见稿）》，2020 年 10 月 29 日公布，第 36 条。

〔2〕 参见国家国际发展合作署：《对外技术援助项目管理办法（征求意见稿）》，2020 年 10 月 29 日公布，第 43 条。

〔3〕 参见国家国际发展合作署：《对外技术援助项目管理办法（征求意见稿）》，2020 年 10 月 29 日公布，第 44~45 条。

〔4〕 参见国家国际发展合作署：《对外技术援助项目管理办法（征求意见稿）》，2020 年 10 月 29 日公布，第 46~47 条。

四、援外标识使用管理

对外援助标识是我国向受援方提供援助时所使用的标志，使用特定的对外援助标识既能有效提升我国在国际社会的声誉，体现我国承担的国际义务，同时也能将我国与其他国家的援助进行有效区分。商务部曾发布《关于对外援助标识图案和制作说明以及对外援助徽章图案的公告》（商务部公告2016年第26号），对中国的对外援助标识作出了规定。按照该规定，援外标识上方为中国结形象，下方是"中国援助"汉字和外文译文；援外标识中国结和中、外文字的标准颜色为中国红，色值为：四色：C 0，M 100，Y 100，K 0；PANTONG 1797C；图形为正方形结构，横竖比例为 1：1；援外标识中的中文字体是黑体，英文字体是 FRANKLINGOTHIC DEMI 体，其他外文字体选用相似字体。"中国援助"的常用外文译文如下：①英文：CHINA AID；②法文：AIDE DE LA CHINE；③阿拉伯文：مساعدةالصـــين；④西班牙文：ASISTEN-CIA DE CHINA；⑤葡萄牙文：ASSISTÊNCIA DA CHINA；⑥俄文：ПОМОЩЬ КИТАЯ。下图左侧为援外标识图案，右侧为援外徽章图案。

进入新时代以后，为更好彰显我国对外援助理念，宣传对外援助工作成效，推动构建人类命运共同体，国家国际发展合作署于 2020 年 1 月 1 日公布《对外援助标识使用管理办法》，启用了新版对外援助标识和徽章。按照《关于启用新版中国政府对外援助标识的公告》，相较于原版对外援助标识，新版对外援助标识在标识颜色、内容与标识排版上都作了更新。从颜色上来看，从原版的 PANTONG 1797C 更新为新版的 PANTONE 485C；从内容上来看，标识图案为红色"中国结"配以"中国援助"中外文字样，增加了"For Shared

Future"的英文表述，呼应中国对外援助开展的人类命运共同体理念，是援外标识修改的重大创新，对外援助徽章也作了相应的更新。从标识排版上来看，新版对外援助标识分横、竖两种排版（见下图），供不同场合选用。

对外援助标识竖版

对外援助标识横版

援外标识是中国对外援助形象和声誉的外在代表之一，因而援外标识不得用于与对外援助无关的用途。[1] 按照《对外援助标识使用管理办法》第 4 条的规定，国家国际发展合作署负责管理和监督援外标识的使用，各援外执行部门依据各自职能组织援外标识使用，并由驻外使领馆协助办理与援外标识有关事务，对援外标识使用情况进行监督和检查。

援外标识使用人包括两类主体，第一类是使用中国政府对外援助资金承担对外援助项目的公民、法人和其他组织，第二类是经国家国际发展合作署同意可以在相关援外项目及援外活动中使用援外标识的公民、法人和其他组织。[2] 援外标识使用人享有使用援外标识的权利，在使用援外标识过程中也应履行如下义务：其一，按照有关规定实施项目和使用标识，维护良好的国

---

〔1〕　参见国家国际发展合作署：《对外援助标识使用管理办法》（国家国际发展合作署令二〇二〇年第 1 号），2020 年 1 月 1 日发布，第 8 条。

〔2〕　参见国家国际发展合作署：《对外援助标识使用管理办法》（国家国际发展合作署令二〇二〇年第 1 号），2020 年 1 月 1 日发布，第 7 条。

家形象和公益形象；其二，在授权范围内使用援外标识的义务，援外项目对外移交或援外活动结束后，援外标识使用人使用援外标识的权利自然终止；其三，禁止转让援外标识使用权或委托他人行使援外标识使用权。[1]

我国对于援外标识的制作与使用具有较为严格的规定，国家国际发展合作署在与受援方签署的政府间协议中应当明确援外标识使用条款，由援外项目可行性研究单位负责编制援外标识使用方案，写入可行性研究成果文件，并由国家国际发展合作署审批可行性研究成果文件中的援外标识使用方案。关于援外标识的具体使用管理，《对外援助标识使用管理办法》根据不同的援助方式，确定了制作、安装、使用援外标识的不同主体，例如使用南南合作援助基金（全球发展和南南合作基金）开展对外援助的，南南合作援助基金（全球发展和南南合作基金）项目合作方应按照项目合作协议约定使用援外标识；再如，以援外医疗队方式开展卫生援外的，由项目实施单位负责制作和安装援外标识，并按规定使用援外标识。

五、援外人员管理

《对外援助管理办法》就对外援助人员管理问题作出了一般性规定，同时，还明确规定国家国际发展合作署配合国务院有关部门制定对外援助人员在外执行援外项目任务期间的基本待遇标准，并建立相应的人身意外伤害保险和救助制度。援外项目中方实施主体未按规定保证外派援外人员工作和生活待遇及人身意外伤害保障的，可由国家国际发展合作署和各援外执行部门依法给予行政处罚。

除了前述综合性规定之外，援外相关部门也在各自职责范围内发布了专门性的援外人员管理规定。商务部发布《援外青年志愿者选派和管理暂行办法》（商务部令 2004 年第 18 号），对援外青年志愿者的选拔条件、程序、援外培训与管理等作出了规定；教育部、财政部联合发布《国家公派出国教师生活待遇管理规定》（财教〔2011〕194 号），对援外教师的工资、津贴、补贴、国外开支与风险的承担等援外待遇作了规定。

可以说，尽管上述对外援助法律制度在具体适用范围存在一定的限制，

---

〔1〕 参见国家国际发展合作署：《对外援助标识使用管理办法》（国家国际发展合作署令二〇二〇年第 1 号），2020 年 1 月 1 日发布，第 25~27 条。

但目前我国规章层面的制度逻辑已经较为严密，有关项目管理的操作规范也较为详尽，既要肯定当前的援外制度建设成果，也要在此基础上不断改进。

第四节　评　估

对外援助的有效性是援外活动开展的归宿，尽管援助方和受援方对于援助动机存在差异，但援助有效性的提升都在双方的期待范围之内。从国外的援助实践和理论来看，不仅关注对外援助或发展援助能够撬动的资源，同时也关注援助的效果。为提升援助实效，国际社会通过了诸如《关于援助有效性的巴黎宣言》（2005）、《阿克拉宣言》（2008）以及《关于有效发展合作的釜山伙伴宣言》（2011）等一系列国际文件。

我国对于援外项目的质量历来非常重视，特别是"一带一路"倡议提出以来，我国更加重视援外评估工作，理论研究也逐渐关注援外评估研究，目前已形成一些规制援外项目评估的规范，主要包含以下三个方面：第一，是援外管理综合性文件中的援外项目评估规范；第二，是援外项目实施管理文件中的援外项目评估规范；第三，是援外评估专门文件中的评估规范。

一、援外综合性文件中的评估规范

《对外援助管理办法》作为对外援助领域的综合性部门规章，就对外援助政策规划、对外援助方式、援外项目立项、援外项目监督管理、援外人员管理、法律责任等问题作出了全面规定，同时，还原则性规定"（援外主管部门）建立援外项目评估制度，对援外项目实施情况进行评估"，为援外主管部门建立和完善援外项目评估机制提供了依据。

二、援外项目实施管理文件中的评估规范

目前部分援外项目实施管理文件中对援外项目评估也作了相应规定，如《对外援助物资项目管理办法（试行）》对援外物资项目的评估作了原则性规定，要求援外主管部门建立援外项目评估制度，对项目的实施情况和实施效果进行全过程评估。《对外技术援助项目管理办法（试行）》规定项目管理机构应当在技术援助项目执行完毕前，提请驻受援方使领馆援助工作机构

对技术援助专家的服务质量和效果出具履职评估意见，该评估意见应当如实反映中方专家在受援方工作期间的工作绩效及履职情况，并作为项目验收时验收专家组确认专家服务情况的重要依据。国家国际发展合作署在目前公布的《对外援助成套项目管理办法（征求意见稿）》等三个征求意见稿中也就其对援外项目的评估职能作了原则规定。

三、援外项目评估专门文件中的评估规范

为加强对外援助项目的评估管理，规范评估程序，提高评估效果，商务部曾专门制定《对外援助项目评估管理规定（试行）》（商援发〔2015〕487号），对援外项目的评估作出了较为系统的规定。由于国家国际发展合作署成立时间较短，尽管目前其承担了对外援助评估职能，但尚未就评估工作制定相应的部门规章，或者虽然制定了相关的规范性文件但没有公开。考虑到国家国际发展合作署目前均以商务部原援外规章制度为蓝本制定部门规章，因而此处同样以《对外援助项目评估管理规定（试行）》为基础对援外项目评估制度进行评介。目前的援外项目评估制度主要包括如下几方面内容：

1. 援外项目评估相关机构，包括援外主管部门、独立咨询机构、项目管理机构、援外项目实施单位以及驻受援方使领馆援助工作机构等。援外主管部门负责组织援外项目评估，委托独立咨询机构具体实施评估，并对评估工作全程指导、监督和管理；独立咨询机构接受援外主管部门委托，采用规范、科学、系统的方法对特定的援外项目进行评估，并提出相应的改进建议；援外项目管理机构负责对相应援外项目开展自检评价，并提供援外项目资料配合援外主管部门及受托机构的评估工作；纳入评估范围的援外项目实施单位应如实报告援外项目实施情况并提供项目资料以配合援外主管部门及受托机构的评估工作；驻受援方使领馆援助工作机构则协助援外主管部门指导、监督和管理受托咨询机构开展现场评估调研工作。[1]

2. 援外项目的评估方法。按照评估的主体分类，可分为第三方评估和自我评估。《对外援助项目评估管理规定（试行）》规定的第三方评估包括常规评估与专项评估两种评估方法，常规评估是指针对每一个援外项目个案或其抽样案例开展的，覆盖立项、组织实施和后续技术支持全过程或其特定阶

---

〔1〕　参见商务部：《对外援助项目评估管理规定（试行）》（商援发〔2015〕487号），第5条。

段的常规评估工作；专项评估是指针对某一特定类别援外项目或援外项目特定问题开展的专项评估工作。[1] 除此之外，对于纳入评估范围的援外项目，由援外项目管理机构及项目实施企业进行自检评价，这种自检评价实际就是自我评估。

3. 评估内容和指标体系。援外项目评估的主要内容包括立项的适当性、组织实施的合规性、援助的效果和效率、综合影响力的实现和可持续性发展五个方面，可根据实际需要选取全部或部分内容进行评估。[2] 援外主管部门根据评估内容制定援外项目的指导性评估指标体系，受托第三方机构根据指导性指标体系，制作具体的评估指标与评估方案。[3]

4. 援外项目评估的组织和管理。援外项目评估的组织和管理工作由援外主管部门负责，纳入常规评估计划的援外项目主要通过随机抽样确定；纳入专项评估计划的援外项目主要按评估专题确定。[4] 援外主管部门在确定援外项目评估需求以后，按照相关采购管理规定的要求选定具体评估机构，签订委托评估合同，承担具体援外项目评估任务的咨询机构应"客观、公正、独立、科学"地开展援外项目评估工作，评估专家团队的专业能力应充分满足评估工作需要，同时评估专家与评估咨询机构均应保证独立性，不得与参与援外项目前期或实施的任何一方存在可能影响独立评估的关联关系。[5]

5. 评估工作程序。①在确定受托评估咨询机构、成立项目评估专家团队以后，受托咨询机构应向援外项目管理机构和相关援外项目实施企业发送评估通知，提出项目自评总结、资料整理调阅、人员座谈访谈、现场调研评估等具体要求和工作计划。②援外项目管理机构根据评估通知的要求及时进行援外项目自评总结，形成自评总结报告，提交受托咨询机构并抄报援外主管部门。③受托咨询机构在参考援外项目管理机构自评总结报告的基础上，采用问卷调查、档案资料调阅、座谈访谈等方式，全面了解和搜集与评估工作相关的各方面意见与信息，草拟形成评估大纲，围绕评估指标体系的要求初

---

〔1〕　参见商务部：《对外援助项目评估管理规定（试行）》（商援发〔2015〕487号），第3条。
〔2〕　参见商务部：《对外援助项目评估管理规定（试行）》（商援发〔2015〕487号），第6条。
〔3〕　参见商务部：《对外援助项目评估管理规定（试行）》（商援发〔2015〕487号），第7条。
〔4〕　参见商务部：《对外援助项目评估管理规定（试行）》（商援发〔2015〕487号），第8条。
〔5〕　参见商务部：《对外援助项目评估管理规定（试行）》（商援发〔2015〕487号），第9~10条。

步提出评估结论，拟定最终评估报告框架，在必要的情况下开展国外实地调研核实重点问题，形成项目评估报告。④受托咨询机构按照合同约定向援外主管部门提交最终评估报告和最终评估结论，并承担相应的经济、技术和法律责任。

6. 评估成果应用。《对外援助项目评估管理规定（试行）》规定了评估成果的三个主要用途，第一是由援外主管部门将评估报告的主要内容和最终结论向相关单位通报，以体现援外项目实施的外部评价；第二是通过评估成果促进项目整改，相关单位应根据评估报告提出的整改意见制定整改方案，限期整改落实；第三是通过建设援外项目评估信息库，形成针对共性问题的专题整改意见，用于改进援外项目决策，完善援外制度建设。

综上，我国的对外援助工作主要采用项目的方式来进行开展，援外项目又需要经历立项、实施（包含对实施过程的监督）、评估等阶段。目前，对外援助的程序规则已经初步确立，但仍存在完善的空间，特别是在推动援外项目立项、实施、评估规则的完备性、透明度等方面，需要有关部门重点关注。

对外援助与"一带一路"（一）：理论

第一节　"一带一路"倡议的发起与进展

一、"一带一路"倡议的发起

2013 年 9 月 7 日，中国国家主席习近平对哈萨克斯坦进行国事访问，并在纳扎尔巴耶夫大学发表了题为《弘扬人民友谊 共创美好未来》的重要演讲。在演讲中，习近平同志认为中国汉代的张骞先后两次出使中亚并开启了中国同中亚各国友好交往的大门，开辟出一条横贯东西、连接欧亚的古代丝绸之路，并指出"随着中国同欧亚国家关系快速发展，古老的丝绸之路日益焕发出新的生机活力，以新的形式把中国同欧亚国家的互利合作不断推向新的历史高度"，在此基础上提出共同建设"丝绸之路经济带"的倡议。[1] 这是中国在国际社会首次公开提出共同建设"丝绸之路经济带"的合作构想。

2013 年 10 月 3 日，习近平主席访问印度尼西亚并在印度尼西亚国会发表《携手建设中国—东盟命运共同体》重要演讲时指出：东南亚地区自古以来就是"海上丝绸之路"的重要枢纽，中国愿同东盟国家加强海上合作，使用好中国政府设立的中国—东盟海上合作基金，发展好海洋合作伙伴关系，共同建设 21 世纪"海上丝绸之路"。[2] 此外，习近平主席还特别强调：中国愿通

---

〔1〕 参见习近平：《弘扬人民友谊 共创美好未来——在纳扎尔巴耶夫大学的演讲》，载《人民日报》2013 年 9 月 8 日，第 3 版。

〔2〕 参见习近平：《携手建设中国—东盟命运共同体——在印度尼西亚国会的演讲》，载《人民日报》2013 年 10 月 4 日，第 2 版。

过扩大同东盟国家各领域务实合作，互通有无、优势互补，同东盟国家共享机遇、共迎挑战，实现共同发展、共同繁荣。〔1〕这是中国在提出"丝绸之路经济带"的合作构想之后，再次在国际社会提出具有里程碑意义的建设"21世纪海上丝绸之路"的设想与倡议，两者被合称为"一带一路"。

"一带一路"的提出受到国际社会的广泛关注，2013年12月，习近平总书记在中央经济工作会议上指出要不断提高对外开放水平，推进丝绸之路经济带建设，抓紧制定战略规划，加强基础设施互联互通建设；建设21世纪海上丝绸之路，加强海上通道互联互通建设，拉紧相互利益纽带。〔2〕自此，"一带一路"倡议在国际社会提出以后，正式启动国内部署工作。

2014年3月5日，时任国务院总理李克强同志通过国务院政府工作报告代表国务院确认我国建设丝绸之路经济带、21世纪海上丝绸之路的构想并推动开放向深度拓展，同时要求"抓紧规划建设丝绸之路经济带、21世纪海上丝绸之路，推进孟中印缅、中巴经济走廊建设，推出一批重大支撑项目，加快基础设施互联互通，拓展国际经济技术合作新空间"。〔3〕此后，国内各部门、各地方政府从自身实际情况出发，逐步推进对接"一带一路"的设想与规划，全力支持"一带一路"建设工作。

2014年11月4日，习近平总书记主持召开中央财经领导小组第八次会议，并在会议上发表重要讲话，指出"一带一路"倡议顺应时代要求和各国加快发展的愿望，提供了一个包容性巨大的发展平台，具有深厚历史渊源和人文基础，能够把快速发展的中国经济同共建国家（地区）的利益结合起来。此次会议系统阐释了"一带一路"倡议对于全球发展的重要历史意义，听取了相关部门关于"一带一路"倡议规划工作的汇报，部署建立亚洲基础设施投资银行、设立丝路基金以服务"一带一路"建设。随后，2014年12月召开的中央经济工作会议指出，要重点实施"一带一路"、京津冀协同发展、长江经济带建设工作，这标志着"一带一路"正式从规划期走向建设期。

---

〔1〕 参见习近平：《携手建设中国—东盟命运共同体——在印度尼西亚国会的演讲》，载《人民日报》2013年10月4日，第2版。

〔2〕 参见新华社：《中央经济工作会议举行 习近平、李克强作重要讲话》，载 http://www.gov.cn/ldhd/2013-12/13/content_2547546.htm，最后访问日期：2023年2月23日。

〔3〕 李克强：《2014年政府工作报告》，载 http://www.gov.cn/guowuyuan/2014-03/14/content_2638989.htm，最后访问日期：2023年2月23日。

2015 年 3 月 28 日，国家发展改革委、外交部、商务部联合发布《推动共建丝绸之路经济带和 21 世纪海上丝绸之路的愿景与行动》（以下简称《愿景与行动》），介绍了"一带一路"倡议的时代背景，提出"一带一路"共建原则，勾勒共建"一带一路"的框架思路，明确"一带一路"合作重点，强调多维合作机制。至此，我国已初步完成共建"一带一路"的规划方案，也意味着"一带一路"倡议开始进入实质推进阶段。

二、"一带一路" 倡议的重要意义

从 2013 年提出"一带一路"倡议，到 2014 年逐渐部署、规划"一带一路"共建方案，再到 2015 年发布《愿景与行动》，及至如今从各个领域拓展"一带一路"项目合作并成为促进全球经济增长的动能，无论对于中国还是世界而言，都具有不言而喻的重要意义。

（一）"一带一路" 倡议是对古代丝绸之路的历史继扬

自两千多年前张骞出使并开辟丝绸之路后，中国与外部世界逐渐形成了陆上丝绸之路与海上丝绸之路两种不同的经贸沟通、文化交流渠道。尽管陆上丝绸之路与海上丝绸之路具有悠久的历史，但以"丝绸之路"来指称这两条交通路线则是近代的事，一般认为是德国地理学家李希霍芬于 1877 年在其《中国——亲身旅行和研究成果》中首次将中国长安与中亚之间的交通往来路线称为"丝绸之路"。[1] 尽管当时李希霍芬已经注意到了"海上丝绸之路"的存在，但并没有进行阐释，而是由法国汉学家沙畹于 1903 年在《西突厥史料汇编》中提出"陆地丝绸之路"与"海上丝绸之路"的区别。[2] 国内学者在充分吸收国内外研究成果的基础上，提出了"广义的丝绸之路"的概念，即凡经古代中国到相邻各国的交通路线，包括海上、陆路均一概称"丝绸之路"[3]。需要指出的是，"丝绸之路"在称谓上虽然与物品或者道路相关，但其蕴含了古代中外政治、经济、文化交流实践，因而"丝绸之路"的实质

---

〔1〕 参见刘进宝：《"丝绸之路"概念的形成及其在中国的传播》，载《中国社会科学》2018 年第 11 期。

〔2〕 参见国家开发银行、联合国开发计划署、北京大学：《"一带一路"经济发展报告》，中国社会科学出版社 2017 年版，第 5 页。

〔3〕 周伟洲、丁景泰主编：《丝绸之路大辞典》，陕西人民出版社 2006 年版，第 1 页。

并非某一道路或某一物品，而是代表一种经济合作和文化交流的历史路径与现象。

当前，"丝绸之路"是"丝绸之路经济带"和"21世纪海上丝绸之路"共同使用的术语，因而有观点认为，在文化学意义上，"一带一路"不过是"丝绸之路"的另外一种表述。[1] 然而，无论是中国自古以来的"丝绸之路"还是"海上丝绸之路"，除去文化学意义上的紧密联系，从"一带一路"倡议的内涵上而言，既是对古代丝绸之路的传承，更是对古代丝绸之路合作精神的发扬。

首先，"一带一路"倡议是对古代丝绸之路经贸合作的继扬。古代丝绸之路并非仅丝绸贸易的通道，而是综合茶叶、丝绸、瓷器、香料等各种货物的贸易往来的经贸合作通道，因而古代丝绸之路的历史意义并非在于通道本身，其生命力在于通道所代表的经贸合作。同样，"一带一路"作为全球经贸合作倡议，尽管其在名称和通道上均以古代丝绸之路为基础，也承继了古代丝绸之路友好经贸合作友谊，但在通道数量和经贸合作规模上都实现了对古代丝绸之路的历史超越，通过全球性倡议发扬古代丝绸之路的经贸合作精神。

其次，"一带一路"倡议是对古代丝绸之路文化交流方式的继扬。古代丝绸之路不仅是一条经贸之路，更是一条文化之路，各类文明汇聚此道，以其包容开放的精神，发展了世界文化的多样性，搭建了世界文化沟通交流的平台。[2] 可以说，广泛开展文化交流、打造文化包容的利益共同体和命运共同体是"一带一路"倡议的重要内容和目标。如果说文化交流是古代丝绸之路经济交往的附属品，那么在当前"一带一路"倡议下，文化交流不仅随着经贸合作而共通，关于文化多样性、文化包容性等文化交流自身价值目标的关注则是"一带一路"倡议对古代丝绸之路的重要发展。

最后，"一带一路"倡议是对古代丝绸之路友谊的继扬。古代丝绸之路既为古代中外经贸往来、文化交流提供通道，同时也成为播种中外友谊的重要物质媒介。"一带一路"倡议同样致力于实现民心相通、深化传统友谊，希望能建成一条增进理解信任、加强全方位交流的和平友谊之路。相较于古代丝绸之路，

---

[1] 参见国家开发银行、联合国开发计划署、北京大学：《"一带一路"经济发展报告》，中国社会科学出版社2017年版，第4页。

[2] 参见王义桅：《"一带一路"：机遇与挑战》，人民出版社2015年版，第14页。

"一带一路"倡议民间交往和友谊建设的维度更广，中外交流的层次更为丰富，涉及的民间交往范围也更为广泛，是在传统友谊基础上的深化发展。

（二）"一带一路"倡议是促进经济增长的重要契机

21 世纪以来，全球化进程从前期的快速发展逐渐走向发展迟滞，全球总体经济增长下行压力增大。与此同时，全球经济增长格局也发生了巨大变化，发达国家对全球经济增长的贡献率逐步下降，发展中国家特别是新兴经济体在促进全球增长中的地位日益重要。例如，21 世纪初，发达国家和发展中国家对全球 GDP 增长的贡献度分别为 80% 和 20%，到 2010～2013 年后危机时期，全球经济增长构成中发达国家和新兴与发展中国家贡献分别逆转为 19% 和 81%，全球增长贡献份额在发达国家和发展中国家之间实现了历史性的"二八易位"。[1] 可以说，在可预期的将来，发展中国家将利用后发优势，通过进一步发掘其国内经济发展潜力并毋庸置疑地成为全球经济增长的新动能。

尽管发展中国家已经成为全球增长的重要驱动力，但仍应关注如下两个现实：其一，发展中国家是一个整体性概念，其中既包含表现抢眼的新兴经济体，如中国、俄罗斯、印度、巴西等，同时也包含仍陷于极度贫困的最不发达国家，而且发展中国家中的大部分国家对全球经济增长的贡献度仍然并不理想。其二，许多发展中国家，特别是其中的最不发达国家都或多或少面临基础设施、体制机制、能力建设等方面的限制，这些影响因素阻碍其深度融入全球产业链并通过后发优势实现经济增长。国际社会自 20 世纪中后期开始逐渐关注发展中国家的发展问题，并通过国际制度帮助发展中国家实现经济增长，但除了少数国家得以摆脱贫困之外，大多数发展中国家的发展进程未及预期。

中国基于自身的发展历程和发展经验，提出通过共建"一带一路"与共建国家（地区）开展经济合作，既是自身发展的需要，同时也回应了合作国与全球经济的增长需求。一方面，中国对"一带一路"共建国家（地区）出口的商品主要是机电类、家具类、钢铁类、纺织类、成品油类等，进口的主要是集成电路、能源资源类等商品，两者互补性较强，[2] 能够真正实现互通

---

〔1〕　参见卢锋等：《为什么是中国？——"一带一路"的经济逻辑》，载《国际经济评论》2015年第 3 期。

〔2〕　参见王娟娟：《中国与"一带一路"沿线国家经济合作成效及展望——基于共享经济与分享经济视角》，载《中国流通经济》2019 年第 2 期。

有无的贸易功能，有效发挥贸易各方的比较优势，促进"一带一路"各方的产业发展与经济增长。另一方面，中国与"一带一路"共建国家（地区）在产业结构上不尽相同，可以充分利用产业上的互补性开展互利共赢的国际产能合作，利用国际产能合作帮助"一带一路"共建国家（地区）实现产业升级，形成优势互补的"一带一路"产业链和价值链，[1] 以此促进"一带一路"共建国家（地区）经济发展，并为全球经济增长提供持续、强劲的发展动力。

（三）"一带一路"倡议是对全球治理体系的重要反思

自民族国家踏上历史舞台以后，成为近现代国际关系的重要基石，《威斯特伐利亚和约》确立的国家主权平等原则逐渐成为国际交往的基本准则。人类社会是一个不断组织化和制度化的过程，国家内部具有严密的权力等级制度，但民族国家产生的现实与国家主权平等认知决定国家之间难以形成严密的制度约束，进而呈现出相应的无政府状态。无政府状态导致国际关系运行的无序性，强制力规则的缺失也引致国际行为主体失范，导致其行为缺乏预见性和确定性，更容易使国家产生选择方面的矛盾或冲突。因此，为了对彼此的行为保持一定程度的制约，减少由于各国行为造成的不利影响，同时降低缺乏协调产生的不确定性，国家为此需要构建国际制度。[2] 两次世界大战的发生使人类深刻认识到国际关系的无秩序状态将给人类社会带来重大灾难，因而二战结束以后，以美国为首的发达国家主导建立联合国、世界银行、国际货币基金组织等重要的国际政治、经济机构，推进国际制度建设，借此实现其国家利益，同时也用于应对相应的全球挑战。然而，国际制度设计缺陷导致国家间利益分配不均衡，南北国家之间对于国际制度和经济发展秩序的争论使得国际制度本身在争议与冲突中成长缓慢，加之美苏之间出于意识形态分歧导致的冷战更是增添了国际制度型塑的复杂性。

冷战结束后，随着全球化的深入发展，商品和资本、技术等生产要素在全球范围内加速流动，不断消蚀着民族国家政府的权力，而发达国家与发展中国家之间收入差距的持续扩大引发大规模的国际移民浪潮，使一些国

---

〔1〕 参见陈继勇、陈大波：《贸易开放度、经济自由度与经济增长——基于中国与"一带一路"沿线国家的分析》，载《武汉大学学报（哲学社会科学版）》2017 年第 3 期。

〔2〕 See Robert O. Keohane, "The Demand for International Regimes", *International Organization*, Vol. 36, No. 2., 1982, p. 351.

家饱受经济难民、文化冲突和恐怖主义的折磨，从而造成全球治理体系的失灵。[1]这主要表现为三个方面：第一，现有全球治理体系在应对全球性挑战方面的短板日益显现，国际社会逐渐出现治理赤字、信任赤字、和平赤字和发展赤字，这不仅是全球治理陷入困境的深层原因，更是摆在全人类面前的严峻挑战。[2]第二，自上而下的全球治理努力效果不佳，国际社会应对各类全球性问题时往往是先塑造共识，之后通过谈判形成国际协议来建立相应的国际机制，并通过缔约方的条约实施来推进国际制度实现。[3]然而，这种自上而下的全球治理努力却遭遇了现实"滑铁卢"，无论是全球气候变化谈判的困难，抑或是国际恐怖主义的应对，还是全球性传染病的控制，都面临着明显的治理困境或治理失灵，[4]因而需要对当前的全球治理进行必要反思。第三，现有全球治理体系无法反映普遍的发展需求。发达国家促成了当前全球治理体系的形成，尽管发展中国家也在一定程度上参与并推动了全球治理体系进程，但当前治理体系仍是以发达国家的利益为核心而建立的，发展中国家的利益诉求难以在全球治理体系中得到伸张，致使南北国家之间的发展利益进一步失衡，进而成为难民、冲突等全球性问题的导火索。

"一带一路"倡议的提出是我国对当前全球治理体系的重要反思，同时也是我国参与并推进全球治理体系重构的基本思路。首先，"一带一路"倡议寻求建设团结、和谐之路，期待通过"一带一路"倡议的推进实现民心相通，推动人类命运共同体构建，并以此为基础凝聚应对全球性挑战的共识。其次，相比于"自上而下"的传统全球治理努力，"一带一路"倡议强调双向推动的全球治理，即"一带一路"倡议并不否定当前"自上而下"的全球治理的努力效果，并通过与国际制度对接来促进"自上而下"的全球努力，与此同时，"一带一路"倡导共建国家（地区）通过双边或者区域内国家（地区）之间的国际合作"自下而上"地推动全球治理。最后，由于"一带一路"倡导以"共商、共建、共享"为基础的合作，相对于发达国家主导的国际机制而

---

[1]　参见杜德斌、马亚华：《"一带一路"——全球治理模式的新探索》，载《地理研究》2017年第7期。

[2]　参见史志钦、郭昕欣：《"一带一路"与百年大变局下的全球治理》，载《当代世界》2020年第3期。

[3]　参见张春：《G20与2030年可持续发展议程的落实》，载《国际展望》2016年第4期。

[4]　参见张春：《"一带一路"倡议与全球治理的新实践》，载《国际关系研究》2017年第2期。

言，"一带一路"的生命力源于共建各国的内在发展需求与精诚协作，因而需要通过满足合作各方的需求来持续"一带一路"的生命力，也相应地更为关注合作各方发展需求的表达。可以说，"一带一路"建设并非某一个国家（地区）的"独奏曲"，而是"一带一路"倡议国家（地区）共同演绎的"大合唱"。

三、"一带一路"倡议的建设内容与进展

"一带一路"倡议是全方位、多维度的全球合作倡议。从理念上而言，中国提出"一带一路"倡议，期待与"一带一路"共建国家（地区）共同打造政治互信、经济融合、文化包容的利益共同体、命运共同体和责任共同体；从地理上而言，"一带一路"倡议突破了古代丝绸之路的地理限制，期待开展更为开放、包容的全球性合作；从内容上而言，"一带一路"以经济合作为主，同时也包含政治、文化、民间等各个领域的合作共通。

正是由于"一带一路"合作的综合性和多维性，因而必须通过提炼合作重点以便全面推进"一带一路"建设。《愿景与行动》认为共建国家（地区）资源禀赋各异，经济互补性较强，彼此合作潜力和空间很大，提出重点围绕政策沟通、设施联通、贸易畅通、资金融通、民心相通（即"五通"）为主要内容建设"一带一路"。其中，政策沟通是建设保障，需要通过合作各方的发展战略、政策与法律对接，为"一带一路"项目启动与运行提供制度基础；设施联通是建设关键，交通基础设施、能源基础设施、通信基础设施等挑战成为中国与"一带一路"共建国家（地区）及共建国家（地区）相互之间开展各维度合作的瓶颈，强化设施互联互通将有效提升"一带一路"经贸合作效率，便利合作国之间的人文交流；贸易畅通是建设重点，贸易、投资、产业合作等各类经贸合作是实现增长的基本路径，通过拓宽贸易投资领域、优化贸易投资结构、提升贸易投资便利化、消除贸易投资壁垒、推动新兴产业合作等方式将大大释放"一带一路"合作能量，提升经贸合作效果；资金融通是建设支撑，需要通过优化资金结算体系、投融资体系以及金融风险防范体系完善资金融通机制，为"一带一路"项目和政府合作提供金融服务支持；民心相通是建设根基，通过开展文化交流、学术往来、人才交流、公共卫生合作、科技合作及民间领域各个领域的合作，为深化"一带一路"合作奠定坚实的民意基础。

从2013年习近平主席提出"一带一路"倡议以来，经过多年的开拓探

索，"一带一路"建设已经具有了实质性的进展，取得了卓越的成就：

1. "一带一路"建设的国内部署与顶层设计日益完善。从2015年我国发布《愿景与行动》开始，逐步推出《标准联通"一带一路"行动计划（2015-2017）》《中欧班列建设发展规划（2016-2020）》《中医药"一带一路"发展规划（2016-2020年）》《文化部"一带一路"文化发展行动计划（2016—2020年）》《关于推进绿色"一带一路"建设的指导意见》《共同推进"一带一路"建设农业合作的愿景与行动》《共建"一带一路"：理念 实践与中国的贡献》《"一带一路"生态环境保护合作规划》《"一带一路"融资指导原则》《"一带一路"建设海上合作设想》《标准联通共建"一带一路"行动计划（2018-2020年）》《国家发展改革委等部门关于推进共建"一带一路"绿色发展的意见》《"十四五"时期推进"空中丝绸之路"建设高质量发展实施方案》等文件，通过顶层制度设计规范和引导"一带一路"合作协调推进，在国内制度层面实现了从"大写意"向"工笔画"的转变。

2. "一带一路"建设朋友圈进一步扩大。尽管"一带一路"倡议提出后得到了大部分国家（地区）的欢迎，但国际社会对"一带一路"的认识同样也经历了逐渐深化的过程：部分国家和地区从一开始便表示参与"一带一路"建设，如2015年习近平出访俄罗斯期间，中俄两国共同签署并发表了《关于丝绸之路经济带建设与欧亚经济联盟建设对接合作的联合声明》，俄罗斯总统普京表示俄方支持丝绸之路经济带建设，愿与中方密切合作，推动落实该倡议；一些原本处于观望状态的国家也逐渐改变态度，积极对接"一带一路"建设，如新西兰、奥地利、希腊、意大利、卢森堡等发达国家同中国签署"一带一路"合作协议、加入"一带一路"建设大家庭。可以说，随着"一带一路"倡议的务实推进，参与"一带一路"的国家和国际组织日益增加，朋友圈不断扩大，截至2023年1月6日，中国已经同151个国家和32个国际组织签署200余份共建"一带一路"合作文件。[1]此外，中国还与法国、意大利、西班牙、日本、葡萄牙等国签署了第三方市场合作文件，[2]使得"一带一路"建设的内涵更为丰富。

---

〔1〕　参见《已同中国签订共建"一带一路"合作文件的国家一览》，载 https://www.yidaiyilu.gov.cn/xwzx/roll/77298.htm，最后访问日期：2023年2月23日。

〔2〕　参见推进"一带一路"建设工作领导小组办公室：《共建"一带一路"倡议：进展、贡献与展望》，载 https://www.yidaiyilu.gov.cn/zchj/qwfb/86697.htm，最后访问日期：2023年2月23日。

3. "一带一路"建设项目稳步推进。"一带一路"倡议提出以来，中国推动组建配套基金机构，积极稳妥推进合作项目和配套项目。例如，为解决"一带一路"相关项目的融资问题，中国于2014年宣布出资400亿美元设立丝路基金，并作为重要出资方倡议设立亚洲基础设施投资银行。在具体项目层面，中巴经济走廊项目、中白工业园项目、匈塞铁路项目、中老铁路项目、中泰铁路项目、雅万高铁项目等均是"一带一路"倡议提出后启动的重要标志性项目，部分项目已经发挥重要经济效益。此外，中国还与"一带一路"共建国（地区）加强教育合作项目、拓展旅游合作项目、深化卫生健康合作项目、推进减灾扶贫项目，与"一带一路"合作伙伴开展不同形式的交流活动，为共建"一带一路"奠定了坚实的民意基础。

4. "一带一路"从中国倡议走向全球共识。自"一带一路"倡议提出以来，我国主张以"共商、共建、共享"为基本原则建设"一带一路"，由于"一带一路"倡议在推进过程中讲求"共"性，因而其结果也体现"共"性，这种"共"性实际就是全人类休戚相关的命运共同体的体现。从这个意义上而言，"一带一路"倡议是对人类命运共同体理念的具体实践。中国正是秉着开放、包容、合作、互助的态度，通过推动"一带一路"倡议践行人类命运共同体理念，才得到了国际社会的广泛关注与普遍接受。例如联合国大会于2016年11月通过了关于"阿富汗局势"的决议，明确指出"一带一路"倡议等经济合作在实现阿富汗的稳定和发展方面能发挥重要作用，并呼吁利益相关方为这类发展举措提供相应的安全环境。[1]此后，联合国安理会于2017年作出关于"阿富汗局势"的决议，再度呼吁通过实施"一带一路"倡议和贸易协议以促进阿富汗和该区域的可持续经济增长，并首次将构建人类命运共同体纳入决议。[2] 2019年底突如其来的新冠疫情再次证明人类是一个休戚与共的命运共同体，任何国家都不能置身其外、独善其身。[3]如何应对全人类面临的挑战，将成为今后国际社会所必须回答的问题。毫无疑问，人类命运共同体理念指引下的"一带一路"已然从中国倡议走向全球共识，并必将成为全球增长与人类福祉的源泉。

---

〔1〕 参见联合国大会：《阿富汗局势》，A/RES/71/9，2016年11月17日。

〔2〕 参见联合国安理会：《阿富汗局势》，S/RES/2344（2017），2017年3月17日。

〔3〕 参见习近平：《团结合作是国际社会战胜疫情最有力武器》，载《求是》2020年第8期。

第二节 "一带一路"与相关概念比较

一、"一带一路"倡议不等同于中国的对外援助

"一带一路"倡议是人类命运共同体理念指引之下的全球性倡议,是利用各国经济能动性催化经济合作并改革当前全球治理模式的合作平台,其合作内容既包含传统的贸易、投资、援助等资本要素互动,也包括与经济合作相关的政策、法律、基础设施、文化等交流互通。中国的对外援助主要是政府对外援助,是指使用政府对外援助资金向受援方提供经济、技术、物资、人才和管理等支持的活动。

中国在"一带一路"合作过程中可能包含对外援助活动,中国的对外援助也向"一带一路"合作伙伴提供,两者在范围上存在一定的交叉或重合。然而,"一带一路"倡议作为一项中国提出的全球合作倡议,与中国的对外援助行为具有本质差异:其一,中国的对外援助是发展中国家的相互帮助,但基于中国的立场,中国提供的援助在资源流向上具有单向性,"一带一路"合作的资源流向则具有交互性。其二,"一带一路"倡议包含贸易、投资、援助、产能合作等多种不同形式的经济合作,中国的对外援助则是其中的一种合作形态,两者在经济合作的形式上存在差异。其三,"一带一路"倡议主要在"一带一路"共建国、"一带一路"协议国之间开展,包含发展中国家之间、发达国家之间以及发展中国家与发达国家相互之间基于"一带一路"倡议所开展的合作;中国的对外援助关系中,中国是援助方,受援方主要是与我国建交且具有援助需求的发展中国家和相关的国际组织。

由此可见,"一带一路"倡议与中国的对外援助在合作资源流向、合作范围、合作主体等方面均存在巨大差异,我们应明确区分中国的对外援助与"一带一路"倡议,不宜将两者相提并论。

二、"一带一路"倡议不是中国版的"马歇尔计划"

"一带一路"倡议提出以后,国内外的部分观点认为该倡议属于中国版的"马歇尔计划"。在国内层面,有观点将中国建立在"一带一路"规划基础

上，面向东盟、中亚等地区的对外投资和发展计划称为"中国版马歇尔计划"。[1] 国际社会将"一带一路"倡议类比为中国版"马歇尔计划"的观点更为普遍，例如美国学者香农·蒂耶兹（Shannon Tiezzi）认为"马歇尔计划"帮助美国成为超级强国，中国也希望其"一带一路"倡议能发挥同样的效果；[2] 日本也有部分学者将"一带一路"与美国的"马歇尔计划"相提并论，认为"一带一路"是"中国版马歇尔计划"。[3] 英、法、德等欧洲国家的媒体也都不同程度地将"一带一路"倡议与美国"马歇尔计划"进行类比。

实际上，从美国"马歇尔计划"的提出背景及实施情况来看，其与中国提出的"一带一路"倡议存在重大区别。二战以后，为了遏制强大的苏联政权的崛起，美国必须联合其他国家以保证自身安全。1947 年 6 月，美国国务卿马歇尔在哈佛大学毕业演讲中正式提出"欧洲复兴计划"（European Recovery Program），鼓励欧洲国家在重要的经济政策问题上进行协同，并且承诺在四年间提供 130 亿美元的援助，[4] 超过美国国民生产总值的 2%，[5] 该援助计划被称为"马歇尔计划"。尽管美国"马歇尔计划"实施的直接效果是帮助欧洲国家恢复和发展经济，但其本质是基于美国利益考虑的外交政策工具。[6] 美国推动"马歇尔计划"具有经济、政治两方面的重要考量：一方面，如果欧洲国家无法有效改善经济状况，则可能影响美国对欧洲大陆的商品出口和资本进驻；另一方面，也是美国的主要考虑因素，就是应对来自共产主义持续升级的威胁。[7] 因而，美国的"马歇尔计划"并不是一个旨在促进欧洲经济复兴的经济援助计划，而是基于意识形态竞争和本国经济考量的

---

〔1〕 参见周子勋：《"中国版马歇尔计划"构想一举数得》，载《上海证券报》2014 年 11 月 7 日，第 A2 版。

〔2〕 See Shannon Tiezzi, "The New Silk Road: China's Marshall Plan?", *The Diplomat*, No. 6, 2014.

〔3〕 参见申来津、黄河：《日本对"一带一路"倡议的认知及其对中国的启示》，载《社会主义研究》2017 年第 2 期。

〔4〕 See Carol Lancaster, Ann Van Dusen, *Organizing U. S. Foreign Aid*, Brookings Institution Press, 2005, p. 10.

〔5〕 See Robert E. Wood, *From Marshall Plan to Debt Crisis: Foreign Aid and Development Choices in the World Economy*, University of California Press, 1986, p. 29.

〔6〕 See Peter Grose, "The Marshall Plan-Then and Now", *Foreign Affairs*, Vol. 76, 1997, p. 159.

〔7〕 See Curt Tarnoff, "Marshall Plan: Design, Accomplishments, and Relevance to the Present", *CRS Report for Congress*, January 6, 1997.

国家对外战略行动。

从 1948 年开始,到 1951 年 6 月 30 日剩余援助资金并入共同防御援助项目为止,美国通过"马歇尔计划"向欧洲支付的援助资金总额高达 125 亿美元。[1] 在美国的援助下,西欧各国的经济得到了快速的恢复,各国的生产恢复到战前水平,到"马歇尔计划"结束时,西欧的国民生产总值增长了 25%,工业生产上升了 35%,农业生产提高了 10%。[2] 对美国而言,"马歇尔计划"促进了美国商品和资本对西欧的输出,为美国用经济手段控制西欧铺平了道路,也促进了西欧和美国在对抗苏联战略上的接近和协调,增强了遏制苏联的力量。[3]

因而,"马歇尔计划"是美国将对外援助作为重要的外交政策工具的一种尝试,中国提出的"一带一路"与其存在本质区别。

第一,"马歇尔计划"形式上是以恢复欧洲经济为目的,属于经济复兴计划,但其实质是美国与苏联两个大国之间的抗衡手段,以经济援助实现其政治目的。"一带一路"不以国家间政治对抗为目的,通过经济与人文合作实现发展目的。因而,两者在实施目的上存在本质差异,"一带一路"倡议的实施格局远远超越美国"马歇尔计划"。

第二,"马歇尔计划"作为一项援助计划,其援助方式包括资金援助、物资援助、技术援助及贷款。"一带一路"倡议本身并非援助,而是包含国际投资、贸易、援助、产能合作开发等各种形式的经贸合作,是将经济政策、人文、教育、卫生等多种领域交流相结合的合作倡议。因而,"一带一路"倡议的合作内容较"马歇尔计划"更为丰富,在合作内容与内涵上远远超越"马歇尔计划"。

第三,"马歇尔计划"强调美国对援助项目的单边主导,遵循"美国设计-美国主导-美欧推进"的基本逻辑:一方面,通过援助项目推进西欧市场开放及本国战略资源保障;另一方面,通过汇划结算与"有条件援助"相结合,使美元在西欧各国间成为结算单位,打破西欧内部货币不能自由兑换、贸易

---

[1] See Diane B. Kunz, "The Marshall Plan Reconsidered—A Complex of Motives", *Foreign Affairs*, Vol. 76, No. 3., 1997, p. 162.

[2] 参见刘绪贻、杨生茂主编:《战后美国史(1945-1986)》,人民出版社 1989 年版,第 29 页。

[3] 参见娄亚萍:《战后美国对外经济援助研究》,上海人民出版社 2013 年版,第 41 页。

壁垒森严的格局，逐渐确立美元的霸权地位。〔1〕"一带一路"倡议则强调"共商、共建、共享"，尽管"一带一路"由中国最先提出，但在具体项目层面则遵循需求导向、共同协商、共同推进、互利共赢的原则。因而，"一带一路"倡议与"马歇尔计划"在项目主导力量方面存在巨大差异，这种差异导致了合作收益分配的不同，即"一带一路"倡议容易出现共赢的结果，并不会产生"马歇尔计划"实施后出现的美国独霸的局面。

第四，"马歇尔计划"的参与国是美国与欧洲资本主义国家，以目前的视角而言实际上是发达国家之间的相互结盟与合作，且参与国具有地域限制，对参与国以外的国际社会溢出效应极为有限。"一带一路"倡议的参与国包括期待通过"一带一路"合作促进发展的所有发展中国家和发达国家，未设置任何区域或者条件限制，参与国具有广泛性与普遍性，能够最大程度发挥"一带一路"倡议对于经济增长与全球减贫的效应。

可以说，"一带一路"倡议与"马歇尔计划"在实施目的与实施内容上存在本质差异，在主导力量和参与主体方面也存在巨大差异，"一带一路"倡议对于发展的意义也远远超越"马歇尔计划"，"一带一路"倡议不能被认为是中国版的"马歇尔计划"。

三、中国的对外援助不同于美国的"马歇尔计划"

中国的对外援助与美国的"马歇尔计划"都属于国家的对外援助活动，但两者存在明显差异：

第一，援助目的不同。美国的"马歇尔计划"具有经济与政治复合目的，且其联欧抗苏的政治意图在其战略目标体系中具有首要地位。例如，其当年提出"马歇尔计划"时附加了苛刻的政治条件，欧洲的所有亲苏国家都被排除在外。〔2〕相较之下，新中国成立初期，中国刚刚经受了帝国主义国家的百年侵略，又经历多年的反法西斯战争，亟需着力恢复国内经济建设，但仍然无私地对其他发展中国家开展援助，坚持不附带任何政治条件，当时的援助意图主要是基于帮助第三世界国家实现独立、摆脱生产生活困境的朴素的国际主义精神。尽管改革开放以后我国的对外援助工作进行了适度调整，但中

---

〔1〕 参见金卫星：《马歇尔计划与美元霸权的确立》，载《史学集刊》2008 年第 6 期。

〔2〕 参见王义桅：《"一带一路"：机遇与挑战》，人民出版社 2015 年版，第 28 页。

国开展对外援助的基本原则没有变化，即坚持把对外援助视为发展中国家之间的相互帮助，注重实际效果，照顾对方利益，通过开展与其他发展中国家的经济技术合作，着力促进双边友好关系和互利共赢。[1]

第二，援助对象不同。根据美国《1948 年对外援助法》的规定，美国"马歇尔计划"的"参与国"（Participating Country）包含两大类：一类是于 1947 年 9 月 22 日在巴黎签署《欧洲经济合作委员会报告》（Report of the Committee of European Economic Cooperation）的国家及其管理的附属地区，另一类是其领土全部或者部分属于欧洲的其他国家及其管理的附属地区，这就大大限制了"马歇尔计划"实施的地域范围，加之美苏之间逐渐明显的阵营冲突，导致波兰、捷克等部分曾有意加入"马歇尔计划"的东欧国家最终没能成为"马歇尔计划"的参与国。[2]最终，"马歇尔计划"的受援国范围极为有限，其资金流向了 16 个西欧国家，确切地讲，主要是流向了英国、法国、意大利等西欧资本主义强国。[3]因而，"马歇尔计划"的实质更是发达国家之间的相互援助与结盟行动。中国对外援助的受援方范围具有广泛性，遍布亚洲、非洲、拉丁美洲、大洋洲和欧洲各个大洲，除紧急人道主义援助之外，中国对外援助的援助对象均为发展中国家或地区，其中经常性接受中国援助的发展中国家达到 123 个。[4]因而，从中国的援助对象可以发现，中国的对外援助属于发展中国家之间的经济合作。

第三，援助持续性不同。美国的"马歇尔计划"是一项为期四年的短期援助计划，并不具有长期性与持续性，体现了"马歇尔计划"的战略性与非发展性。中国对外提供援助则主要是以满足受援方的生产生活需求为基本原则，除曾撤回个别索要无度、以怨报德的受援方的援助专家之外，对绝大部分国家的援助具有长期性与持续性，意在帮助受援方增强自身"造血能力"，促进受援方经济社会发展，体现了中国对外援助的发展特质。

---

〔1〕 参见中华人民共和国国务院新闻办公室编：《中国的对外援助》，人民出版社 2011 年版，第 5 页。

〔2〕 See Charles P. Kindleberger, "The Marshall Plan and the Cold War", *International Journal*, Vol. 23, No. 3. , 1968, pp. 369–382.

〔3〕 See Curt Tarnoff, "Marshall Plan: Design, Accomplishments, and Relevance to the Present", *CRS Report for Congress*, January 6, 1997.

〔4〕 参见中华人民共和国国务院新闻办公室编：《中国的对外援助》，人民出版社 2011 年版，第 17 页。

第三节 "一带一路"与中国对外援助的互动关系

一、"一带一路"下中国对外援助的基本定位

（一）对外援助与"一带一路"具有一致的合作导向

随着全球化的不断演进，不同国家、不同民族、不同群体之间的利益联系变得既普遍又复杂，一国的发展和治理问题，可能演变成为另一国的安全问题，9·11事件就是一个非常典型的案例。正是由于全球化背景下的跨国交往不可避免，不同的国家、地区、群体之间的相互依赖已经成为一种必然。因而，当我们生活在一个相互依赖的时代，[1]对人类面临的普遍性问题或者可能产生全球影响的局部问题采取集体行动，便存在逻辑上的正当性。

贫困问题，是人类面临的普遍问题，同时也是足以对非贫困地区产生负面影响的外部挑战：一方面，欠发达地区因贫困而无法获得基本的生活与生存条件，影响到受教育权，缺乏基本的医疗资源和服务，也无法像发达地区的居民一样获得相对体面而有尊严的生活；另一方面，贫困容易滋生歧视、腐败、传染病、环境污染、恐怖主义、战争等次生问题，不仅对欠发达地区造成直接危害，同时也会导致次生问题的跨境传播，并进而引发全球性灾难。可以说，挣脱贫困和死亡的逃亡，是人类历史上最伟大的逃亡。[2]因而，发展中国家或地区如何摆脱贫困成为当前人类共同面临的重要课题，人类寄希望于通过实现经济发展来摆脱贫困。

通过经济发展实现减贫存在诸多的方案，有的学者主张通过外国援助的方式帮助发展中国家解决贫困问题，例如，萨克斯（Jeffrey D. Sachs）指出，许多贫困人口被困于"贫困陷阱"中，难以通过自身的努力来实现脱贫，需要外部的帮助来开启经济发展的阶梯。[3]有的学者认为外部援助无法终结

---

〔1〕 参见［美］罗伯特·基欧汉、约瑟夫·奈：《权力与相互依赖》，门洪华译，北京大学出版社2012年版，第3页。

〔2〕 参见［美］安格斯·迪顿：《逃离不平等——健康、财富及不平等的起源》，崔传刚译，中信出版社2014年版，第1页。

〔3〕 See Jeffrey D. Sachs, *The End of Poverty: Economic Possibilities for Our Time*, The Penguin Press, 2005, pp. 19-25.

贫困，只有基于市场经济中个人与公司的本土改革和发展才能达到减贫的目的，[1] 有的学者甚至认为援助对于非洲的发展不仅无益，反而有害，[2] 认为应通过发展中国家自力更生的自由市场模式来实现发展。有的学者则主张应客观地看待援助与其他经济合作模式，将发展援助、贸易和投资进行结合，利用所有可得的金融工具并引入新的和创新性的工具来应对消除贫困和转变产业结构所带来的挑战。[3] 尽管存在上述争议，然而，无论是通过援助的方式，还是通过市场的方式，抑或是通过两者复合的模式，基于国家之间的相互合作为发展中国家提供发展资金从而为其提供发展支持，并进而减少贫困是基本的思路。

中国基于自身的发展历程和发展经验，提出通过共建"一带一路"与共建国家（地区）开展经济合作，既是自身发展的需要，同时也回应了合作国与全球经济的增长需求。根据世界银行的研究，"一带一路"倡议将使相关国家 760 万人摆脱极端贫困、3200 万摆脱中度贫困，并将使全球收入增加 0.7% 到 2.9%。[4] 因而，"一带一路"倡议以实现共同发展为目的，以经济合作为基本路径，已经成为通过经济合作促进全球发展实现减贫的全球公共产品。[5] 同样，中国通过向其他发展中国家提供对外援助，增强受援国的发展能力，优化发展伙伴关系，也是希望通过合作途径帮助其落实可持续发展议程，实现共同繁荣。[6]

可以说，对外援助与"一带一路"倡议都是立足于合作来促进发展，最终实现减贫的目的，两者具有共同的发展目标，也共享相同的实现路径，在价值和路径导向上具有高度一致性。

〔1〕　参见［美］威廉·伊斯特利：《白人的负担：为什么西方的援助收效甚微》，崔新钰译，中信出版社 2008 年版，第 297 页。

〔2〕　参见［赞比亚］丹比萨·莫约：《援助的死亡》，王涛等译，世界知识出版社 2010 年版，第 33 页。

〔3〕　参见林毅夫、王燕：《超越发展援助：在一个多极世界中重构发展合作新理念》，宋琛译，北京大学出版社 2016 年版，第 3 页。

〔4〕　参见世界银行：《"一带一路"经济学：交通走廊的机遇与风险》，2019 年 6 月 18 日发布。

〔5〕　参见中华人民共和国国务院新闻办公室：《新时代的中国与世界》，人民出版社 2019 年版，第 29 页。

〔6〕　参见中华人民共和国国务院新闻办公室：《新时代的中国国际发展合作》，人民出版社 2021 年版，第 7 页。

（二）对外援助是独立于"一带一路"的经济合作形式

中国的对外援助始于新中国成立初期，其本质是发展中国家之间以经济技术合作为主要形式的南南合作。尽管对外援助的开展往往附带着一定的外交与经济目的，但中国对外援助长期秉持互帮互助、不求回报的原则，这与国际贸易、国际投资等以经济获益为直接导向的经济合作形式存在本质差异。因而，在长期的对外援助实践中，无论是中国还是其他援助国，都将对外援助作为一种区别于贸易、投资的独立经济合作形式。特别是经过七十多年的发展，中国的对外援助已经形成了相对系统的政策原则体系和相对固定的援助方式体系，成为一种独立的经济合作形式。

尽管在中国提出"一带一路"倡议之后，有关部门提出"加大对'一带一路'共建和周边重点受援国（地区）的援助力度，新增援助资金主要向'一带一路'共建国家（地区）和周边国家（地区）倾斜"等四个方面的举措，以通过对外援助工作推进"一带一路"实施，但这并未使对外援助与"一带一路"形成种属关系。例如，中国在 2014 年发布的《中国的对外援助（2014）》白皮书中，仍然保留了中国对外援助的独立地位，并未将对外援助与"一带一路"相混淆。当然，考虑到"一带一路"的推进效果，我国的对外援助工作确实回应了"一带一路"合作的相关需求，但并未影响对外援助的目标、基本定位和基本性质。[1]

此外，对外援助仍将以其独立、独特的经济合作地位，继续在"一带一路"合作无法覆盖的领域发挥作用：一方面，中国积极向非"一带一路"合作国家提供援助，有利于为中国与世界的良性互动提供坚实基础。例如，中国在新冠疫情全球蔓延阶段，不仅向"一带一路"共建国家（地区）提供了力所能及的援助，也向西班牙、法国、美国等尚未与中国签署"一带一路"协议书的发达国家提供了力所能及的援助。另一方面，"一带一路"合作主要是经济合作及或与经济合作紧密相关的合作领域，中国的对外援助主要是经济技术援助合作，但基于受援方的援助需求，还可以延展到救灾、制度、安全等非经济合作领域的援助。

---

［1］ 参见曹俊金：《"一带一路"背景下我国援外政策的建构与表达》，载《学习与实践》2018年第 4 期。

（三）中国依托"一带一路"合作平台加大对外援助力度

在"一带一路"框架下，中国注重与合作国开展互联互通、产能合作、贸易投资等重点领域的务实合作，也重视推动共建国家（地区）之间多种形式的人文交流，实现经济和文化的共同繁荣发展。[1] 应当明确的是，"一带一路"合作是一项合作倡议，但难以认为是创设了一种新的合作形态，而是贸易、投资、援助、金融、产能、环保、减贫等传统合作形式与新兴合作形式的综合体。因而，中国对"一带一路"合作伙伴开展的部分对外援助被有机地整合到"一带一路"合作项目之中，使得"一带一路"合作形式更加丰富、内容更加丰满、成果更为丰硕。

值得指出的是，"一带一路"合作不仅关注设施联通、贸易畅通，同时也关注民心相通。在"一带一路"推进过程中，中国进一步加大对发展中国家的援助力度，援助规模快速提升。例如，在"一带一路"倡议提出之前，中国的对外援助规模随着中国经济持续快速增长同步实现了快速增长，2004～2009 年平均年增长率为 29%，[2] 2010～2012 年中国对外援助金额为 893.4 亿元，[3] 3 年年均约 300 亿元人民币；"一带一路"倡议提出之后，我国对外援助更多向亚洲、非洲地区最不发达国家和"一带一路"发展中国家倾斜，稳步提高对外援助资金规模，2013～2018 年，中国对外援助金额达到 2702 亿元人民币，[4] 6 年年均达到 450 亿元人民币。依托"一带一路"合作平台开展对外援助，一方面，既能更为清晰地了解合作国的经济援助需求，从而更有针对性地为合作国提供发展援助，以优化其经济发展生态；另一方面，"一带一路"倡议的推进使得合作国的民生问题得到更为广泛的关注，并进一步提升了在民生、救灾、减贫等社会民生领域的援助力度与资金规模。

---

〔1〕　参见推进"一带一路"建设工作领导小组办公室：《共建"一带一路"：理念、实践与中国的贡献》，载 https://www.yidaiyilu.gov.cn/zchj/qwfb/12658.htm，最后访问日期：2023 年 2 月 23 日。

〔2〕　参见中华人民共和国国务院新闻办公室：《中国的对外援助》，人民出版社 2011 年版，第 4 页。

〔3〕　参见中华人民共和国国务院新闻办公室：《中国的对外援助（2014）》，人民出版社 2014 年版，第 2 页。

〔4〕　参见中华人民共和国国务院新闻办公室：《新时代的中国国际发展合作》，人民出版社 2021 年版，第 14 页。

二、中国对外援助对"一带一路"的正向效应

（一）对外援助有利于推进"一带一路"投资、贸易合作

"一带一路"倡议提出以来，我国与共建国家（地区）的经贸合作发展势头良好，2013~2018年我国与共建国家（地区）货物贸易进出口总额超过6万亿美元，年均增长率高于同期中国对外贸易增速，中国企业对共建国家（地区）直接投资超过900亿美元，在共建国家（地区）完成对外承包工程营业额超过4000亿美元。[1] 但成就与挑战并存，我国与"一带一路"共建国家（地区）的经贸合作主要集中于部分经贸合作伙伴［包括非共建国家（地区）］，如2019年第一季度我国与欧盟、东盟、美国、日本、韩国、中国香港、中国台湾、澳大利亚、巴西、俄罗斯联邦十大贸易伙伴进出口占比达到进出口贸易总额的80%；[2] 在对"一带一路"共建国家（地区）投资领域，2017年我国的对外直接投资主要集中于新加坡、哈萨克斯坦、马来西亚、印度尼西亚、俄罗斯、老挝、泰国、越南、柬埔寨、巴基斯坦、阿联酋等少数国家，这些国家占"一带一路"对外直接投资流量总额的88.2%，[3] 如此集中的投资地域流向至今没有发生变化。[4] 可以说，尽管我国与"一带一路"国家（地区）的经贸合作总体趋势向好、贸易投资规模不断扩大，但也存在经贸投资合作地理分布不平衡、多数共建国家（地区）经贸投资所占比例不高等问题，这也成为"一带一路"倡议后续推进的重要挑战。

---

〔1〕 参见推进"一带一路"建设工作领导小组办公室：《共建"一带一路"倡议：进展、贡献与展望》，载 https://www.yidaiyilu.gov.cn/zchj/qwfb/86697.htm，最后访问日期：2023年2月23日。

〔2〕 参见中华人民共和国商务部综合司、国际贸易经济合作研究院：《中国对外贸易形势报告》（2019年春季），载 http://zhs.mofcom.gov.cn/article/cbw/201905/20190502866408.shtml，最后访问日期：2023年2月23日。

〔3〕 参见中华人民共和国商务部：《中国对外投资发展报告2018》，2018年9月发布，第93~94页。

〔4〕 2022年1~9月，我国企业在"一带一路"共建国家非金融类直接投资1034亿元人民币，同比增长7.4%（折合156.5亿美元，同比增长5.2%），占同期总额的18.2%，较上年同期下降0.2个百分点，主要投向新加坡、印度尼西亚、马来西亚、巴基斯坦、阿拉伯联合酋长国、越南、泰国、柬埔寨、塞尔维亚和孟加拉国等国家。参见商务部：《2022年1-9月我对"一带一路"沿线国家投资合作情况》，载 http://www.mofcom.gov.cn/article/tongjiziliao/dgzz/202210/20221003363213.shtml，最后访问日期：2023年2月23日。

一方面，"一带一路"共建国家（地区）大都属于经济不发达国家，贸易便利化程度普遍较低，客观上存在较大的投资、贸易限制。以尼泊尔、缅甸等邻国为例，落后的经济基础设施、稀缺的电力资源、不合理的产业结构和滞后的交通设施成为其发展本国工业及进出口贸易的重大瓶颈。巨大的贸易与投资成本成为"一带一路"合作的重要阻碍，在中小发达经济体的额外经济援助难以期待的情况下，中国必须做好开展援助的物质与心理准备。

另一方面，"一带一路"共建国家（地区）的营商环境整体不足，限制了我国在这些国家的贸易投资往来。目前，世界银行通过对设立企业、办理施工许可证、电力获取、登记财产、获得信贷、保护少数投资者、缴纳税收、跨境贸易、合同实施以及破产办理十个指标进行打分，以作为全球经济体营商环境适宜度等级的衡量因素。[1] 根据前述指标，世界银行 2019 年对全球 190 个经济体进行了排名，不少"一带一路"共建国家（地区）的整体营商排名均较为靠后，如塔吉克斯坦排名 106 位、巴基斯坦排名 108 位、柬埔寨排名 144 位、老挝排名 154 位、缅甸排名 165 位、阿富汗排名 173 位。[2] 以国内政治及社会环境较为温和的老挝为例，其新设企业需要 174 天，办理施工许可证需要 92 天，申请获取电力需要 105 天，每年需缴税 35 次，平均实施合同的时间为 828 天。[3] 营商环境欠佳还一定程度上增加了经济合作的法律风险，尽管制度设计者具有提升营商环境和完善制度建设的强烈愿望，但往往缺乏相应的人才储备和资金支持，致使营商环境和法治建设进展缓慢。

"一带一路"倡议的推进既需要制度保障，也需要物质保障。基于多数共建国家（地区）经济基础设施与营商环境并不理想的现实，深入推进"一带一路"合作存在物质与制度双重障碍，政策沟通、设施联通、贸易畅通、资金融通、民心相通的实现一定程度上依赖于中国在资金、人力、技术方面的援助。对外援助既可以在推动贸易便利化、引导产能合作方面发挥作用，[4]

---

〔1〕 See The World Bank, "Rankings & Ease of Doing Business Score", https://www. doingbusiness. org/en/rankings, last visited on Mar. 20, 2022.

〔2〕 See The World Bank Group, Doing Business 2020: Comparing Business Regulation in 190 Economies, 2019, p. 4.

〔3〕 See The World Bank Gronp, Doing Business 2019: Training for Reform, 2018, p. 183.

〔4〕 参见宋微：《对外援助推动"一带一路"经贸合作的路径》，载《中国国情国力》2019 年第 2 期。

也可以对受援国提升营商环境和法治指标产生效果。[1] 因而，在"一带一路"推进过程中，对外援助可以成为消除经贸合作限制的重要贡献因素。

（二）对外援助有利于提升"一带一路"民心相通

民心相通是"一带一路"的合作重点与主要内容之一，是"一带一路"建设的社会根基。[2] 重视并抓好民心相通工作，对推进"一带一路"建设、促进共建国家（地区）共同发展、推动构建人类命运共同体具有重要深远意义。[3] 然而，一方面，语言不通、文化差异较大以及相关地区的宗教与国际势力复杂等客观现实往往成为我国与"一带一路"共建国家（地区）之间增进民间了解与互信的不利因素；另一方面，部分海外媒体关于中国形象的不实负面报道、国家间竞争引发的对中国的污名化手段等人为因素也成为阻碍民心相通的重要因素。

民心相通是人类命运共同体落地生根的必由之路，中国的全球治理政策是否可以获得广泛的公众支持，其决定因素就是民心相通。[4] 特别是在新冠疫情之初，为了防止疫情进一步蔓延，世界各国都以"内防扩散、外防输入"为基本防控选择，并相继采取了不同程度的"封城""封国"措施，这些防控措施在隔离病毒的同时也不可避免地限制了人员、资本的跨境流动，不仅影响一国内部的经济发展和社会稳定，也可能冲击国家间政治、经济和外交关系，乃至加速推动"逆全球化"的趋势，[5] 一定程度上对"一带一路"的民间交流与促进民心相通造成了负面影响。当前，尽管新冠疫情对全球交流的负面影响已经逐渐减弱，但大国对抗、俄乌冲突以及贸易单边主义思潮等对全球的政治、经济、安全带来了巨大的不确定性，也给全球的交往与交流带来了挑战。如何在当前的全球大背景下实现"一带一路"民心相通，已

---

〔1〕　See James Filpi, Luke Murry, "United States Foreign Assistance: Beyond Good Intentions and Toward Accountability", *ILSA Journal of International & Comparative Law*, Vol. 22, 2016, p. 508.

〔2〕　参见国家发展改革委、外交部、商务部：《推动共建丝绸之路经济带和21世纪海上丝绸之路的愿景与行动》，2015年3月28日发布。

〔3〕　参见王亚军：《民心相通为"一带一路"固本强基》，载《行政管理改革》2019年第3期。

〔4〕　参见张胜军：《民心相通：新时代中国特色大国外交的理论特质和重要原则》，载《当代世界》2019年第5期。

〔5〕　参见樊吉社：《疫情全球扩散对我国的影响及应对》，载《学习时报》2020年3月18日，第A2版。

经成为人类命运共同体构建的重要课题。

相对于其他的双向、交互的政治经济合作,对外援助更加受到受援方的欢迎。对于教育、文化、民生、医疗以及救灾等领域的援助,也更能收获受援方和当地居民的好感,有利于双方在民间层面建立深度的理解与互信。例如,中国在 20 世纪 70 年代在非洲援建的坦赞铁路,使当地很多人与中国的工程技术人员结下了深厚的情谊;同样地,新冠疫情防控期间,在塞尔维亚向我国提出疫情援助需求时,尽管当时我国国内仍然面临巨大的疫情防控压力,但仍然向其提供了力所能及的抗疫援助,收获了塞尔维亚官方和民间的好感。可以说,中国提供的对外援助,特别是通过实施民生领域的援助,形成了相互欣赏、相互理解、相互尊重的人文格局,筑牢了共建"一带一路"的社会基础。[1]

(三) 共同促进人类命运共同体构建

人类命运共同体,顾名思义,就是每个民族、每个国家的前途命运都紧紧联系在一起,应该风雨同舟,荣辱与共,努力把我们生于斯、长于斯的这个星球建成一个和睦的大家庭,把世界各国人民对美好生活的向往变成现实。[2]尽管理论界对于人类命运共同体理念的形成与发展阶段存在不同认识,但从学者的考证来看,2012 年 11 月 8 日胡锦涛在中共十八大报告中首次使用了人类命运共同体的概念,2013 年 3 月 23 日习近平在莫斯科国际关系学院发表演讲时第一次向世界传递了对命运共同体概念的理解,此后习近平在不同场合使用并阐释人类命运共同体的内涵。[3]可以发现,人类命运共同体概念的提出稍早于"一带一路"倡议,为"一带一路"倡议提供了重要的理念指引,而"一带一路"倡议也正成为构建人类命运共同体的重要实践平台。[4]

从中国对外援助的实践来看,尽管长期以来西方学者对我国的援外政策目标提出了不少质疑,但实际上,我国长期以来对其他国家的对外援助属于兄弟间的互帮互助,具有兄弟间的互帮互助精神,而非计较政治或经济回报。

---

〔1〕 参见中华人民共和国国务院新闻办公室:《新时代的中国国际发展合作》,人民出版社 2021 年版,第 29~30 页。

〔2〕 参见习近平:《习近平谈治国理政》(第三卷),外文出版社 2020 年版,第 433 页。

〔3〕 参见周安平:《人类命运共同体概念探讨》,载《法学评论》2018 年第 4 期。

〔4〕 参见推进"一带一路"建设工作领导小组办公室:《共建"一带一路"倡议:进展、贡献与展望》,载 https://www.yidaiyilu.gov.cn/zchj/qwfb/86697.htm,最后访问日期:2023 年 2 月 23 日。

正如原对外援助主管领导方毅同志向当时的国务院领导上报《援外工作情况及今后安排的请示报告》时指出：我国的援助是本着无产阶级国际主义的原则，不附带任何条件的，援外项目……促进了受援国家经济的独立发展，加强了和兄弟国家的团结，发展了和民族主义国家的友好关系，提高了我国的国际信誉……这是我们义不容辞的国际主义义务。[1] 从援助效果上而言，我国为广大发展中国家提供资金、技术、人员、智力等方面的援助，帮助受援国增强自主发展能力，为促进当地经济社会发展、改善民众生活作出了很大贡献。[2] 可以说，在人类命运共同体理念形成与提出之前，中国的对外援助是对人类命运共同体理念的实践探索；而在人类命运共同体理念提出之后，中国对外援助逐渐转型升级，新时代的中国对外援助是对人类命运共同体理念的践行与落实。

因而，尽管"一带一路"倡议与中国的对外援助之间存在差异，但两者也存在理念共通之处，即特别是"一带一路"倡议与新时代的中国对外援助，均是以人类命运共同体理念为基础，并以构建人类命运共同体为终极目标，中国能够通过推进对外援助，与"一带一路"产生协同效应，共同推进人类命运共同体构建。

三、中国对外援助与"一带一路"的融合促进

（一）促进对外援助与"一带一路"的话语互动

中国在进入新时代以后，着力推进对外援助转型升级，以此作为中国构建新型国际关系的重要抓手。《新时代的中国国际发展合作》以白皮书的形式确立了"国际发展合作"的用语，是中国推动对外援助转型升级的"标志性"步骤。中国着力推动"对外援助"向"国际发展合作"转型升级，既可能考虑到中国贡献全球可持续发展的话语转型，也可能考虑到与西方在发展援助话语上的互通。

考虑到"一带一路"包含了贸易、投资、基础设施、产能开发、援助等

---

[1] 参见《方毅文集》编辑组编：《方毅文集》，人民出版社2008年版，第49~50页。

[2] 参见中华人民共和国国务院新闻办公室：《新时代的中国与世界》，人民出版社2019年版，第32页。

一系列基于发展目的的国际合作形态，中国的"对外援助"，特别是"国际发展合作"更是体现了发展的导向，能与"一带一路"倡议的可持续发展目标与人类命运共同体理念形成话语上的良好互动。目前，对外援助的有关白皮书中已经充分重视引入"一带一路"倡议及其话语。在"一带一路"倡议推进过程中，也需要在战略、政策、实践等融合对外援助甚至是"国际发展合作"话语，使得"一带一路"与对外援助通过双向的话语互动实现效果协同。

（二）提升对外援助与"一带一路"的对接

战略是对历史的总结、当前的把握和未来的选择，国际战略已逐渐成为实现国家战略利益最重要的工具之一，适宜的国际战略是造就或维系大国重要地位的核心要素。[1]对外援助既是一种重要的外交政策工具，同时也是国家之间通过合作实现发展的重要手段。因而，自觉和妥善地将对外援助用作战略工具是对外战略应有的核心之一，中国对外援助面临的最大困扰是如何保持伦理需要与战略需要之间的平衡。[2]

我国目前尚未形成系统的、明确的对外援助战略体系，对外援助战略理论也缺乏相应的理论支持。例如，有学者明确指出，中国尚未制定清晰的对外援助战略，缺乏清晰的对外援助政策目标，导致对外援助在受援国选择、政策目标实现、援助方式、援助资金等诸方面都存在一些失误；[3]也有学者认为我国援外战略理论支撑不足，应通过科研激励、人才培养、学科复合等推进对外援助战略规划体系研究。[4]国外的部分学者也直截了当地指出，中国目前并未形成总体的对外援助战略，而是由其国内不同援助机构基于各自利益设定不同的目标与议程。[5]由此可见，中国对外援助战略规划体系已经成为新时代中国对外援助工作推进的短板，有必要结合中国的总体发展要求构建援外战略规划。

就目前的实际情况而言，新时代的中国对外援助和"一带一路"倡议在

---

〔1〕　参见门洪华：《中国国际战略导论》，格致出版社、上海人民出版社2017年版，第1页。

〔2〕　参见时殷弘：《对当前中国对外经济战略的思考》，载《国际经济评论》2003年第6期。

〔3〕　参见胡再勇：《新时期中国对外援助战略研究》，载《国际经济合作》2014年第2期。

〔4〕　参见何霁赟、李庆四：《新时代中国对外援助面临的挑战及改革路径》，载《中共中央党校（国家行政学院）学报》2019年第3期。

〔5〕　See Merriden Varrall, "Domestic Actors and Agendas in Chinese Aid Policy", *The Pacific Review*, Vol. 29, No. 1., 2015, p. 1.

人类命运共同体理念和可持续发展目标上具有高度契合性，且两者在推进思路方面存在一致性，因而能够对人类命运共同体理念和可持续发展目标的实现产生更好的协同效应。具体而言，我国应当以人类命运共同体理念为指引，以可持续发展为目标，形成综合性的对外援助战略；结合"一带一路"倡议合作重点区域和合作重点领域，分别制定我国对外援助的地区援助战略与部门援助战略，以此建立新时代中国对外援助战略框架体系，使得对外援助战略与"一带一路"倡议在发展理念、发展目标和发展落实中形成有效的协同，在发展战略上进行充分对接。

（三）协同增进贡献人类命运共同体构建的制度实效

无论是"一带一路"倡议的推进，还是对外援助战略的落实，制度的作用都是不能忽视的。"一带一路"倡议提出以来，形成了许多的国内文件和国际文件，有些是约束性的，有些是标准性的，有些是倡导性的，有些是意向性的，可以说已经形成了"一带一路"制度集合。但前已述及，"一带一路"是传统合作形式与新兴合作形式的综合体，其本身不可能重新建立一套独立的制度体系和组织体系。"一带一路"在制度建设上不仅需要建立新的制度设计和组织安排，也需要依托现有的经贸合作制度与组织安排。"一带一路"与相关经贸合作的制度协同，是"一带一路"倡议和有关经贸合作工作制度的实效保证，这必然涉及与现行经贸合作制度和组织安排的融合对接问题。

如何形成"一带一路"与对外援助的制度协同？需要以人类命运共同体构建为理念引领，做到同向发力。一方面，在"一带一路"相关制度创设时，需要结合对外援助的战略、政策、法律、体制与机制，将对外援助相关制度抽象、融合到"一带一路"总体制度框架。另一方面，对外援助的制度设计与发展，也应当回应"一带一路"制度的新要求，在具体政策、法律制度、体制机制上与"一带一路"的要求形成协同，通过制度和组织协同增进"一带一路"和新时代中国对外援助的开展成效，共同促进人类命运共同体的构建。

对外援助与"一带一路"（二）：实践

第一节　国别援助实践：中国对老挝援助的考察

一、国别援助政策的必要性

由于"一带一路"倡议涉及国家数量众多，覆盖区域广泛，不同的受援方之间具有不同的援助需求，因而国别援助政策是对外援助应当重点关注的。

国别政策反映了国别问题研究的成果，是国别研究的制度表现。从国别研究的动机而言，实际上经历了三个发展阶段，第一是资本主义以殖民拓展为需求的起始阶段，随着资本主义体系在世界范围内的扩展，以英国、法国等为代表的欧洲殖民列强需要增进对于广大非欧洲地区的了解，包括这些地区中各个政治实体的历史、语言、经济形态、政治组织、文化习俗等诸多方面，以服务于殖民开拓活动。[1] 第二阶段是以权力竞争为需求的发展阶段，二战以后，美苏两大阵营迅速拉开了竞争对抗的架势，这就使其不能不深入研究互为敌手的对方的一切，为了在冷战中占得上风和遏制对方的扩张，美苏还竭力竞相争夺两大阵营之间广大的中间地带，因而不得不研究这些地区的政经情况和形势，不得不了解其历史、文化、语言、社会等。[2] 可以说，以国家间权力竞争为需求的国别、地区研究促成了美国国别研究的大发展，

---

〔1〕　参见任晓、孙志强：《区域国别研究的发展历程、趋势和方向——任晓教授访谈》，载《国际政治研究》2020 年第 1 期。

〔2〕　参见任晓：《本土知识的全球意义——论地区研究与 21 世纪中国社会科学的追求》，载《北京大学学报（哲学社会科学版）》2008 年第 5 期。

并且随着美国综合影响力的提升在全球范围产生了广泛的学术影响。第三阶段是融入经济合作等多元需求的转型阶段。一方面，通过国别研究形成国别政策以服务本国海外政治利益的诉求仍然存在；另一方面，随着经济全球化的不断推进与冷战的结束，国家间关系逐渐从国际政治关系向国际经济关系转变，国别的历史、经济、文化、制度等问题已经超越传统强国通过国别研究推行其国际政治需求的范畴，合作伙伴之间都需要通过相互了解以推进经济、文化等各方面的合作与交流。尽管由于大国竞争、新冠疫情、俄乌冲突等因素，国际政治经济格局出现了巨大的变化，但经济全球化进程已经是一种不可逆的存在。关于国别问题的关注，既体现国家的利益诉求，同时也能通过国别研究了解合作国的发展需求，并在相互了解过程中实现更为紧密、高效的合作。

随着中国与世界各国的联系进一步紧密，中国积极推动新型伙伴关系建设。为深化与世界各国在各方面的深度合作，首先需要对其他国家进行更为深入的了解，因而有学者认为，中国近年来不断加大对国别与区域研究的支持力度，一方面是因为中国企业和公民日益走向全世界，需要保护我国在海外的国家利益，另一方面是因为中国主动实施"一带一路"倡议。[1] 值得指出的是，中国政府对国别问题的关注已经超越了对国别区域研究支持的层面，在对外投资合作领域，商务部目前已经推出 170 多个国家、地区的《对外投资合作国别（地区）指南》，为中国市场主体"走出去"、参与"一带一路"投资合作提供政策指引，这不仅是我国国别研究的重要成果，同时也是我国促进海外投资合作、推动经济全球化进展的重要政策举措。

在对外援助领域，商务部 2014 年发布的《对外援助管理办法（试行）》曾规定"商务部会同有关部门制订对外援助中长期政策规划和国别援助指导意见，经批准后执行"，国家国际发展合作署等三部门发布的《对外援助管理办法》也同样规定"国际发展合作署会同有关部门制定分国别援助政策，按照程序报批后执行"。可以发现，从国家对外援助主管部门角度而言，肯定了国别援助政策的积极意义。但除部分区域综合政策文件中存在零散的国别援助政策之外，目前国家层面并未公开颁布国别援助指导政策。

相比之下，其他传统援助国大都基于对受援方需求的研究与沟通，并依

---

〔1〕 参见李晨阳：《关于新时代中国特色国别与区域研究范式的思考》，载《世界经济与政治》2019 年第 10 期。

据本国的援助理念与援助规划，或多或少形成了相应的国别援助政策。本书通过对"一带一路"重要共建国家老挝的实地考察，比较中国、日本、韩国等对老挝的援助政策与援助实践，以此为基础对中国的国别援助政策建构提出政策建议。

二、国别援助实证考察：老挝

对外援助研究应结合援助国与受援方视角进行研究，从受援方当地获得第一手资料，能更为客观、全面地对中国的援外实践及政策进行研究与建议。笔者于 2019 年 7 月赴东南亚国家老挝进行了调研，下文以老挝的基本国情、老挝的国际援助情况为基础，就中国对老挝的援助进行记录与分析，进而为我国国别援助政策的建构提出建议。

（一）老挝国情概要

老挝是位于中南半岛北部的内陆国家，北邻中国，南接柬埔寨，东临越南，西北达缅甸，西南毗连泰国，土地面积 23.68 万平方公里，2021 年总人口733.8 万，华侨华人约 7 万多人。国内共 50 个民族，分属老泰语族系、孟—高棉语族系、苗—瑶语族系、汉—藏语族系，统称为老挝民族，通用语为老挝语，居民多信奉佛教。19 世纪末期开始，老挝成为法国的海外殖民地，1940年被日本占领，于 1945 年宣布独立建立老挝王国，但不久后陷入长期内战，直到 1975 年 12 月 2 日成立老挝人民民主共和国并存续至今。老挝实行社会主义制度，人民革命党是老挝唯一政党和执政党，国会是国家最高权力机构和立法机构，负责制定宪法和法律。老挝国内有锡、铅、钾盐、铜、铁、金、石膏、煤、稀土等矿藏，水利资源丰富，产业结构以农业为主，工业基础薄弱，服务业起步较晚，基础也相对薄弱，旅游业成为老挝经济发展的新兴产业。在对外关系方面，老挝奉行和平、独立和与各国友好的外交政策，主张在和平共处五项原则基础上同世界各国发展友好关系，重视发展同周边邻国关系，改善和发展同西方国家关系，为国内建设营造良好外部环境。[1]

---

〔1〕　参见中国外交部：《老挝国家概况》，载 https://www.fmprc.gov.cn/web/gjhdq_676201/gj_676203/yz_676205/1206_676644/1206x0_676646/，最后访问日期：2023 年 3 月 1 日。

（二）老挝与外国援助

老挝属于最不发达国家之一，也是被 OECD/DAC 纳入官方发展援助受援国清单的重要受援国，每年接受大量的外国援助资金，援助资金是其国际发展融资的重要来源。因而，在对外关系处理上，2016 年老挝人民革命党"十大"重申继续坚持"少树敌、广交友"外交政策，保持同越南的特殊团结友好关系，加强与中国全面战略合作，加强与东盟国家睦邻友好，积极争取国际经济和技术援助。[1]

老挝接受援助的历史可以追溯到 20 世纪 50 年代法国殖民时期以及美国以击败共产主义为目标的军事援助，特别是在 1955～1971 年期间，美国为阻止老挝成为社会主义国家，给予老挝的援助额高达 7.7 亿美元，成为老挝最大的援助国，占老挝受援助总量的 83.5%。[2] 20 世纪 70 年代中期老挝人民民主共和国建立初期，老挝政府主要依靠社会主义国家的援助维持财政，[3]中国成为 20 世纪 70 年代老挝最大的援助国，20 世纪 80 年代苏联和其他经互会国家成为老挝的主要援助方，这一时期来自社会主义国家的援助成为老挝外国援助的主要组成部分。"20 世纪 80 年代后期，老挝在国内困境与国外压力的双重影响下，开始了市场化改革，所有制政策、经济运行机制和对外经济政策都发生了根本性的调整，实行对外开放的政策。"[4]特别是进入 20 世纪 90 年代后，老挝政府采取了全方位对外开放的方针和政策，除继续向社会主义国家求助外，还努力争取西方国家的援助和合作。[5]受益于外国投资和大量的国际援助资金，老挝的经济实现了快速的增长，其 GDP 自 2002 年的 17.6 亿美元上升到 2021 年的 188.3 亿美元（2021 年较 2020 年有所下降），[6]正是由于其经济快速发展，也导致近年来国际援助资金的比例在其财政收入

---

〔1〕　参见中国外交部：《老挝国家概况》，载 https://www.fmprc.gov.cn/web/gjhdq_ 676201/gj_ 676203/yz_ 676205/1206_ 676644/1206x0_ 676646/，最后访问日期：2023 年 3 月 1 日。

〔2〕　参见上海国际问题研究院课题组：《中国与老挝发展合作的评估与展望》，载 http://www.siis.org.cn/Research/Info/4017，最后访问日期：2021 年 12 月 8 日。

〔3〕　参见申旭、马树洪编著：《当代老挝》，四川人民出版社 1992 年版，第 211 页。

〔4〕　蒋卓成：《老挝革新经济的措施与成效》，载《衡阳师范学院学报》2013 年第 4 期。

〔5〕　参见申旭、马树况编著：《当代老挝》，四川人民出版社 1992 年版，第 212 页。

〔6〕　参见世界银行网站数据，载 https://data.worldbank.org/indicator/NY.GDP.MKTP.CD? locations = LA，最后访问日期：2023 年 3 月 1 日。

中的占比有所下降。根据老挝国家银行发布的 2018 年年度经济报告，2018 年老挝财政总收入为 239 437.9 亿基普，其中国内收入达 217 956.6 亿基普，国际援助达 21 481.3 亿基普，国际援助资金约占财政总收入的 9%。[1] 可以说，国际援助资金在老挝的经济发展过程中起到了重要的作用，但由于诸多国家、国际组织及非政府机构进行了各种不同的援助，导致中国对于老挝的援助既存在与其他援助者的竞争，也可能从其作为受援国的角度形成不同援助者之间的优劣比较，这也对中国的援助形成了一定的挑战。

　　中国对老挝的援助大致经历了前后两个阶段：第一阶段是 1956～1979 年的阶段，这一阶段中国共向老挝提供 9.65 亿元人民币的援助[2]，其中无息贷款 9900 万元，无偿援助 86 660 万元，在上述援款项下，中国共承担成套项目 38 个，其中建成 29 个，中断 5 个，撤销 4 个。[3] 这一时期中国对老挝的援助为其反殖民斗争、民族独立及老挝人民民主共和国建立初期的发展需求作出了重要贡献。但是，由于受到周边国家关系的影响，20 世纪 70 年代末期中国与老挝的关系趋于紧张，中国对老挝的援助项目也部分中断甚至撤销。第二阶段是 20 世纪 80 年代末期至今的阶段，中老邦交正常化以后，中国逐渐恢复了对老挝的经济援助，特别是 2000 年江泽民访问老挝之后，中国对老挝的贸易投资与经济援助均得到了快速增长。具体的援助金额方面，从 1989 年中老关系正常化至 2000 年 11 月 11 日，中国共向老挝提供 60 054 万元援贷款或优惠贷款；[4] 2000 年以后至今的援助总额，目前没有确切数据，根据 AidData 的数据，2000～2017 年间中国对老挝存在外交目的的官方融资总额为 45 亿美元，包含基础设施、人道主义援助、财政支持、债务减免等不同类型的援助，这些资金中的绝大部分都属于官方发展援助性质的资金。可以说，中国已经成为老挝重要的经济合作国与援助资金来源国之一，特别是随着"一带一路"倡议的推进，老挝作为"一带一路"的重要共建国家与合作伙伴，也必将迎接更为优渥的发展契机。

---

　　〔1〕　参见商务部国际贸易经济合作研究院、中国驻老挝大使馆经济商务处、商务部对外投资和经济合作司：《对外投资合作国别（地区）指南：老挝》（2019 年版），载 http://www.mofcom.gov.cn/dl/gbdqzn/upload/laowo.pdf，最后访问日期：2020 年 12 月 8 日。

　　〔2〕　参见胡德坤、彭班：《试析中国对老挝的经济援助》，载《现代国际关系》2019 年第 7 期。

　　〔3〕　参见张瑞昆：《老挝外援简析——老挝经济探析之二》，载《东南亚纵横》2004 年第 2 期。

　　〔4〕　参见张瑞昆：《老挝外援简析——老挝经济探析之二》，载《东南亚纵横》2004 年第 2 期。

（三）中国对老挝援助的亲历感悟

1. 中国对老挝注重基础设施援助，能有效促进当地发展与民生

2016 年，上海国际问题研究院张海冰课题组赴老挝进行了实证调研，并在其研究报告《中国与老挝发展合作的评估与展望》中指出：中国对老挝的援助几乎涉及中国援外的所有 8 种方式，包括成套项目、一般物资、技术合作、人力资源开发合作、援外医疗队、紧急人道主义援助、援外志愿者和债务减免，其中成套项目等"硬"援助是最主要的援助方式，集中于交通、水电、电信、公共设施、教育、卫生以及农业等领域。[1] 经过笔者对中国援老挝项目的检索以及对老挝的实地考察，确认了前述报告的结论。

例如，在交通设施领域，昆曼公路老泰跨湄公河大桥项目、援老挝湄公河沿岸公路项目、昆曼公路老挝境内部分路段项目、援老挝纳堆至巴蒙公路北段修复项目等都属于中国政府对老挝开展的交通基础设施援建项目，提升了老挝交通基础设施水平，为老挝居民的出行与当地的发展提供交通便利，进一步促进老挝国内及其与邻国之间的互联互通。

又如，在医疗卫生领域，中国援建的琅勃拉邦老中友谊医院项目及后续援建项目均补充了当地的医疗卫生资源，获得了较好的反响。2018 年 4 月 10 日，中国援老挝琅勃拉邦医院升级改造项目可行性研究会谈纪要签约仪式在老挝卫生部举行，目标是将琅勃拉邦医院逐步打造成为老挝北方地区的中心医院，并且作为琅勃拉邦省医学院的教学医院。[2] 2023 年 1 月 14 日，该项目举行开工仪式，[3] 目前已正式开工建设。中国援助老挝玛霍索综合医院项目也于 2018 年 12 月正式开工建设，该项目是中国政府迄今对外援建的建设规模最大、床位数最多（600 床）、投资最大的医院。[4] 笔者在 2019 年赴老

---

〔1〕 参见上海国际问题研究院课题组：《中国与老挝发展合作的评估与展望》，载 http://www. siis. org. cn/Research/Info/4017，最后访问日期：2020 年 12 月 8 日。

〔2〕 参见中华人民共和国驻老挝经商参处：《中国援老挝琅勃拉邦医院升级改造项目可研会谈纪要顺利签署》，载 http://la. mofcom. gov. cn/article/jmxw/201804/20180402730470. shtml，最后访问日期：2023 年 3 月 3 日。

〔3〕 参见中华人民共和国驻琅勃拉邦总领事馆：《李志工总领事出席琅勃拉邦省医院升级改造项目开工仪式》，载 http://luangprabang. china－consulate. gov. cn/zlgxw/202301/t20230115_11007589. htm，最后访问日期：2023 年 3 月 3 日。

〔4〕 参见章建华：《中国援老挝玛霍索医院开工》，载 http://www. gov. cn/xinwen/2018－12/14/content_5348892. htm，最后访问日期：2023 年 3 月 3 日。

挝调研时，该医院正在改建过程中，目前一期项目已完成并移交老挝使用。

再如，在公共设施领域，包括政府办公、城市建筑、体育设施等各类公共设施援助，如援老挝国际会议中心项目、援老挝国家文化中心及更新维修项目、援老挝国家元首接待楼项目、援老挝国家体育场项目、援老挝凯旋门公园喷泉项目、援老挝国家电视台三频道及其改造项目、援老挝首都万象市中心城区点亮工程项目等，都是中国对老挝开展的公共设施援助项目，美化了老挝国内的城市形象，为老挝承办大型国内国际活动提供了支持，进一步丰富了老挝人民的文化与生活。

需要指出的是，尽管基础设施援建是中国对老挝援助的重点，但并非所有的大型基础设施项目都属于援建项目，应注意将中国对老挝的基础设施投资合作项目与援建项目进行区分。例如，磨万铁路就是属于中国与老挝合资建设的一个铁路项目，首都万象以北的南梦 3 号水电站也是两国的合作项目，其 80% 资金由中国进出口银行提供出口卖方信贷，20% 由老挝业主国家电力公司自筹。[1] 当然，也有部分项目采用了"政府优惠贷款+商业合作"的模式，如万象市 115/22KV 输变电项目就得到了中国政府优惠贷款资金支持。[2]

2. 中国在老挝企业积极履行社会责任，利用企业自有资金开展民间援助

笔者在老挝实地走访并调研了相关中国企业，在访谈过程中了解到在老挝中资企业不仅开展投资经营、承建政府援老项目，同时也积极履行企业的社会责任，利用企业自有资金为老挝当地开展援助，如为老挝当地援建校舍、与老挝当地职业技术院校合作开展技术培训等，成为中老两国人民沟通的桥梁。

此外，从当前的公开报道中，也可发现不少中国企业在老挝开展民间援助活动的事例。例如，参与中老铁路建设的中国电建水电十四局多次援建当地基础设施，该公司援建的老挝万荣县松沙瓦村饮水工程惠及 245 户村民，解决了当地村民 1225 人和 1 所农村学校师生的饮水安全问题；为嘎西县朋沙

---

〔1〕 参见中国水利电力对外有限公司：《中国进出口银行副行长一行视察老挝南梦 3 水电站》，载 http://www.cwe.cn/contents/important-news/7020.html，最后访问日期：2020 年 12 月 9 日。

〔2〕 参见中华人民共和国驻老挝经商参处：《中国优贷支持的万象 115KV 输变电项目举行开工仪式》，载 http://la.mofcom.gov.cn/article/zwminzu/201711/20171102674334.shtml，最后访问日期：2023 年 3 月 3 日。

瓦村小学操场填土、整平，为全校百余师生提供一个课余休闲放松的场所；为羊羔村寺庙填土，帮助僧人修建寺庙，为村民修建近千米便道并硬化，惠及周围几百余村民；为嘎西县政府修建羽毛球场，惠及公路局、能矿局、公安局等三十余政府职工……这些援建工作获老挝社会高度赞赏。[1]中国中工国际工程股份有限公司进入老挝以后，一直在扶贫、水灾救助、残疾人教育、体育和文化事业发展、中老文化交流等领域向老方提供不同形式的捐赠，还援建琅勃拉邦希望小学、湄公河班东内美综合码头、老挝主席府花园景观工程等，关注当地民生发展，为增进中老友谊作出了贡献。[2]在老挝遭遇各类突发灾害时，中国企业也能伸出援手、共克时艰，如2013年6月中国电建集团所属水电海外投资南俄5发电有限公司向南俄5水电站受库区蓄水淹没损失影响的36户家庭（约265人）提供了26 700公斤大米的援助；[3]2018年7月老挝南部阿速坡省由韩国SK建设公司承建的水电站项目发生大坝坍塌事故时，附近村庄被淹没，老中铁路有限公司、中国中铁二局、中国电建等多家中国企业参与了抢险救灾，帮助老挝度过难关，加深中老友谊。

当然，如何将中国的民间援助纳入中国的对外援助体系，并从政策层面进一步引导并促进民间援助，通过民间援助来更好地实现"一带一路"倡议下的民心相通，仍需要今后进一步的思考与完善。

3. 中国与其他援助国在老挝的援助项目影响目标存在差异

从老挝实地调研的情况和当前公开披露的信息而言，我国之前在老挝的援助项目以基础设施援助项目为主，尽管基础设施援助项目为老挝当地的经济发展、民生保障作出了重大贡献，但大部分援助项目主要是基于对老挝政府或公共部门需求的对接，如援老挝国家文化中心项目、援老挝国家元首接待楼项目、援老挝国际会议中心项目、援老挝国家体育场项目等。这些援建项目确实从各个层面帮助老挝克服发展过程中遇到的挑战，但由于其难以真正下沉到老挝当地社会，因而援助项目的影响难以从老挝政府层面扩散到老

---

〔1〕 参见陈敏元、李欢：《中老铁路项目部援建当地基础设施助力经济发展》，载 https://14j.powerchina.cn/art/2018/1/9/art_809_141091.html，最后访问日期：2023年3月3日。

〔2〕 参见荣忠霞：《中国公司援建的老挝主席府花园景观工程交付》，载 http://www.xinhua-net.com/video/2014-03/28/c_1110002288.htm，最后访问日期：2020年12月10日。

〔3〕 参见中国电力建设集团有限公司：《中国电建向老挝水电站库区村民提供粮食援助》，载 http://www.sasac.gov.cn/n2588025/n2588124/c4147868/content.html，最后访问日期：2023年3月3日。

挝民众层面。以中国援助老挝的国家文化宫为例，该文化宫系由中国政府出资、中国云南国际经济技术合作公司负责承建，于 1999 年竣工并移交老挝政府使用，尽管该文化宫内举办了多次老挝政府的重要会议和社会团体举办的各类演出活动，但平时不少时间均闭门闲置，很少有普通老挝公民进行参观，老挝普通民众的援助获得感需要进一步评估。

相较之下，其他国家的援助项目兼顾了政府与社会民众需求，例如日本在万象市援建的图书馆，可以满足当地民众的阅读需求；对老挝援助的大量公共汽车，既贴近老挝人民生活，又成为日本对老援助的移动宣传品。韩国则在万象湄公河畔援建了公共游乐场，游乐场附近聚集大量商贩，成为万象著名的夜市，成功吸引了大量老挝公民和外来游客，提升了韩国援助知名度。此外，韩国在老挝小学援建的图书馆、帮助老挝开发和出版基础教育教材以及大量的乡村发展援助项目，都能将韩国的援助活动有效渗透到老挝人民的日常生活之中，提升了老挝普通民众的认知水平及其对韩国援助的认可度。

值得注意的是，随着"一带一路"倡议的推进和中国对外援助转型进程的加速，我国在对外援助的具体领域上也出现了一些转向，逐步增加了"小而美"的援助项目的比重。例如，国家国际发展合作署罗照辉署长撰文指出，现在我们注重引导受援方向"小而美"援外新思路靠拢，注重"授人以渔"，分享治国理政经验，多开展人力资源开发、文化教育等智援，并梳理"一带一路"项目建议和具体合作诉求，更加精准有力服务高质量共建"一带一路"。[1]

4. 中国与其他援助提供者在老挝的援助力量存在差异

为了更好地对老挝开展援助工作，外国援助机构在老挝万象市内建立了大量代表机构或海外办公室，既包括联合国（UN）、联合国粮农组织（FAO）、联合国开发计划署（UNDP）、国际农业发展基金（IFAD）及国际货币基金组织（IMF）等国际组织在老挝的协调联络机构，也包括日本、韩国、澳大利亚等国的对外援助机构在老挝设立的办事处。笔者在老挝调研期间访问了日本国际协力机构（JICA）和韩国国际合作署（KOICA）在老挝的办事处，了解到日本最早于 1967 年在老挝设立了从事援助业务的办事处，随着援

---

〔1〕　参见罗照辉：《大疫情背景下中国对外援助和国际发展合作》，载《国际问题研究》2022 年第 1 期。

助关系与援助机构的变迁，于 1996 年以 JICA 的名义在老挝建立海外办事处，该办事处在 2019 年有超过 40 名的员工，其中日本籍员工有 20 多名。韩国于 1991 年在老挝设立 KOICA 老挝办事处并启动对老挝的援助工作，该办事处在 2019 年有 20 多名员工，此外还有大量的志愿者加入到海外援助并协助办事处开展工作。

我国已经建立了专门负责对外援助的国家国际发展合作署，但目前并未在老挝建立海外办事机构。前已述及，我国对老挝的政府援助项目在立项之后由相关实施部门负责援外项目招投标工作，援外企业中标后依据政府采购协议进行建设。项目建设通常由我国驻老大使馆协助援外主管部门对援外项目进行现场管理与监督，具体工作由驻老大使馆经济商务处负责。按照我国驻老大使馆经济商务处官方网站的信息，至 2022 年 9 月其工作人员总数为 5 名，包含 1 名参赞，1 名二秘，2 名三秘，1 名随员，由 1 名三秘和 1 名随员负责援外相关事宜。我国近年来已经成为老挝的最重要的援助国之一，但相较于日本和韩国而言，既未设立专门的援助管理机构，在老挝的援助管理力量也不够充裕，难以为中国对老挝的援助工作提供组织和人力支持。

5. 中国对老挝援助的信息披露与流通有待提升

一方面，关于中国对老援助的项目信息"碎片化"较为严重，目前中国援外相关职能部门、驻老使馆等均未形成中国对老援助项目信息的集中发布平台，中国对老挝的援助总额、援助项目的时空分布等均未能通过官方渠道进行有效传送，只能通过国内相关部门、相关企业的新闻报导及国外的相关报导搜集援外项目信息；另一方面，由于中国并未在老挝建立推进对外援助工作的海外办事机构，因而老挝当地也难以通过与中国援助相关部门的信息流通与互动来了解并宣传中国的对外援助活动。[1] 中国对外援助信息披露问题也影响到中国企业的民间援助信息传播，例如中国不少采矿企业在老挝 2016 年遭遇罕见寒流天气影响时，主动购置棉被、棉衣和取暖设备给当地山民和村民等，但这些碎片化的企业援助行为均未得到中国政府和伙伴国政府的足够重视并加以积极有效的宣传。[2]

---

[1] 实际上，笔者在调研老挝期间，分别联系了我国驻老挝大使馆经济商务处、JICA 老挝办事处、KOICA 老挝办事处，在表明了身份之后，后两者接待了笔者并赠送了本国对老挝的援助宣传资料。

[2] 参见张海冰：《中国对外援助的转型和发展——基于柬埔寨和老挝实地调研的观察与思考》，载《复旦国际关系评论》2017 年第 1 期。

因而，我国在对老挝进行援助过程中，需要通过建立健全相应的援外信息制度促进中国对外援助在国际社会与受援方当地的传播，使得中国的对外援助产生更为积极的影响。

三、国别援助政策的建构逻辑

（一）以"一带一路"沿线受援方为基础，逐步健全国别援助政策体系

"一带一路"倡议合作范围广泛，几乎涉及全世界所有的区域。因而，一方面，中国推进不同层次的国际合作需要加强对外部世界的了解，需要弥补事实性知识的显著空缺，而这种空缺又主要是出现在特定地理区域；另一方面，不同的地理区域提出了各自不同的难题，或在世界上的不同地区出现了具有特定重点和紧迫性的不同问题，因而需要通过地区国别研究加以应对。[1]具体到对外援助领域，由于不同区域、国别存在固有的"本土化"制度、经济、文化环境，面临不同的生存与发展挑战，也涌现出不同的援助需求，需要通过加强援助国别研究、通过国别援助政策对援外工作提供指引。

从"一带一路"倡议的合作国家来看，其中的绝大部分国家属于发展中国家，并且有相当比例的最不发达国家。因而，我国与现有"一带一路"国家的经济合作以及对其中的受援方的经济援助同时推进这一现实，基本是难以分开的，那么如何制定中国的国别援助政策呢？目前可供参考的方案主要有二：

其一，对中国长期、持续提供援助的所有国家制定国别援助政策。日本采取了这种国别援助政策制定方式：一方面，日本认为亚洲是其立国之基，与亚洲国家之间的经济、政治互动对日本的安全与发展紧密相关，因而日本的《发展合作宪章》明确指出亚洲对日本而言是最为重要的援助区域，并对东盟、南亚、中亚、非洲、中东、中东欧、拉丁美洲及太平洋小岛国等区域按照实际情况制定了原则性的援助政策。另一方面，日本还根据其国别调研及与受援国达成的援助意向，对全世界八个地区（分别是东亚、南亚、中亚和高加索地区、中东和北非、撒哈拉沙漠以南非洲地区、拉美及加勒比地区、

---

〔1〕　参见任晓：《再论区域国别研究》，载《世界经济与政治》2019 年第 1 期。

大洋洲、欧洲）的 146 个国家制定了"国别援助政策",[1] 基本覆盖了所有的受援国家。

其二，在受援方中选择一部分国家制定国别援助政策，将援助能否与"一带一路"倡议下的投资、贸易形成有机衔接和良性互动作为是否制定国别援助政策的衡量因素。韩国作为一个新兴的援助国采用了这一方式，虽然其受援国范围日益扩大，但并没有参照日本的做法制定针对所有受援国的国别援助政策，而是选取"优先合作国家"来制定重点援助国的国别政策。韩国从 2011 年最初制定越南、加纳、所罗门群岛三个国家的国别伙伴战略开始，到 2013 年完成了 26 个优先合作伙伴的国别伙伴战略规划，2015~2016 年将优先合作伙伴进行重新遴选并将范围缩小到 24 个国家，并针对这 24 个国家制定了相应的国别伙伴战略规划。2020 年 1 月，韩国国际发展合作委员会第三十四次会议在原有基础上对阿塞拜疆、乌兹别克斯坦、缅甸、柬埔寨、菲律宾五个国家的国别伙伴战略规划进行修订以应对形势的发展变化。[2]

中国作为最大的发展中国家，已经跃升为全球第二大经济体，是参与全球治理的重要力量，也必将承担起促进全球减贫的重要责任。国别援助政策既是一国对他国实施援助的基本方向，同时也是援助国承担国际责任的基本政策表现。从长远来看，中国应当制定全覆盖的国别援助政策。但是，考虑到受援方数量众多、援助与"一带一路"合作相结合的复杂因素，可以考虑分步走的方式，即可先就中国周边或者"一带一路"共建国家（地区）中的受援方制定国别援助政策，再通过 3~5 年甚至 5~10 年时间逐步制定覆盖"一带一路"共建国家中所有受援方的国别援助政策。

（二）基于受援方的不同需求，兼顾"硬援助"与"软援助"

国内的援助大体可以分为"硬援助"和"软援助"两大类，前者侧重于在物质、资金层面帮助受援方，后者则既包括通过智力、知识、技术、规则、标准等方面的输出，提升受援国自主发展能力，也包括通过思想、情感、文

---

〔1〕 参见日本外务省网站资料，载 https://www.mofa.go.jp/policy/oda/page_000007.html，最后访问日期：2020 年 12 月 7 日。

〔2〕 参见韩国国际发展合作委员会网站资料，载 http://odakorea.go.kr/eng.policy.CountryPartnership-Strategy.do，最后访问日期：2020 年 12 月 10 日。

化等方面的输出,促进与受援国的交流沟通、相互认同,强化情感纽带。[1]从对老挝的考察中发现,基础设施援助等"硬援助"是中国对外援助的侧重点,实际上,这一点是中国历史上对其他发展中国家提供援助的共性。毫无疑问,基础设施援助等"硬援助"是经济合作开展的必要前提,没有良好的基础设施作为基础,投资、贸易无法正常快速有效推进。基础设施援助等"硬援助"的援助成本较高,能够成为受援方发展的巨大辅助力量,但"硬援助"本身的援助盲点也不可避免。例如,中国在缅甸克钦邦援建了太平江水电站,但电站周围的群众却不能用电,这种情况确实让中国的对外援助效果大打折扣。[2]

日本对老挝的援助已经将两种不同的援助较为成熟地进行衔接。以日本对老挝的国别援助指南为例,其对老挝的援助有三大优先领域,第一是从全方位加强区域内国家间的互联互通;第二是发展工业化人力资源,促进老挝工业多样化,提升老挝工业竞争力;第三是平衡城市和区域发展,消除差距,考虑生态环境和文化保护,这种援助政策体现了"硬援助"与"软援助"的结合。此外,从日本 JICA 对老挝近期实施的项目来看,技术合作项目、培训项目及咨询合作项目占了多数,"软援助"的数量远远超过"硬援助"。

"硬援助"与"软援助"是对外援助的不同侧面,对外援助效果最大限度的发挥需要两者的相互补充、相互影响。特别是在"一带一路"推进过程中,产能合作是"一带一路"合作的重要领域,也是"一带一路"合作国的重要发展动力,因而基础设施援助等"硬援助"必然成为"一带一路"倡议下的重要方面。同时,民心相通是"一带一路"合作的主要内容之一,"软援助"是实现民心相通的有效途径,只有将"硬援助"和"软援助"进行有效结合,才能使得我国与"一带一路"合作国凝聚在人类命运共同体理念之下,发挥"硬援助"的经济发展动能,促进发展目标实现。

因而,我国在制定"一带一路"合作国别援助政策时,应当加强对受援方当地的实地调研,兼顾政府需求与社会需求,将"硬援助"和"软援助"进行有机结合,有效提升援助效果,助推"一带一路"高质量发展。

---

[1] 参见许豫东、吴迪:《深化我国对外软援助研究》,载《国际援助》2016 年第 3 期。

[2] 参见刘鸿武、黄梅波:《中国对外援助与国际责任的战略研究》,中国社会科学出版社 2013 年版,第 376 页。

（三）根据受援方国内政治结构差异，探索"政府+民间"的合作援助模式

随着国际政治经济局势的剧变及中国与世界在政治、经济、文化等各维度互动不断加深，我国已前所未有地靠近世界舞台中心，必须通过积极参与全球治理来回应世界政治经济机制变革需求。以"政府—政府"为代表的官方互动是我国长期以来进行对外援助的基本路径，但许多国家"小政府大社会"的政治结构对我国参与全球治理的民间外交维度提出现实需求，亟需通过民间交流和沟通来增强民间互信，建立超越现实政治经济利益的友谊和合作。[1]

作为民间外交的重要组成部分，民间对外援助具有区别于政府对外援助的非政治性特征，易于融入受援方当地社会，可以更为便利地获得当地社会与各类非政府组织的认同，从而能够在政府援助无法涉及、不宜触及的领域与当地形成民间的深层互动，既是重要外交资源，也是官方援助的重要补充。因而，目前不少国家在政府官方援助体系之外，通过激励非政府组织开展民间援助来提升民间交流，同时也通过与非政府组织的援助合作拓展多元化的对外援助。例如，在日本国际协力机构驻老挝办事处调研期间，得知自 2016 年至 2019 年，日本国际协力机构（JICA）与日本 NGOs 及老挝当地社区合作开展了 13 个日本合作伙伴援助项目。通过与非政府组织与当地社区的合作，使得援助项目能够有效地将援助国的善意向受援方当地社区、居民实现有效传导，并能够收获受援方底层对援助国的好感。

考虑到非政府组织的公益属性、筹资能力以及专业沟通能力等因素，我国也应积极推进"政府+民间"的复合援助模式，以政府间援助为核心，激励民间援助力量成长，鼓励"政府+民间"合作援助。今后，在"一带一路"倡议推进过程中，可以根据受援方国际政治结构的差异，特别是在"小政府大社会"的政治结构之下，在国别政策中利用民间援助模式拓展"软援助"的规模，借助民间非政府组织、教学科研团体、民间志愿者等主体的力量加强我国与受援方民间的相互交流，加深民间社会的友谊。

（四）根据受援方的援助规模，逐渐布署驻外办事机构支持援外工作

援外机构是实现援外政策的组织保障，对外援助海外机构的设置则是国

---

〔1〕 参见于宏源：《多元化和网络化：新时代民间外交发展研究》，载《国际关系研究》2019 年第 5 期。

别政策合理型塑与有效落实的机制支持。然而，一方面，中国的地区、国别研究的欠缺是一种现实，这种尴尬的状况决定了理论研究难以为国别援助政策制定提供有益的支持，"一带一路"倡议的提出和落实使得这一问题进一步凸显，[1]限制了我国国别援助政策的输出；另一方面，我国当前驻外援外人员不足成为推进援外工作的重要制约因素，既影响了国别援助政策的形成，也影响了国别援助政策的落实。

因而，国别援助政策在就国别援助领域作出规定时，同样应当就我国在该国的援助组织保障作出安排。当然，我国目前并不需要在所有的受援方设立海外办公室，可按照接受援助金额的不同，在接受我国援助额较多、规模较大的国家，或者是"一带一路"合作国中的重点受援方，设立专门的援助驻外机构，负责当地援助需求调研、援外项目日常管理、评估等事项；在接受我国援助额较少、规模较小的国家，则可在现有使领馆内增加对外援助相关工作人员，或者设立相应的研究机构，以负责援助项目的前期对接与日常工作。

随着中国进一步深入参与全球治理以构建人类命运共同体，我国应逐渐扩大对外援助驻外机构的覆盖范围，逐渐扩大至"一带一路"倡议的所有受援方，并最终扩大至全球所有受援方。

第二节　部门援助实践（一）：对外抗疫援助

一、关注重点部门援助的意义

根据 2011 年《中国的对外援助》白皮书，中国对外援助项目主要分布在农业、工业、经济基础设施、公共设施、教育、医疗卫生、气候变化等多个领域，[2]并逐渐扩大到治理能力、经济民生、环境生态、抗险救灾等各个领域。考虑到中国自身国情与中国的产业比较优势，中国需要集中援助资源用于受援方最需要的领域及最能发挥援助发展效能的领域。

关注重点部门的对外援助，至少有如下三个方面的意义：其一，明确中

---

〔1〕　参见陈岳、莫盛凯：《以深化地区国别研究推动中国国际关系学科的发展》，载《教学与研究》2016 年第 7 期。

〔2〕　参见中华人民共和国国务院新闻办公室：《中国的对外援助（2014）》，人民出版社 2014 年版，第18～19 页。

国对外援助的重点领域和重点方向，可以加强对外援助的针对性，以便集中援助资源贡献全球发展事业，切实增进重点部门的援助效果。其二，有针对性地开展重点部门的援助，可以将中国的对外援助与中国的产业发展优势、产业发展需求进行深度链接，加强对外援助与"一带一路"倡议下的贸易、投资等其他经济合作的互动。其三，重点部门大都是全球共同关注的领域（特别是全球公共问题的联合应对），在全球公共问题领域开展援助则能使对外援助成为一种人类基本价值观的"粘合剂"，在促进援助国与受援方互信的同时，也能使得具有不同文化的援助国之间产生文化与价值融合，并以此为基础拓展务实合作。

因而，对部门援助实践进行研究，既有总结意义，更有拓展意义。本节和下一节分别就对外抗疫援助和能源领域的对外援助开展研究。

二、我国对外抗疫援助的基本情况

对外人道主义援助是受援方由于自然灾害、事故灾难、公共卫生事件和社会安全事件等面临人道主义灾难或危机时，我国主动或基于受援方请求，向其提供物资、现汇或救援人员等多种形式的援助，来缓解其面临的人道主义挑战。2019 年底开始，新冠疫情在全球范围内迅速蔓延，一度成为二战结束以来人类面临的最为严重的全球卫生危机。[1] 习近平总书记在多个不同场合反复强调应站在人类命运共同体的高度深化疫情防控国际合作，向其他出现疫情扩散的国家和地区提供力所能及的援助，体现负责任大国担当。因而，我国在国内疫情得到初步控制之后，在做好内防反弹、外防输入工作的同时，通过对其他国家提供疫情防控人道主义援助（以下简称"对外抗疫援助"）以帮助其遏制疫情进一步蔓延。

（一）对外抗疫援助第一阶段

2020 年 2 月中旬开始，我国国内疫情防控形势依然严峻，但防控效果已经初步显现，而新冠肺炎病例开始在不同区域、不同国家多点爆发，日本、

---

〔1〕 See United Nations, "Shared Responsibility, Global Solidarity: Responding to The Socio-Economic Impacts of COVID-19", https://unsdg.un.org/resources/shared-responsibility-global-solidarity-responding-socio-economic-impacts-covid-19, last visited on March 30, 2022。

韩国、伊朗、意大利等国新冠肺炎病例则迅速增长。考虑到疫情全球多点爆发的情势，本阶段我国采取内防扩散与外防输入并重的策略，并向疫情严重的国家提供力所能及的援助。

这一阶段的对外抗疫援助主要以四种方式开展：第一，抗疫技术援助，包括与多个国家、地区、国际组织等分享疫情防控和诊疗方案等技术文件，通过视频、电话会议等远程技术手段，向有关国家与国际组织的医疗技术人员交流传授诊疗方案和救治经验，帮助其他国家医疗技术人员防控疫情。第二，抗疫物资援助，我国在满足自身抗疫需求的基础上，通过中央政府、地方政府及民间等多个维度向疫情严重国家捐赠检测试剂盒、口罩、防护服等医疗、防疫物资。第三，开始派遣援外医疗专家团队，如 2020 年 2 月 29 日我国红十字会志愿专家团队携带检测试剂盒抵达德黑兰支持伊朗新冠肺炎疫情防控工作；[1] 应伊拉克红新月会请求，我国红十字会总会于 2020 年 3 月 7 日派遣志愿专家团队一行 7 人从广州飞赴巴格达支援伊拉克新冠肺炎疫情防控工作。[2] 第四，抗疫现金援助，3 月 7 日我国决定向世卫组织捐款 2000 万美元，支持世界卫生组织开展抗击新冠疫情的国际合作，以便推进新冠防控、发展中国家公共卫生体系建设。

（二）对外抗疫援助第二阶段

2020 年 3 月中旬开始，我国国内疫情得到有效控制，但由于国际社会大部分国家都没有足够重视疫情防控问题，致使疫情由分散多点爆发迅速蔓延到全球各地。新冠病毒攻击对象的无差别性致使欧美各国的新冠肺炎确诊人数呈指数增长，世界卫生组织对疫情评估后认为新冠肺炎构成"全球性流行病"（pandemic）。[3] 据世界卫生组织 2020 年 4 月 12 日数据，全球新冠肺炎确诊病例总数超过 169 万例，遍及 213 个国家和地区，新冠肺炎疫情已经基本扩散蔓延到世界各地。此后，新冠肺炎疫情肆虐于美国以及欧洲国家等经

---

〔1〕　参见宗红：《中国红十字会志愿专家团队抵达德黑兰支持伊朗疫情防控工作》，载《中国红十字报》2020 年 3 月 3 日，第 A1 版。

〔2〕　参见宗红：《中国红十字会志愿专家团赴巴格达支援伊拉克疫情防控》，载《中国红十字报》2020 年 3 月 10 日，第 A1 版。

〔3〕　See Tedros Adhanom Ghebreyesus, "WHO Director-General′s opening remarks at the media briefing on COVID-19", https://www.who.int/dg/speeches/detail/who-director-general-s-opening-remarks-at-the-media-briefing-on-covid-19---11-march-2020, last visited on March 15, 2021.

济发达、医疗卫生体系完善的发达国家的同时，也在拉美和加勒比海地区、非洲等公共医疗卫生体系较为薄弱的广大发展中国家继续蔓延。截至 2020 年 5 月 31 日，全球共有 593 万人确诊，日新增 117 551 例，且疫情仍在全球各地快速蔓延，世界各国面临巨大的疫情防控压力。大部分发达国家能够凭借自身的医疗体制和医疗资源来应对疫情蔓延，但发展中国家政府对传染病的反应能力严重依赖于当地的治理环境、政府财政健康状况以及预算权力，[1]因而其对新冠肺炎疫情的反应速度与处置效果远远落后于发达国家。在此背景之下，不少国家单凭本国之力已难以有效面对疫情挑战，疫情防控国际合作需求与疫情蔓延呈同步增长，疫情严重国家和脆弱国家纷纷向我国提出抗疫援助请求。

病毒没有国界，新冠疫情是全人类共同面临的威胁，我国从人类命运共同体的高度，在前期疫情防控合作基础上对国际社会与日俱增的抗疫援助需求迅速做出响应：第一，进一步丰富了对外抗疫援助的方式，帮助部分疫情严重、防疫能力薄弱的国家援建新冠肺炎临时隔离医院建设项目、定点诊疗医院等援外成套项目。[2]第二，进一步扩大了对外抗疫援助对象，我国对外抗疫援助的范围不仅包含疫情严重、公共卫生体系薄弱的国家，也包括意大利、西班牙、法国等发达国家，还包括世界卫生组织、欧盟等国际组织，[3]到这一阶段为止我国共向 127 个国家和 4 个国际组织提供包括医用口罩、防护服、检测试剂等在内的物资援助。[4]第三，进一步加大了对外抗疫援助力度，继续推动国际医疗技术远程交流，加强疫苗、药品等的合作研发力度，向国际社会无私分享抗疫经验和诊疗救治方案，在保障国内疫情防控医疗人员需求基础上，陆续向意大利、伊朗、塞尔维亚、柬埔寨、巴基斯坦、菲律

---

〔1〕 See United Nations, "Shared Responsibility, Global Solidarity: Responding to The Socio-Economic Impacts of COVID-19", https://unsdg.un.org/resources/shared-responsibility-global-solidarity-responding-socio-economic-impacts-covid-19, last visited on April 3, 2022.

〔2〕 参见张玉亮：《中企援津医院升级项目竣工交付》，载《人民日报》2020 年 3 月 31 日，第 17 版。

〔3〕 参见国家国际发展合作署：《邓波清副署长介绍对外抗疫援助情况》，载 http://www.cidca.gov.cn/2020-03/26/c_1210531857.htm，最后访问日期：2022 年 4 月 3 日。

〔4〕 参见中华人民共和国外交部：《2020 年 4 月 10 日外交部发言人赵立坚主持例行记者会》，载 https://www.mfa.gov.cn/wjdt_674879/fyrbt_674889/202004/t20200410_7816045.shtml，最后访问日期：2022 年 4 月 3 日。

宾、老挝、缅甸、委内瑞拉、哈萨克斯坦、俄罗斯等 10 多个国家派遣医疗专家组，帮助、指导当地疫情防控。[1] 第四，形成多元主体参与的对外抗疫援助新局面，除中央政府向国际社会提供援助抗击疫情之外，我国地方政府、企业、民间机构和个人也都参与到对外抗疫援助之中，民间援助成为疫情防控国际合作中的重要力量。

（三）对外抗疫援助第三阶段

2020 年 7 月前后，由于疫情防控措施给全球经济和社会带来严重的影响，部分国家逐步放松疫情防控措施以重启其经济社会活动，并因而导致疫情的严重反弹。可以说，随着疫情的蔓延和反复，在这一阶段，新冠疫情肆虐于脆弱国家并逐渐侵蚀其发展能力时，中国对外提供力所能及的抗疫援助，是坚持正确义利观、体现大国担当、构建人类命运共同体的必然要求。

进入到全球疫情防控常态化阶段之后，随着部分发展中国家的国内发展状况在疫情下逐步恶化，同时，中国自主研发的疫苗开始投产与推广使用，中国对外抗疫援助在前一阶段的基础上又体现出如下四个方面的特点：第一，随着受到疫情深度影响的国家逐步增加，向我国提出抗疫援助的国家和国际组织数量也进一步增加，我国对外抗疫援助的规模和力度进一步提升。例如，2020 年，我国先后向 150 多个国家和 13 个国际组织提供了口罩、防护服、呼吸机、氧气瓶等抗疫物资、医疗物资和检测设备，还向 34 个国家派出了 37 支医疗专家组，组织开展了近千场技术指导，和各国分享抗疫的经验，并向世界卫生组织提供了 5000 万美元的现汇援助，向联合国机构和其他相关国际组织提供了 5000 万美元的援款。[2] 第二，由于全球疫情防控下外部的应急抗疫援助不可能从根本上阻止疫情在受援方的蔓延，受援方自身的疫情防控能力提升成为其有效遏制疫情的基本保证，因而相较于前期以医疗技术交流、医疗物资援助等应急为主的对外抗疫援助，这一阶段我国的对外抗疫援助方式更为多元，通过加强对受援方的公共卫生基础设施建设援助以提升其自身

---

〔1〕 参见中华人民共和国外交部：《2020 年 4 月 13 日外交部发言人赵立坚主持例行记者会》，载 https://www.fmprc.gov.cn/web/fyrbt_673021/t1769120.shtml，最后访问日期：2021 年 5 月 17 日。

〔2〕 参见国家国际发展合作署：《国家国际发展合作署举行我国抗疫援助及国际发展合作新闻发布会》，载 http://www.cidca.gov.cn/2021-10/26/c_1211420845.htm，最后访问日期：2022 年 4 月 3 日。

的疫情防控能力，从对外抗疫援助初期应急援助为主的模式转向当前应急援助与能力提升援助并重的模式。第三，随着我国自主研发疫苗的不断成熟，中国逐渐加大了对其他发展中国家的疫苗对外援助力度，成为对外抗疫援助的新形式，也必然成为全球疫情防控的最为有利的武器。例如，2021 年初至 2022 年上半年，我国向 106 个国家和 4 个国际组织提供超过 15 亿剂疫苗，为防控疫情、引领抗疫合作发挥重要作用。[1] 第四，由于新冠疫情对脆弱国家的经济生产与农业生产产生巨大负面影响，进而严重危及其国内公民的生存与收入状况，对外抗疫援助在内容上逐步从"抗疫人道主义援助"拓展到经济合作、债务减免、粮食援助等与脆弱国家国内公民基本生存权利和基本生活保障等"抗疫相关的人道主义援助"领域，使得疫情防控相关的人道主义援助的内涵变得更为广泛。

三、对外抗疫援助的现实意义

新冠疫情是人类面临的共同安全挑战，关乎全人类的生存和发展利益，中国通过对外抗疫援助帮助其他国家抗击疫情，帮助其他国家开展防治工作，取得了很好的效果，也获得了国际社会的积极评价，既有效推动人类命运共同体构建，展现了中国的大国担当，也在一定程度上缓解了疫情的跨境传播，符合我国自身的安全和发展利益。具体而言，我国的对外抗疫援助，存在如下几个方面的现实意义。

（一）帮助受援方应对公共卫生危机，践行人类命运共同体理念

人类在同一个全球生态环境下生存，而人类活动的全球化也带来了气候变化、难民问题、毒品走私、恐怖主义、传染性疾病等全球性问题。[2] 疫情再次成为人类命运共同体理念的有力证据，正如习近平总书记指出：本次新冠疫情全球蔓延再次表明病毒没有国界，疫情不分种族，人类是一个休戚与共的命运共同体，任何国家都不能置身其外、独善其身。

---

〔1〕 参见国家国际发展合作署：《国家国际发展合作署举行我国抗疫援助及国际发展合作新闻发布会》，载 http://www.cidca.gov.cn/2021-10/26/c_1211420845.htm，最后访问日期：2022 年 4 月 3 日。

〔2〕 参见周琪：《人类命运共同体观念在全球化时代的意义》，载《太平洋学报》2020 年第 1 期。

新冠病毒比 2003 年 SARS 的传染性强得多，且病毒在缺乏早期、严格的监测、隔离与社交措施干预之下具有潜在的快速传播性。[1] 即使是医疗资源相对丰富的发达国家，由于疫情爆发初期部分国家并未充分重视，使得疫情在这些国家迅速传播、病例激增，进而挤兑医疗资源，加重了医疗卫生机构的工作负担，导致新冠病毒确诊死亡风险上升，法国、比利时、意大利、英国、荷兰、西班牙、瑞典等医疗资源充裕的发达国家前期确诊死亡风险超过 10%。对于医疗资源匮乏的脆弱国家，新冠疫情突破了其公共卫生系统，并造成了一定的次生危机。

可以说，对于公共卫生体系薄弱的国家而言，如果缺乏外部世界的防疫抗疫技术信息合作、防控物资商业合作与应急医疗卫生援助，其国内疫情防控形势将更为严峻。通过加强疫情防控国际合作帮助他国提升其疫情防控能力，遏制了新冠疫情对受援方造成的公共健康危机，一定程度上挽救了许多受援方公民的生命、保障了受援方公民的健康，为全世界共同应对此次公共卫生危机作出了巨大贡献。

（二）有效遏制新冠疫情跨境传播，贯彻落实总体国家安全观

面对日益复杂的国际国内安全形势，我国于 2014 年正式提出"总体国家安全观"的概念，构建、完善总体国家安全体系。生物安全、生态安全、网络安全等非传统领域的安全挑战已日益成为总体国家安全体系的重要议题。相较于国土安全、政治安全、军事安全等传统安全挑战而言，非传统安全事件所引发的连锁效应更具复杂性与多元性，往往会勾连出多个领域的损失而对国家和社会造成巨大冲击。[2] 新冠疫情是一次全球性的非传统安全事件，属于重大的生物安全事件。2020 年 2 月 14 日，习近平总书记指出："要从保护人民健康、保障国家安全、维护国家长治久安的高度，把生物安全纳入国家安全体系，系统规划国家生物安全风险防控和治理体系建设，全面提高国家生物安全治理能力。"[3] 此后，我国于 2020 年 10 月通过《生物安全法》，

---

〔1〕　See Steven Sanche, et al., "High Contagiousness and Rapid Spread of Severe Acute Respiratory Syndrome Coronavirus 2", *Emerging Infectious Disasters*, Vol. 26, No. 7., 2020, pp. 1470-1477.

〔2〕　参见刘芮杉、谢春涛：《新时代我国应对非传统安全的现代化逻辑——以疫情防控工作为例》，载《中国应急管理科学》2020 年第 9 期。

〔3〕　习近平：《完善重大疫情防控体制机制 健全国家公共卫生应急管理体系》，载《人民日报》2020 年 2 月 15 日，第 1 版。

并推动《传染病防治法》等相关法律法规的修改工作，将生物安全纳入总体国家安全体系，并从国内制度入手完善以新冠疫情为代表的生物安全事件的内部治理体系，加强生物安全治理，应对重大新发突发传染病、动植物疫情等生物安全风险。

生物安全威胁既可能来自本土的原发性威胁，也可能源于生物安全威胁的跨境传播。我国本土的疫情得到较好控制以后，很长一段时间内，国内疫情防控工作的主要挑战源于国外病例与病毒的跨境输入。因而，统筹外部安全和内部安全是总体国家安全观对生物安全治理的要求，[1] 生物安全治理是外部安全与内部安全、自身安全与共同安全的有机统一。[2] 疫情初期，不少国家难以依靠本国的医疗卫生体系应对新冠疫情的袭击，不仅对其本国的经济、社会正常运转造成了重大影响，也不可避免地导致疫情外溢，我国承受着较大的疫情防控外来风险。有鉴于此，应对生物安全问题可能带来的风险与危机需要国际社会的共同参与应对。[3] 我国通过与国际社会共享科研数据、对外提供各类抗疫援助等方式，与国际社会紧密开展国际合作，共同抗击新冠疫情，积极承担起生物安全治理的国际责任，一定程度上遏制了境外疫情的跨境传播，是贯彻落实总体国家安全观、有效应对境外生物安全风险的重要举措。

（三）增进民心相通，促进中国与世界的良性互动

疫情在全球蔓延导致的生活生存危机及部分国家对病毒的政治化运作，对当时中国与世界的关系造成消极影响。

实际上，随着全球化的深入发展，中国已成为推动全球治理和世界变革的核心力量之一。世界面对着一个全面崛起和更加自信、开放的中国，中国面对着一个形势更加复杂、变化更加深刻、机遇与挑战并存的世界。[4] 中国

---

〔1〕 参见徐晓林等：《国家生物安全治理研究——以新冠肺炎疫情防控治理为例》，载《风险灾害危机研究》2021 年第 1 期。

〔2〕 参见钮松：《总体国家安全体系、人类命运共同体与生物安全治理》，载《国际关系研究》2020 年第 4 期。

〔3〕 参见肖晞、陈旭：《总体国家安全观下的生物安全治理——生成逻辑、实践价值与路径探索》，载《国际展望》2020 年第 5 期。

〔4〕 参见门洪华：《促成中国与世界的良性互动：中国理想、中国智慧与中国方案》，载《当代世界》2017 年第 10 期。

与世界的互动是一个颇具特色的历史进程,是两个世界相互试探、碰撞的历史,是中国传统的"世界秩序"被打破、被强行纳入、历尽挣扎和逐步适应西方主导的国际体系的历史,也是中国融入并影响进而塑造世界的历史,这一互动加速了中国的变革,也促进了世界的转型。[1] 可以说,中国与世界的良性互动是中国实现自身发展、贡献全球发展和共建美好世界的基本前提。在全球疫情防控的大背景下,中国坚持正确义利观,通过团结协作、及时回应有关国家的疫情防控援助需求,用实际行动展现中国人民、政府的善良、情谊与担当,增进中国人民与世界各国人民的民心相通,进一步促进了中国与世界的良性互动。

(四)创新"一带一路"合作思路,拓展"一带一路"合作维度

由于疫情初期世界各国采取了不同程度的"封城""封国"措施,不可避免地影响了人员、资本的跨境流动。"一带一路"倡议是中国在推进全球化进程中提出的重要国际合作方案,[2] 交通受阻、人员隔离、筹资放缓、施工中断等情况将对那些投入巨大、见效慢、周期长的基础设施投资项目产生一定压力,[3] 新项目的谈判与启动也将有所放缓,难免对"一带一路"建设进程产生一定影响。

我国的对外抗疫援助至少对"一带一路"建设产生三个方面的积极影响:第一,对外抗疫援助有效维系了我国与"一带一路"合作伙伴之间的经济与情感互动、增进合作共识,也为我国海外的"一带一路"项目从业人员提供及时的医疗服务,降低疫情对"一带一路"项目建设的负面影响。第二,通过抗疫援助帮助"一带一路"合作伙伴做好疫情防控工作,提前部署和制定疫情防控方案,最大限度降低疫情对"一带一路"共建国家(地区)公共卫生安全的威胁,同时积极推动新一轮的卫生合作项目,[4] 携手打造"健康丝绸之路",促进民心相通,推动"一带一路"建设多维发展。第三,通过对外

〔1〕 参见门洪华:《"一带一路"与中国——世界互动关系》,载《世界经济与政治》2019 年第 5 期。

〔2〕 参见欧阳康:《全球治理变局中的"一带一路"》,载《中国社会科学》2018 年第 8 期。

〔3〕 参见李文龙:《从全球范围看疫情对中国有哪些影响,如何应对?》,载《第一财经日报》2020 年 4 月 16 日,第 A11 版。

〔4〕 参见祝继高、梁晓琴:《积极应对疫情影响,高质量共建"一带一路"》,载《学习时报》2020 年 3 月 18 日,第 2 版。

抗疫援助帮助"一带一路"合作伙伴、特别是其中的最不发达国家抗击疫情，缓解"一带一路"合作伙伴的严峻疫情并提升其人权状况，有效缓解了中西方的文化冲突、耦合中西方之间的价值理念，进一步提升了世界各国对我国"一带一路"倡议的价值认同，并进一步扩大了"一带一路"朋友圈。

第三节　部门援助实践（二）：能源对外援助

能源对外援助向来是我国对外援助工作的重要领域，也是我国能源国际合作的重要内容。随着中国国际经济地位的转变及"一带一路"倡议的推进，我国进一步加大了能源对外援助的资金和力度，能源援外工作取得很大成就，但也面临一些挑战。本节立足于援外工作的现实需求及能源援外项目的实际情况，对中国的能源对外援助问题进行剖析与研究。

一、能源对外援助的现实意义

能源作为工业发展进程的必要要素已经成为世界性共识，如果说生产、投资与贸易是实现经济增长的重要引擎，那么能源供给则为生产、投资与贸易的发生提供了可能。然而，目前许多发展中国家在能源的获取、供给和利用方面存在严峻挑战：以非洲为例，能源部门是其最大的基础设施缺口所在，相比于其他地区发展中国家有 70%~90% 的人能够获取电力，非洲只有 30% 的人口能够获取到电力，撒哈拉以南的非洲地区 48 个国家（约 8 亿人）的年发电总量大致相当于西班牙一个国家（约 450 万人）的电力总量。[1] 根据联合国的数据，能源的清洁、普遍供给也远未实现，目前全球约有 23 亿人缺少厨用清洁燃料，近 6.75 亿人无法使用电力。我国周边多数"一带一路"发展中国家在能源转化和利用方面也均存在不同程度的挑战，既影响其国内生活与生产水平，也影响到国际经济合作进程。

发展中国家能源发展受到本国能源资源禀赋、基础设施状况、能源资本及能源专业技术人才等因素的限制，因而能源国际合作特别是能源援助成为发展中国家应对能源需求、解决能源基础设施问题的一种重要思路。如尼泊

---

〔1〕 See Henry Lyimo, "Africa: Role of China in Bridging Yawning Infrastructure Gap", *Tanzania Daily News*, August 19, 2016.

尔财政部曾应国内要求请求中国向其提供 6.33 亿美元优惠贷款以在其境内建设 Upper Arun 水电站；巴基斯坦认为廉价能源是工业发展进程的必备要素之一，其自身丰富的自然资源的开发需要必要的资金和技术支持，这需要通过外国的能源援助予以实现。[1]

我国向来秉着互利合作的国际主义精神开展对外援助工作，对于其他发展中国家提出的能源援助需求提供力所能及的帮助。开展能源对外援助工作具有极为重要的现实意义：一方面，通过外部能源援助，可以帮助受援方消除其能源基础设施限制，获取廉价、清洁的能源，促进其生产、贸易与投资条件，优化工商业环境，为策动发展中国家的经济增长提供基础要素。另一方面，能源援外工作增进我国与受援方之间的设施联通、贸易畅通、民心相通，进一步提升我国与受援方之间的合作与交流，为后续经济文化合作、实现共同发展提供物质保障。可以说，我国的能源对外援助工作复合了援外发展维度与能源合作维度，既有重要的发展意义，也具有不可或缺的合作意义，是帮助受援方人民实现能源消费权利、推进人类生活生产可持续发展的重要举措。

二、我国开展能源对外援助的基本情况

（一）我国能源对外援助的基本历程

我国开展能源对外援助工作的历史较长，大体可以分为三个历史阶段：

第一个阶段是新中国成立后到改革开放前的阶段，这一时期不少发展中国家刚刚从反侵略、反殖民统治战争中取得胜利，国内能源设施与能源产品相对短缺，我国能源援助对于受援方国民基本生活需求满足与生产条件迅速恢复起到了重要作用。例如，我国在抗美援朝战争结束后，向朝鲜人民提供了粮食、棉花、煤炭等物资援助，抗法援越战争结束后向越南派遣了电厂、水利工程、火柴厂等 19 个领域的技术专家。[2] 我国还应不少受援方要求，为其修建大量电厂电站，派遣能源技术专家，接受众多的实习生来华学习专业技术，为受援方培养能源专业人才。

---

[1]　See BBC Worldwide Monitoring, "Pakistan Commentary Hails Growing Energy Sector Cooperation with China", *BBC Monitoring South Asia*, October 19, 2011.

[2]　参见《当代中国》丛书编辑部编辑：《当代中国的对外经济合作》，中国社会科学出版社 1989 年版，第 26~29 页。

第二阶段是改革开放后到 20 世纪末期这一时期，由于前一阶段对外援助支出较大，给国家造成了沉重的经济负担，加之部分受援方索要无度、忘恩负义的行为对我国国民感情造成巨大伤害，导致 20 世纪 70 年代后期开始我国对外援助政策有所调整，对外援助的总体力度有所回落。尽管能源对外援助仍然是援外工作的重要领域，但这一时期我国能源对外援助项目的数量也有所收紧，直到我国经济逐渐恢复以后我国的能源援助力度才随着援外总体力度的扩大而出现较为稳定的增长。

第三阶段是 21 世纪至今这一阶段，援助能力提升的事实与能源国际经济合作的现实要求我国在能源对外援助领域有所作为，使得我国在 21 世纪以来能源对外援助领域的投入迅速增长、能源设施援助成为基础设施援助中最为重要的开支。此后，"走出去"战略、"一带一路"倡议的持续推进为能源对外援助注入新的资源和理念，能源对外援助力度持续扩大，我国的对外援助工作特别是能源设施援助以及其他经济基础设施受到国际社会普遍关注，不少能源对外援助项目成为援外领域的标志性项目。

（二）我国能源对外援助的基本形式

我国通过能源对外援助成套项目、能源对外援助物资项目、能源技术援助项目、能源人力资源开发合作项目以及能源紧急人道主义援助项目等多种方式开展能源对外援助工作。

能源对外援助成套项目是利用援外资金，通过组织或实施能源项目的全部或部分环节，向受援方提供生产、生活所需的能源设备、设施和配套技术服务的项目，如援中非博阿利 3 号水电站项目、援埃塞俄比亚阿巴-萨姆尔水电站项目、哈萨克斯坦奇利克 5MW 风电场及阿拉套 1MW 太阳能光伏发电示范电站项目、中石油苏丹项目、老挝 115KV 输变电线路扩建与综合改造项目、塞拉利昂夏洛特和马卡里水电站等均属于能源对外援助成套项目。

能源对外援助物资项目是利用援外资金向受援方提供能源物资、产品或设备，并承担必要配套技术服务的援助项目，如援马尔代夫 LED 灯项目、援乌干达 LED 灯项目、援多米尼克 LED 太阳能路灯项目以及为约旦、赞比亚、卢旺达等国政府提供的家用太阳能光伏电源系统项目等均属于能源对外援助物资项目。

能源技术援助项目是在援外资金项下综合选派能源专家、技术人员等帮助受援方解决能源技术难题的援助项目，如中巴生物质能源技术研发与示范联合中心、中津 MASASA 太阳能热利用示范工程、中国-摩尔多瓦沼气示范援助项目、援贝宁职业技术学校及太阳能示范项目等属于这一类能源援助项目。

能源人力资源开发合作项目是为受援方能源管理人员、技术人员等提供各类学历或非学历教育、进行能源技术交流或培训的援助项目，如 2015 年卢旺达小水电技术海外培训班、2015 年埃塞俄比亚清洁能源开发利用培训班、2018 年老挝沼气推广技术海外培训班等属于这类能源援助项目。

能源紧急人道主义援助项目是在有关国家和地区遭受各种严重自然灾害或人道主义灾难的情况下，我国主动或应受灾方要求提供能源物资以帮助其应对灾害的援助项目，如 2014 年斯里兰卡遭受洪灾时我国向其援助柴油发电机及大型发电机组等能源物资、2015 年缅甸部分地区发生洪涝灾害时我国援助电力物资、2015 年尼泊尔地震时我国援助发电机组等能源物资以及 2018 年印尼海啸时我国援助发电机组等能源物资等均属于这类能源援助形式。

（三）我国能源对外援助的主要成就

1. 能源对外援助分布广泛、类型多样

我国能源对外援助地理分布均匀，覆盖范围广泛，自新中国成立以来至今，能源对外援助项目遍及亚洲、非洲、拉丁美洲、大洋洲和东欧等地区的许多发展中国家，不同程度满足受援方的能源需求。我国提供能源援助的类型多样，包含煤炭、油气、再生能源等一次能源援助及电力、热力等二次能源援助。同时，由于能源产业可以分为能源开发、能源加工转换、能源储运、能源供应以及能源利用等环节，这些环节在设备、技术方面存在高度分离，但产业现实上又存在高度链接，任何环节的缺失都会限制能源获取和使用。因而，我国在实施能源对外援助时，通盘考虑受援方在能源产业环节方面存在的现实障碍，对生产环节受限的国家提供能源勘探开发方面的援助，对其他环节受限的国家分别提供能源加工转换、储运及终端使用方面的援助，基本涵盖能源各个产业环节的援助。

2. 因地制宜开展能源对外援助，提升受援方能力建设效果

需求导向与资源现实是我国为受援方提供能源对外援助的基本依据，我国根据不同受援方的国情和援助需求，因地制宜地为不同受援方提供不同能源类型的援助。对于塔吉克斯坦、东帝汶、安哥拉、苏丹等油气资源富足但

并不具有充分开采能力的国家，油气勘探、开发方面的援助成为能源对外援助的重点；对于尼泊尔、巴基斯坦、柬埔寨、老挝等水资源丰富但境内电力资源匮乏的国家，我国通过帮助其兴建水电站满足其区域电力需求；对于埃塞俄比亚、尼日利亚、坦桑尼亚等太阳能资源较为丰富的国家，近年来我国通过光伏援助项目帮助其进行电力开发；对于孟加拉、圭亚那、古巴、摩洛哥、多哥等广大发展中国家农村地区生活用能问题，我国帮助当地修建沼气池并开展沼气培训班，使其充分掌握沼气供能相关技术；考虑到经济基础设施是非洲发展的薄弱环节，电力和交通运输部门成为中国在非洲进行基础设施资金援助的最为主要的两个部门，且电力部门是接受援助资金比例最高的部门（约占 33.4%）。[1] 我国的能源援助帮助受援方不断改善居民生活水平、提升生产建设能力，如援建的加纳布维水电站具备水力发电、农业灌溉、渔业发展和观光旅游等多重功能，建成后不仅直接促进加纳经济社会发展，而且惠及西部非洲更广阔的地区；我国援塞内加尔达喀尔市输变电和配电网项目覆盖15万居民，有效解决了该市电网设备老化、经常性大面积停电的问题。[2] 我国援助的古巴太阳能电站项目总装机规模为 9 兆瓦，每年向电网输送 1285 万千瓦时清洁能源电力，有效填补了当地电力缺口；我国支持的吉尔吉斯斯坦南部电网改造项目、塔吉克斯坦直属中央区 500 千伏输变电项目、老挝塔棉至拉骚 230 千伏输变电线路、赞比亚卡里巴北-凯富埃西输变电等项目实现了有关国家内部电网连接，对于促进能源独立和工业化发展发挥了重要作用。[3]

3. 注重清洁能源援助力度，贡献全球能源低碳转型

能源低碳转型发展是能源开发利用的必然趋势，也是国际社会应对全球气候变化的基本思路，清洁能源项目在中国能源对外援助项目的重要性日益受到重视。仅 2010 年至 2012 年三年中，我国为 58 个发展中国家援建了太阳能路灯、太阳能发电等可再生能源利用项目 64 个，为 120 多个发展中国家举

---

〔1〕 See Vivien Foster, et al., "Building Bridges: China's Growing Role As Infrastructure Financier for Sub-Saharan Africa", Washington DC: The World Bank, 2009.

〔2〕 参见中华人民共和国国务院新闻办公室：《中国的对外援助（2014）》，人民出版社 2014 年版，第 17 页。

〔3〕 参见中华人民共和国国务院新闻办公室：《新时代的中国国际发展合作》，人民出版社 2021 年版，第 42 页。

办了 150 期环境保护和应对气候变化培训班，培训官员和技术人员 4000 多名。[1] 2015 年，我国在确认自身减排目标的基础上，宣布出资 200 亿元人民币设立"中国气候变化南南合作基金"，用于支持清洁能源领域的对外援助工作，包括增强其使用绿色气候基金资助的能力。[2] 此外，我国还宣布于 2016年起在发展中国家开展 10 个低碳示范区、100 个减缓和适应气候变化项目及1000 个应对气候变化培训名额的合作项目，帮助其他发展中国家推动能源低碳转型，推动以清洁和绿色方式满足全球电力需求。[3]《新时代的中国国际发展合作》白皮书显示，进入新时代以后，中国加大对可再生能源项目的支持，帮助有关发展中国家建设了一批清洁能源项目，在加蓬等国开展的清洁能源示范项目，帮助其增加电力供应的同时，减少对环境的不利影响；中国支持的肯尼亚加里萨光伏发电站年均发电量超过 7600 万千瓦时，每年帮助肯尼亚减少 6.4 万吨二氧化碳排放；中国援助斐济的小水电站为当地提供清洁、稳定、价格低廉的能源，每年为斐济节省约 600 万元人民币的柴油进口，助力斐济实现"2025 年前可再生能源占比 90%"的目标。[4] 2018 年中非合作论坛上，我国再次表达与非洲加强能源合作的决心，并特别强调对非洲绿色发展的援助项目支持。这些举措都体现我国通过能源援助帮助其他发展中国家应对气候变化挑战的努力，彰显我国在应对全球危机时的大国形象与责任担当。

三、我国能源对外援助的现实挑战

（一）国际社会对我国能源对外援助存在误解

长期以来，以发达国家为代表的西方国际社会对我国能源援外工作存在较大误解，这种误解主要体现为两个方面：一方面西方国际社会是对我国能

---

〔1〕 参见中华人民共和国国务院新闻办公室：《中国的对外援助（2014）》，人民出版社 2014 年版，第 22 页。

〔2〕 参见《中美元首气候变化联合声明》，载《人民日报》2015 年 9 月 26 日，第 3 版。

〔3〕 参见习近平：《携手构建合作共赢、公平合理的气候变化治理机制——在气候变化巴黎大会开幕式上的讲话》，载《人民日报》2015 年 12 月 1 日，第 2 版。

〔4〕 参见中华人民共和国国务院新闻办公室：《新时代的中国国际发展合作》，人民出版社 2021 年版，第 44 页。

源对外援助的动因存在误解，认为中国开展能源援助的首要目的在于通过援助寻求能源资源来确保国内能源供给安全；特别是认为中国在 21 世纪以来经济显著持续增长需要依赖于充足的能源资源供应，因而中国的许多援助主要用于帮助受援国开发国内资源，[1] 通过能源设施建设与基础设施建设将能源出口到中国，而非基于促进受援方的发展为目的。另一方面，目前世界上对于援助存在不同认识，按照 OECD 的标准，提供援助时赠予成分超过 25% 的贷款才能被认为是政府间发展援助。我国在部分能源对外援助项目（特别是大型能源设施援助项目）中往往通过"优惠贷款"或者"优惠贷款+商业贷款"的方式为受援方筹措项目资金，不少援助项目中贷款的赠与成分往往超过 25%。也有部分项目的赠予成分可能并没有达到前述标准，因而尽管中国政府补贴了贷款的一部分利息，但在援助优惠度未达到前述标准的项目中被认为并不足以使这类贷款成为"援助"，而是属于普通的能源商业合作。[2] 对于这些夹杂着偏见与曲解的批评，如果我国无法及时、有效地进行回应，长此以往将会影响到受援方对我国能源对外援助的信任与支持，不利于能源对外援助的深入开展。

（二）能源对外援助存在职能协调问题

随着 2018 年国务院机构改革方案落地，我国理论上已经形成以国家国际发展合作署研究决策、各职能部门分工实施的援外决策管理体制。然而，由于能源对外援助属于能源与援外工作的交叉领域，且能源与援外两个领域本身的机制问题并未理顺，能源对外援助的管理体制机制仍旧比较复杂。

1. 能源援外项目决策政出多门

按照我国长期以来形成的援外决策模式，能源对外援助主要由援外主管部门负责决策，其他职能部门在各自范围内分别决定相关能源援外项目。随着"一带一路"倡议和国际产能合作的推进，形成了国家发展改革委牵头，商务部、外交部、财政部、国家开发银行、进出口银行共同参与的国际产能合作管理体系，国家发展改革委利用财政援助资金与政策性金融相融合的方

---

[1] See Charles Wolf, Jr., et al., *China's Foreign Aid and Government-Sponsored Investment Activities: Scale, Content, Destinations, and Implications*, RAND Corporation, 2013, p. xii.

[2] See Lucy Corkin, "Chinese Take-Aways: Financing Infrastructure in Africa", *Africa News*, April 1, 2013.

式推进公共基础设施和能源基础设施项目，[1] 成为能源对外援助工作的重要决策部门。科学技术部、农业农村部、自然资源部、生态环境部、国家能源局等部门则仍然根据现实需求在各自职权范围内对部分能源相关对外援助项目作出决策。能源对外援助决策职能高度分散的现实情况严重限制援外战略规划的有效输出，也导致能源援助针对性不强、能源援助政策和口径难以协调等问题。

2. 能源对外援助项目实施管理各成体系

我国尚未成立集中、统一的对外援助项目实施机构，大部分能源对外援助项目通过商务部直属事业单位负责组织实施（详见第二章），也有部分项目由各部委决策之后分别组织实施。商务部直属事业单位主要通过政府采购程序确定具有援外资质的企业承担能源对外援助项目，其他部委发布的能源援外项目的实施主体更为多样化，包含具有援外资质的实施企业以外的企业、高等院校、研究机构等。能源对外援助项目实施工作部门分化致使实施职能"碎片化"，也必然导致援外实施规则存在交叉和冲突，限制实施规范效力发挥。

3. 能源对外援助项目评估缺乏统一制度安排

2018 年对外援助管理体制改革之后，全国人民代表大会确认了国家国际发展合作署在援外项目评估方面的职能，但该规定能否突破部际藩篱、构建完善的评估机制以对所有的对外援助项目开展评估，通过发挥其评估职能倒逼援助实效提升，这是国家国际发展合作署面临的重大难题。

可以说，我国能源主要职能部门及援外主要职能部门对于能源对外援助项目都存在不同程度的决策、实施职能，但目前各个职能部门之间的决策、实施与管理职能配置缺乏相应的法律制度界限，也缺乏相关的高级别决策、实施、监督、评估规范和行之有效的部门协调，致使各职能部委在能源对外援助战略规划、职权交叉等方面存在优化空间。

（三）能源援外实施主体存在一定履约风险

能源对外援助职能部门通过政府采购程序确定能源对外援助项目实施主

---

[1] 参见史育龙、卢伟：《"一带一路"建设背景下我国对外援助和开发合作进展、问题及推进策略》，载《经济研究参考》2018 年第 2 期。

体，并根据相关政府间协议与援外项目实施主体签订内部实施合同，将其对受援方政府的援助义务通过合同约定转移给援外实施主体。然而，由于受援方政治、经济、法律、文化等与我国截然不同，能源对外援助项目的开展往往又涉及不同规模的施工项目，因而在项目实施过程中往往面临一定的履约风险。

1. 项目成本风险

通过政府采购程序确定能源对外援助项目后其实施金额一般不再变动，但由于受援方当地经济发展水平的限制，要求能源援外实施主体对工程材料、设备等的采购数量与运输成本须有较为精确的把握，否则可能导致工程材料与设备采购成本、运输成本超出项目预算。此外，项目实施过程中的意外情况与变量如设计标准差异、当地地质因素、企业管理因素以及物价上涨等，都可能导致能源对外援助项目实施主体的工程成本、人员成本及差旅成本等各类成本上升。不少大中型能源援外项目的工期一般较长，期间出现意外事件与变化难以避免，对援外实施主体提出较高的项目成本控制要求，否则可能产生项目经营损失。

2. 项目工期风险

能源对外援助项目的工期一般按照政府间协议商定，但项目实施过程中由于存在大量主客观制约因素，例如受援方的交通基础设施落后、当地供水供电能力受限、政府行政审批效率低下、气候环境原因不宜施工（如雨季时间较长）等均可能对施工条件和工期产生很大影响，对能源援外实施主体按期完工提出很大挑战。典型地，新冠疫情肆虐全球期间，包括能源对外援助项目在内的许多工程项目都不可避免地在进度上受到了影响。对此，援外实施主体如不能有效克服挑战，则需要通过协商变更包括政府间协议在内的各类协议，否则将由援外实施主体承担依照合同确定的违约责任风险。

3. 项目安全风险

项目安全包含工程质量安全与援外工作人员人身、财产安全保障。能源项目本身的高风险性、援外实施工作人员的施工安全意识及受援方当地的客观条件（如受援方政局、治安、气候、环境、医疗水平等）因素决定能源援外项目实施存在较高的安全风险；加之中方工作人员与受援方当地可能因沟通交流引发的矛盾等，致使能源对外援助项目的安全风险进一步提高，既给援外实施主体增加了项目推进的外交压力，也提升了其项目实施的额外成本。

面对能源对外援助项目实施过程中的诸多风险，既需通过完善能源对外援助制度规则、加强能源援外实施管理力量规范能源援外项目的实施过程并进行有效协调，同时也应通过进一步加强能源援外项目的前期调研、提升能源实施主体的专业技能、增强交流沟通能力等予以应对。

（四）能源对外援助效果评价分化

客观上讲，我国的能源对外援助项目实际效果总体值得肯定，但项目实施效果可能因项目类型、受益主体立场差异而存在项目评价上的两极分化，因而应正视一些争议项目中的负面评价，并从中吸取教训加以改进。

1. 能源对外援助项目的负面影响

能源援外项目的负面影响主要涉及对于受援方当地环境造成的负面影响及对受援方当地居民生产生活造成的负面影响。能源援助项目对于环境的影响是目前国际社会和受援方当地较为关注的问题，尤其是在大型能源项目实施过程中，无论是援助为主的能源项目还是投资为主的能源项目，都有可能对当地的环境产生一定负面影响。在现实的能源对外援助项目开展过程中，由于当地环保法律法规不完善、政府机构设置忽视环保因素、NGO 自主化倾向严重等受援方因素和援外实施主体在环保问题方面的简单处理等多方因素相互交织之下，[1] 可能形成一定的舆论反弹与抗议，对能源援助项目实际效果产生反作用。能源援外项目对当地居民生产生活造成的负面影响也应当引起足够重视，例如在能源设施建设过程中，当地居民会因项目援建而进行整体迁移，使得当地的居民可能流离失所、无家可归，而在涉及土地补偿、移民安置等与当地居民切身利益相关的事项上，我国的援外实施主体也往往通过合同将这些事项简单地交由受援方政府处理来降低企业的实施成本。但有些发展中国家与中国不同，外国企业与政府的关系越近，民众可能反弹的越厉害，[2] 尽管受到能源援助项目影响的居民范围有限，但经过受援方 NGO 及部分西方媒体的过度渲染，难免影响我国对外援助项目的口碑。在这种情势下，一方面可以通过制定能源对外援助政策规划、因地制宜地推进能源援助项目、区分能源对外援助项目与商业项目的范围，保证我国能源对外援助

---

〔1〕　参见魏庆坡：《中资水电企业在柬埔寨的环保困境及对策》，载《东南亚研究》2014 年第 4 期。

〔2〕　See Laura Zhou, "Are Chinese-funded dams on the Mekong River Washing Away Cambodian Live-lihoods?", *South China Morning Post*, April 3, 2018.

项目的口碑和效果；另一方面则可以通过加强与受援方 NGO 及当地居民的沟通和交流，化解当地居民对我国能源援外项目存在的误解。

值得指出的是，随着我国对绿色发展的不断重视，我国已经提出"一带一路"绿色发展议题，积极推动建立共建"一带一路"绿色低碳发展合作机制，目前生态环境因素已逐渐成为我国对外援助项目的重要考虑因素。

2. 能源援外项目建设过程对当地经济的辐射作用

考虑到受援方当地劳动力市场和经济发展理念水平较为落后，为了保证项目得以顺利开展并交接，能源援外项目实施主体往往在国内统一采购项目材料并派遣国内劳动力进入受援方开展援建工作，但这种做法可能引起受援方当地的误解。例如中国在斐济的 Nadarivatu 水电站项目中，斐济人对于中国援助水电站项目既感激又不解，其不解之处在于援助项目的所有劳动力和物品供给均源于中国——顾问是中国的，劳动力是中国的，火车也是中国的，甚至是最后的手推车也是如此，认为这无法有效带动当地的经济发展。[1] 劳动力和施工材料的当地采购问题实际上也是困扰援外实施主体的重大难题。施工材料、设备以及劳动力的国内采购实际上提高了援外实施主体的采购成本、运输成本和用工成本，但在当地劳动力不可控、对当地施工材料和设备采购情况掌握不充分的前提下，为保证能源援外项目的顺利推进，大部分援外实施主体只能通盘从国内进行采购。这种矛盾实际上既暴露出我国的援外实施主体在能源援外项目的前期调研和专业性方面的短板，也进一步表明我国援外实施主体及工作人员与受援方当地居民缺乏沟通的基本现实。随着"一带一路"倡议的深度推进，结合前期能源对外援助项目开展中积累的经验，目前，我国在各类援外项目设计、实施时，更加关注当地的经济需求和社会需求。

3. 能源对外援助项目的现实效果

按照我国的能源对外援助项目决策程序，项目需求往往由受援方政府向我国驻外使馆或者相关职能部委提出，能源对外援助项目建成后，也交由受援方政府统筹安排使用。这就可能出现这样一些情况，在部分能源对外援助项目中，直接的援助受益人是项目所在地的居民；但也存在一些情况，即受

---

〔1〕 See Paul McGeough, "Pressure on Fiji Fails as China Lends Hand", *The Sydney Morning Herald*, December 1, 2009.

到项目开展负面影响的当地居民可能并非直接受益人,这就导致部分成功交付的项目往往收到两极分化的评价——即来自受援方政府层面的积极评价与来自受援方当地民众层面的消极评价。因而,我国在近期的对外援助项目决策时,也出现了一些转向,不仅考虑政府层面的需求,也更加考虑当地居民层面的需求。习近平总书记强调,"小而美的项目,是直接影响到民众的。今后要将小而美项目作为对外合作的优先事项,加强统筹谋划,发挥援外资金四两拨千斤作用,形成更多接地气、聚人心的项目。"[1]可以预见,在今后的能源对外援助项目中,直接体现民生需求、体现受援方居民需求的项目比重会大幅上升。

四、我国能源对外援助挑战的制度应对

(一)宣示能源对外援助政策理念,型塑能源对外援助战略规划

中国进入非洲及其他发展中地区以寻求能源安全可能是一种被广泛认同的事实,[2]但中国参与发展中国家能源事务的形式多样,能源援助是区别于能源投资、贸易合作之外的另一种能源合作形式。由于历史和发展原因刻意低调的对外援助姿态封堵了外界对中国能源对外援助的认识渠道,西方国家对中国参与受援方能源事务的认知,往往源于中国国有企业作为实现国家战略的一部分确保能源安全及中国对受援方能源事务的参与威胁西方国家在发展中国家的投资与治理努力这两大路径。[3]这种对立式的认知路径致使能源援助沦为能源投资贸易活动的"附属品",也直接导致西方社会将中国的能源对外援助渲染为与受援方开展能源资源交易的对价。实际上,在构建人类命运共同体进程中,中国对其他发展中国家提供力所能及的支持与帮助已成为中国大国责任的体现。能源对外援助既是今后对外援助工作,同时也是能源国际合作的重点领域,因而通过顶层制度设计对能源援外工作予以宣示能够

〔1〕 参见邵晓安、庞梦霞:《神奇"中国草",习近平"代言"二十余年》,载 http://www.news.cn/politics/xxjxs/2021-11/27/c_ 1128106156. htm,最后访问日期:2023 年 3 月 4 日。

〔2〕 See Dambisa Moyo, *Dead Aid: Why Aid Is Not Working and How There is a Better Way for Africa*, Farrar, Straus and Giroux, 2009, p. 106.

〔3〕 See Erica S. Downs, "The Fact and Fiction of Sino-African Energy Relations", *China Security*, Vol. 3, No. 3., 2007, pp. 42-68.

提升外界对中国能源援外工作的理解，有效消解西方社会对我国能源援外工作的误解。然而，我国当前能源援助领域的顶层制度设计并未对能源对外援助的理念宣示予以足够重视。这种"疏忽"失去了通过国家能源规划文件将我国的能源援助与其他能源国际合作进行区分的机会。此外，在能源综合发展规划中也不存在相应的能源援助规划，仅有少部分能源专项文件原则规定我国在这些领域向受援方提供能源对外援助的基本政策导向，大部分具有援助优势的能源行业在能源专项规划中并没有对能源对外援助作出指引性规定。

因而，我国应从能源对外援助的战略规划层面入手，宣示我国能源对外援助工作的实施理念，逐步整合能源对外援助的援助资源，明确能源援助项目的开展方向。具体而言：首先，我国对外援助领域的国家级规划尚未推出，但能源发展领域的规划制定已经较为成熟，可以考虑在今后制定综合性能源发展规划时，在充分征求援外主管部门意见的基础上，强调能源对外援助对受援方的现实意义，阐明中国开展能源对外援助的发展认知与理念，明确能源对外援助与能源商业合作的重要区别，规定能源对外援助的总体方向。其次，以国家综合能源规划为基础，研究完善能源专项规划中的能源对外援助规划，细化能源对外援助的方向、方式与规模，为能源对外援助工作的具体开展提供规划依据。再次，随着我国对外援助战略、政策和体制的不断成熟，可以考虑在今后援外中长期规划中部署能源对外援助的理念与重点方向，对能源援外工作进行专业性规划，以更好地与我国的外交、经济工作进行契合、对接；远期来看，可以考虑探索出台专门的能源对外援助规划文件，以对能源援助领域的政策制定与项目决策提供基本依据。最后，能源对外援助战略规划应定位能源对外援助项目的基本方向。在今后制定能源对外援助战略规划时，我国应尽量将能源援助项目与能源商业项目进行合理区分，将能源领域的援助资金投向低碳、环保、民生类等"小而美"的能源项目，使得能源援助资金能够充分、广泛地利用到受援方民间，发挥中国能源对外援助项目的积极影响。

（二）深化对外援助体制改革，整合能源对外援助职能

我国当前的能源援外管理体制错综复杂，这是由对外援助管理体制和能源管理体制共同决定的。国际政治经济地位的提升以及"一带一路"倡议的深入推进对我国援外工作不断提出新的要求，对外援助工作的专门管理成为

不可避免的趋势。关于对外援助管理体制的未来改革方向,本书第二章已经作了较为充分的论证,此处不再赘述。具体到能源对外援助管理体制方面,一是要优化能源对外援助工作的决策体制,强化能源对外援助的针对性与政策一致性。二是应当将适度集中分散于各个职能部门的能源援外实施职能予以整合,增强对外援助的实施效力,充分落实援外项目决策目标。三是应当加强援外部门与能源管理部门的相互协作,通过有效的部门协调来处理能源援外战略与政策制定、援外项目决策以及援外项目实施管理,提升能源对外援助的实际效果。

(三)推动对外援助法制进展,规范能源对外援助实施管理

目前我国对外援助法律制度以规章为主体形成,尚不存在相关专门立法和行政法规,对援外工作进行规制的主要法律规范是国家国际发展合作署、商务部等部门发布的规章及援外规范性文件。在能源对外援助方面,目前并未检索到国家发展改革委、国家能源局等能源援外相关职能部门发布规范能源援助工作的相关规章或者规范性文件。援外一般法律规则与能源援外专门规则的共同缺位直接限制我国能源援外工作的顺利开展。可以说,无论是能源对外援助管理体制的型塑,还是能源援外实施规范的创制,抑或是能源对外援助项目实施风险防控,都需要依赖于高度成熟的对外援助法律制度。

因而,大力推动对外援助法制进展,既是进一步规范我国对外援助实施工作的基本需求,也是解决能源对外援助实施管理困局的重要推手。一方面,我国应当通过推进对外援助立法进程,通过对外援助基础性法律明确对外援助部门职能,明晰援外职能部委之间的职权界限,创制对外援助决策、实施、监督、评估的基础性规则,为能源对外援助工作提供体制和实施方面的基础性法律依据。另一方面,应当拓展并且完善对外援助决策、管理、监督、评估各环节的配套制度体系,注重对外援助决策管理和实施管理环节的部际协调与运行程序,完善对外援助项目的海外风险防范与救济机制,加强对外援助监督、评估机制以有效促进对外援助实际效果。能源对外援助作为我国对外援助的重要组成部分,需要依赖于对外援助法律制度才能得以全面落实,当然,在全面推进援外法制建设的同时,为了能够对当前的能源对外援助工作进行规范,可以考虑由国家国际发展合作署、商务部、国家发展改革委、

生态环境部等部门联合制定能源对外援助政策与规章的方式，为当前能源对外援助工作制定开展依据。

（四）拓宽社会力量参与能源援外渠道，提升实施主体援外专业能力

我国当前能源对外援助具体实施工作主要由能源企业或相关行业的企业予以承担，其中国有企业所占比重较大，这种模式能较好确保我国能源援外项目的开展质量，也能通过国企实现能源援外职能部门的行政意志。然而，能源对外援助实施主体往往通过地方职能部门推荐后再经过政府采购程序产生，这并非完全市场竞争的结果，而是基于行政委托的有限市场竞争，致使能源对外援助领域社会力量参与途径较为有限，通过市场分配资源的实际效果也受到相应限制。为了充实对外援助的实施力量，发达国家鼓励私营企业、非政府组织等共同参与对外援助工作，促进了援助国与受援方之间的民间交流并取得了较好的援助效果。随着我国能源、环境相关非政府组织的不断成长与成熟，国内非政府组织的关注点逐渐从国内能源事务扩大到全球能源发展问题，这为非政府组织等社会力量参与我国的能源援外工作提供了契机。

相较于大型国有企业而言，非政府组织等民间力量参与能源对外援助具有潜在的优势：首先，非政府组织参与能源对外援助的动因具有公益属性，商业利润并非其首要考虑因素，援助效果和当地发展是其关注的重点，因而非政府组织参与能源援助的积极性相对更高。其次，非政府组织具有较强的筹资能力，从 OECD/DAC 国家的情况来看，非政府组织的资金主要源于自筹资金和政府资助两个渠道，政府援助机构交由其实施的资金大约仅占其援助总额的三分之一，[1]通过非政府组织实施能源对外援助项目，可以有效发挥其筹资能力开展援助工作。再次，相较于能源援外企业而言，非政府组织从主观上也更希望能够深入受援方群众当中，同受援方群众进行交流沟通，使得受援方群众更好地了解中国的对外援助，提高中国的国家形象。[2]客观上，非政府组织往往由社会力量组成，不具有政府背景，且具有较强的沟通能力，易于融入受援方当地社会，因而在项目开展过程中能够较为便利地获

---

〔1〕 参见陈力：《国际民间援助：利用外援的又一渠道》，载《国际经济合作》1993 年第 4 期。

〔2〕 参见宋梁禾、吴仪君：《中国对柬埔寨的援助：评价及建议》，载《国际经济合作》2013 年第 6 期。

得受援方当地各类社会组织的认同，便于能源对外援助工作的推进。最后，非政府组织在能源援外实际工作中，往往更关注能源援助给当地社会带来的现实效果，通过能源援助工作开展过程中与当地受益主体的交流，对能源对外援助工作存在的过程问题及时进行改进，也利于通过及时反馈对后续政策进行修正。

当然，非政府组织也存在一定的短板，例如非政府组织在援建工作的具体工程设计与施工方面没有优势，再如非政府组织往往能够胜任"软性"援助，但是在大型能源设施等"硬性"援助方面并不能媲美当前的大型援外企业。

认识到大型援外实施企业和非政府组织各自存在的优势与劣势，可以考虑在能源对外援助中，通过区分能源对外援助的具体类型和规模来选择援外实施主体，即对于规模较小、以技术和培训为主的能源对外援助项目，可以考虑主要由非政府组织承担并实施；对于规模较大、以基础设施援助为主的援助项目，则可以考虑采用"非政府组织+能源企业"复合援助的方式，由非政府组织进行援助项目的管理沟通，能源企业或者施工单位承担能源援外项目的设计、施工等任务。值得指出的是，非政府组织参与能源援外项目需要相应的援外机构进行管理和协调，也需要通过制度对非政府组织的能源援外工作进行规范，目前国内对于非政府组织参与援外工作的制度供给不足，需在今后予以加强。

此外，提升能源对外援助项目实施主体的专业能力是援外风险防范的重要路径。我国能源对外援助实施主体在工程设计、施工方面的援建专业能力较强，但援外实施主体的专业性是一个多维概念，包含文化认知的专业性、项目技术的专业性以及援助沟通专业性等方面。能源对外援助实施主体专业能力既是项目主管部门选择确定实施主体的重要因素，也是援助实施前培训的重要方面。因而，在能源对外援助项目实施主体选择方面，需要通过政府采购过程把控项目实施方面的专业技能，以控制能源对外援助设计、勘察、施工等各实施环节的履约风险。同时，也需要对援外实施主体加强培训，增进援外实施主体对受援方当地风俗与文化传统的了解、尊重与认同，提升援外实施主体与受援方政府及当地社区、公民的沟通能力，避免因文化和沟通因素引发能源援外项目安全问题与履约风险。

对外援助与全球发展倡议

　　发展是实现人民幸福的关键。[1]为共同应对全球发展挑战，我国在"一带一路"倡议提出的基础上，在新冠疫情对全球带来巨大冲击的背景下，提出"全球发展倡议"，主张通过全球协作，共同推动全球发展迈向平衡协调包容新阶段。全球发展倡议为全球发展困境提供中国智慧和中国方案，是中国继"一带一路"倡议之后为国际社会提供的又一次发展方案与发展契机。本章梳理全球发展倡议的提出背景和发展进程，总结全球发展倡议的重要意义，并就对外援助与全球发展倡议的互动与共进作初步的探讨与展望。

一、全球发展倡议的提出与发展

　　2021 年 9 月 21 日，习近平总书记在北京以视频方式出席第七十六届联合国大会一般性辩论，向全世界郑重提出"全球发展倡议"，并用"六个坚持"（坚持发展优先，坚持以人民为中心，坚持普惠包容，坚持创新驱动，坚持人与自然共生，坚持行动导向）阐释了"全球发展倡议"的核心要义。[2]

　　"一带一路"倡议是发展倡议，"一带一路"倡议提出后，为何还要提出全球发展倡议？全球发展倡议要解决什么样的问题？中国提出全球发展倡议具有极其特殊的时代背景。第一，百年变局与世纪疫情叠加震荡，全球治理体系和国际秩序加速变革，世界进入新的动荡调整期。[3]在多重因素的作用

---

　　〔1〕参见习近平：《坚定信心 共克时艰 共建更加美好的世界——在第七十六届联合国大会一般性辩论上的讲话》，载《人民日报》2021 年 9 月 22 日，第 2 版。

　　〔2〕参见习近平：《坚定信心 共克时艰 共建更加美好的世界——在第七十六届联合国大会一般性辩论上的讲话》，载《人民日报》2021 年 9 月 22 日，第 2 版。

　　〔3〕参见王毅：《回答时代课题 指引前进方向——习近平主席出席第七十六届联合国大会一般性辩论并发表重要讲话意义重大、影响深远》，载《人民日报》2021 年 9 月 23 日，第 1 版。

之下，国际秩序的变迁方向存在巨大不确定性。发展是解决一切问题的总钥匙，[1]通过全球协作推动发展进程，能够为国际关系指明正确的发展方向。第二，新冠疫情给世界经济造成了巨大的冲击，不仅影响各国国内的正常经济活动，致使世界各国特别是新兴经济体的经济增长放缓，更是对国际经济合作与交流产生致命性影响，冲击了全球供应链，甚至推动了"逆全球化"的态势。第三，新冠疫情叠加自然灾害、气候变化、粮食安全等全球性危机，严重冲击全球减贫成效，部分国家良好的发展势头快速转向，世界经济复苏步履艰难，影响2030年可持续发展议程的顺利落实。基于上述背景，我国以"一带一路"倡议为基础，对全球发展进行"再动员"，为推动实现更加强劲、绿色、健康的全球发展提出新方案，通过推动解决全球发展问题开启世界和平、繁荣的大门。

落实全球发展倡议，要理解"六个坚持"，并予以重点把握。第一，明确发展目标。全球发展倡议以发展为目标，重点是发展，致力于构建更加平等均衡的全球发展伙伴关系。同时，全球发展倡议与联合国2030年可持续发展议程进行对接，将全球发展议程的推进落实作为全球发展倡议的推进目标。第二，明确发展方向。保障和改善民生是全球发展倡议的基本方向，发展的基础是人，发展的目的也是人，因而在发展过程中要特别注重民生领域的发展工作，坚持以人民为中心。第三，明确发展任务。发展的主体具有普遍性，发展中国家具有发展需求，发达国家也存在发展空间。但当前国际社会存在着普遍的发展不平衡问题，"发展赤字"问题长期存在，因而发展中国家特别是最不发达国家的特殊发展需求需要引起关注，如何帮助发展中国家实现发展、缩小"南北差距"是全球发展倡议的主要任务。第四，明确发展动能。科技是第一生产力，依赖于人口、资源、资本等要素为基础的发展模式能够产生短期的经济发展效能，以科学技术进步为基础的创新发展模式则能产生持续的经济红利。通过国际合作，共同开展科学研究、从事技术研发，加速科技成果向现实生产力转化，推动国家之间在科学技术领域的发展合作，能为全球经济发展提供持久而巨大的动能。第五，明确发展内涵。中国主张的发展，不仅是单纯的经济发展，更是人与自然的和谐发展。全球发展倡议不

---

〔1〕　参见习近平：《开启中非合作共赢、共同发展的新时代——在中非合作论坛约翰内斯堡峰会开幕式上的致辞》，载《人民日报》2015年12月5日，第2版。

仅侧重经济上的增长，也侧重生态环境的改善，通过绿色低碳发展，推动人与自然的全面、和谐发展。第六，明确发展行动。中国主张，只有将主张转化为现实行动，才能产生发展效果。落实全球发展倡议，中国已经采取了相应的行动，典型地，中国2021年宣布在此后3年内再提供30亿美元国际援助，用于支持发展中国家抗疫和恢复经济社会发展。[1] 同时，全球发展倡议也亟待世界各国的共同参与，需要包括西方国家在内的各类国家化政治承诺为实际行动，共同搭建全球发展倡议合作平台，共同致力于人类命运共同体构建。

全球发展倡议提出之后，我国通过各种方式推动倡议落实。2022年6月24日，习近平主席在全球发展高层对话会上提出落实全球发展倡议的三大举措：第一，加大全球发展合作资源投入，提出把南南合作援助基金整合升级为"全球发展和南南合作基金"，在30亿美元基础上再增资10亿美元，并加大对中国-联合国和平与发展基金的投入，用以支持开展全球发展倡议合作。第二，同合作各方携手推进重点领域合作，包括动员发展资源领域的合作、疫苗创新研发和联合生产方面的合作、陆地与海洋生态保护和可持续利用方面的合作以及数字领域的国际合作等。第三，搭建国际发展知识经验交流平台，包括成立全球发展促进中心，建立全球发展知识网络，开展治国理政经验交流，举办世界青年发展论坛，共同发起全球青年发展行动计划等。[2] 同时，中国牵头与会各国形成《全球发展高层对话会主席声明》，并发布了32项全球发展高层对话会成果清单，覆盖减贫脱贫、粮食安全、抗疫和疫苗、发展筹资、气候变化和绿色发展、工业化、数字经济、数字时代互联互通等八个重点领域，以实打实的行动来落实全球发展倡议。

2022年9月20日，"全球发展倡议之友小组"部长级会议在纽约举行，我国宣布落实全球发展高层对话会成果、推进全球发展倡议合作的务实举措，包括发布全球发展倡议项目库首批项目（首批50个项目）、深化农业技术合作、发布"全球清洁能源合作伙伴关系"概念文件、发布"智慧海关、智能边境、智享联通"合作概念文件、推进"以竹代塑"倡议、开放中国发射的

---

〔1〕 参见习近平：《坚定信心 共克时艰 共建更加美好的世界——在第七十六届联合国大会一般性辩论上的讲话》，载《人民日报》2021年9月22日，第2版。

〔2〕 参见习近平：《构建高质量伙伴关系 共创全球发展新时代——在全球发展高层对话会上的讲话》，载《人民日报》2022年6月25日，第2版。

"可持续发展科学卫星 1 号"的数据共享等具体举措。[1]

2022 年 11 月 12 日，全球发展促进中心正式揭牌成立，设立在国家国际发展合作署，是为落实全球发展倡议提供宣介理念、创新方式、汇聚资源、促进行动的共享平台。[2]根据全球发展促进中心的网站介绍，其主要任务有六项，分别是：①建立全球发展项目库；②举办全球共享发展行动论坛；③促进全球发展筹资；④创建全球发展数字宣介平台；⑤建立全球发展促进中心创新培训基地；⑥创建全球发展促进中心网络。

2022 年 11 月 15 日，习近平主席在二十国集团领导人第十七次峰会第一阶段会议上发表重要讲话，指出全球发展倡议提出以来，"全球发展倡议之友小组"成员已逾 60 国，中国制定务实的合作清单，设立开放式项目库，明确倡议推进路线图，同 100 多个国家和国际组织推进这一倡议，为落实联合国 2030 年可持续发展议程提供新助力。[3]

2022 年 11 月 17 日，习近平主席在亚太经合组织工商领导人峰会上发表演讲，再次强调全球发展倡议着眼于解决发展不平衡问题，并再次承诺中国愿加大对全球发展合作的资源投入，同各方一道构建全球发展共同体。[4]

2023 年 7 月 10 日，全球共享发展行动论坛首届高级别会议在京举办，习近平主席向会议致贺信时再次表示，中国将进一步加大对全球发展合作的资源投入，同国际社会一道，持续推进全球发展倡议走深走实，为如期实现联合国 2030 年可持续发展目标、推动构建人类命运共同体作出新贡献。[5]

2023 年 8 月 24 日，习近平主席在南非约翰内斯堡召开的"金砖+"领导人对话会上发表讲话，明确指出当前多数可持续发展目标落实缓慢，全球发展事业面临巨大挑战，中方坚持发展优先，加大了资源投入，已经成立总额

---

〔1〕 参见《"全球发展倡议之友小组"部长级会议新闻声明》，载 https://www.mfa.gov.cn/wjbzhd/202209/t20220921_ 10769134. shtml，最后访问日期：2023 年 3 月 5 日。

〔2〕 参见国家国际发展合作署全球发展促进中心：《关于我们》，载 https://gdpc. org. cn/aboutus/gdpc，最后访问日期：2023 年 3 月 5 日。

〔3〕 参见习近平：《共迎时代挑战 共建美好未来——在二十国集团领导人第十七次峰会第一阶段会议上的讲话》，载《人民日报》2022 年 11 月 16 日，第 2 版。

〔4〕 参见习近平：《坚守初心 共促发展 开启亚太合作新篇章——在亚太经合组织工商领导人峰会上的书面演讲》，载《人民日报》2022 年 11 月 18 日，第 2 版。

〔5〕 参见俞懿春等：《共享发展成果 共建美好世界——习近平主席向全球共享发展行动论坛首届高级别会议致贺信引发与会国际人士热烈反响》，载《人民日报》2023 年 7 月 11 日，第 2 版。

40 亿美元的全球发展和南南合作基金，中国金融机构即将推出 100 亿美元专项资金，专门用于落实全球发展倡议。[1]

2023 年 9 月 20 日，新华社国家高端智库在全球发展倡议合作成果展示高级别会议期间发布《全球发展倡议实践成就与世界贡献》；2023 年 9 月 26 日，国务院新闻办公室发布《携手构建人类命运共同体：中国的倡议与行动》白皮书。这两份文件充分展示中国在提出全球发展倡议以来为全球发展作出的重要努力、取得的新的重要成果。

可以说，中国通过团结国际社会的发展力量，积极推进落实全球发展倡议，已经成为国际性、跨领域、重行动的重要国际倡议，目前已经吸引了数量众多的国家、国际组织的广泛参与，形成了多部门、多领域共同参与的良好局面，取得了初步的成果，获得了国际社会的广泛关注与积极评价。

二、全球发展倡议的现实意义

（一）全球发展倡议是全球发展议程的实现方案

全球发展议程是国际社会对于全球发展的美好愿景，同时也是通过实现阶段性发展目标逐步推进减贫与发展进程的共识。目前国际社会设定的影响最为广泛的发展目标是"千年发展目标"和"2030 年可持续发展目标"。

2000 年 9 月，各国元首和政府首脑聚集纽约联合国总部，通过《联合国千年宣言》（United Nations Millennium Declaration），确立了消灭极端贫穷和饥饿、普及小学教育、促进两性平等并赋予妇女权力、降低儿童死亡率、改善产妇保健、对抗艾滋病病毒、确保环境的可持续能力、全球合作促进发展八项关键目标，而这些目标的实现依赖世界各国的共同努力，尤其是国家之间的互帮互助。这种基于发展目的的援助客观上带来了一定的效果，联合国《千年发展目标报告 2015》对 1990 年与 2015 年全球千年发展目标相关数据进行了比较，对全球合作在反贫困运动中的作用予以了客观评价。例如，在 1990 年到 2015 年这段时间里，已经有超过十亿的人口脱离了极端贫困，发展

---

〔1〕 参见习近平：《勠力同心 携手同行 迈向发展共同体——在"金砖+"领导人对话会上的讲话》，载《人民日报》2023 年 8 月 25 日，第 2 版。

中地区营养不足的人口比例已经降低了近一半；[1] 发展中国家基础教育净入学率从 2000 年的 83% 上升到 2015 年的 91%，小学阶段的辍学人数从 2000 年的 1 亿减少到 2015 年的 5700 万，减少了近一半；[2] 在性别平等领域，尽管形势依然严峻，但妇女在农业以外的受雇领域比例已经从 1990 年的 35% 上升到当前的 41%；[3] 全球五岁以下儿童死亡率已经从 1990 年的每千名活产儿死亡 90 例下降到 2015 年的每千名死亡 43 例，麻疹疫苗的推广使用已经在 2000 年到 2013 年期间成功阻止 1560 万名儿童因麻疹致死。[4] 虽然在产妇保健方面的千年发展目标并未得到实现，但自 1990 年以来产妇死亡率已经降低了近一半，1990 年只有 59% 的接生工作是由专业接生人员处理的，而这一数据在 2014 年时已经上升到 71%。[5] 在抗击疾病方面，国际合作的成绩不俗，如新增 HIV 感染率在 2000~2013 年期间降低了大约 40%，从原先的新增 350 万例减少至报告时的 210 万例，截止到 2014 年 6 月，全球 1360 万例 HIV 感染者能够接受抗逆转录病毒治疗，而这一数值在 2003 年只有 80 万例。[6] 此外，应对全球可持续发展方面也具有重要进展。

　　然而，由于《千年宣言》中设定的大多数目标是以 2015 年为最后期限，但截止到 2015 年有很多具体目标都尚未得到实现，在 2015 年之后仍需对这些发展目标作出更进一步的努力。[7] 为了继续实现减贫与发展的目标，《变革我们的世界：2030 年可持续发展议程》宣布了 17 个可持续发展目标和 169 个具体目标，这些目标寻求巩固与发展千年发展目标，完成千年发展目标尚未完成的事业。[8] 要实现这些目标，"伙伴关系"成为必要的途径，国际社会需要在所有国家、所有利益攸关方和全体人民参与的情况下，恢复全球可

---

　　[1]　See United Nations, The Millennium Development Goals Report 2015, p. 14.

　　[2]　See United Nations, The Millennium Development Goals Report 2015, p. 24.

　　[3]　See United Nations, The Millennium Development Goals Report 2015, p. 28.

　　[4]　See United Nations, The Millennium Development Goals Report 2015, p. 32.

　　[5]　See United Nations, The Millennium Development Goals Report 2015, p. 38.

　　[6]　See United Nations, The Millennium Development Goals Report 2015, p. 44.

　　[7]　See Secretary-General of United Nations, "Accelerating progress towards the Millennium Development Goals: options for sustained and inclusive growth and issues for advancing the United Nations development agenda beyond 2015", A/69/201, 28 July 2014, para. 56.

　　[8]　参见联合国大会：《变革我们的世界：2030 年可持续发展议程》，A /RES/70/1，2015 年 9 月 25 日。

持续发展伙伴关系的活力，尤其注重满足最贫困最脆弱群体的需求。[1] 在此过程中，国家间援助无疑成为"伙伴关系"构建的重要物质基础，《变革我们的世界：2030 年可持续发展议程》多达 15 次提及"援助"一词，尤其是在目标 17"加强执行手段，重振可持续发展全球伙伴关系"中第一部分即涉及到筹资的问题，主要是通过发达国家履行援助承诺、从多渠道筹集额外财政资源、推动债务融资、债务减免和债务重组、投资促进等模式来加大对发展中国家的资金支持。除了资金援助，《变革我们的世界：2030 年可持续发展议程》还提出了进行技术援助、能力建设以及贸易援助等方面的援助要求或目标。

当前是国际社会推进"2030 年可持续发展目标"的关键阶段，尤其是 2020 年初在全球范围爆发新冠疫情以后，使得"2030 年可持续发展目标"的实现道路更加曲折。意识到这一点，中国将落实全球发展倡议和 2030 年可持续发展议程进行紧密关联，甚至是将加快落实 2030 年可持续发展议程作为全球发展倡议的重要目标之一。从一定意义上而言，全球发展倡议是落实 2030 年可持续发展议程的中国方案，[2] 我国通过推动落实全球发展倡议，继续做全球发展的贡献者。

（二）全球发展倡议是彰显中国大国担当的国际宣言

随着中国的发展进入新时代，世界则逐渐面临百年未有之大变局，国际形势的不稳定性不确定性更加突出，[3] 粮食安全、资源短缺、气候变化、网络攻击、人口爆炸、环境污染、疾病流行、跨国犯罪等全球非传统安全问题层出不穷，对国际秩序和人类生存都构成了严峻挑战。[4] 新时代的中国一直主张将共同利益作为国际关系和世界秩序运行过程中的基本逻辑，特别是要在全人类和全世界层面深刻把握全球化所带来的相互依赖与命运相连。[5] 中

---

〔1〕 参见联合国大会：《变革我们的世界：2030 年可持续发展目标》，A /RES/70/1，2015 年 9 月 25 日。

〔2〕 参见赵若祯、张贵洪：《全球发展倡议对接 2030 可持续发展议程：内涵、动力与路径》，载《湖北社会科学》2022 年第 6 期。

〔3〕 参见习近平：《深化文明交流互鉴 共建亚洲命运共同体——在亚洲文明对话大会开幕式上的主旨演讲》，载《中华人民共和国国务院公报》2019 年第 15 期。

〔4〕 参见曲星：《人类命运共同体的价值观基础》，载《求是》2013 年第 4 期。

〔5〕 参见刘笑阳：《新时代中国的共同利益论与大国责任论》，载《东北亚论坛》2021 年第 3 期。

国深谙，只有通过"和衷共济"，才能实现行稳致远，通过合作实现全球可持续发展是实现共同利益的唯一渠道。

基于这一逻辑，中国在世界大变局之中、在全球发展迷失的重要时刻，提出全球发展倡议，助推 2030 年可持续发展议程，用发展解锁安全，用发展对抗危机，为国际社会的安定与进步指明前进方向。可以说，全球发展倡议是中国在全球经济低迷期提出的大国发展宣言，是全球动荡冲突期提出的大国和平宣言，也是在分崩离析的世界中提出的合作宣言，充分彰显了中国的大国责任担当。

（三）　全球发展倡议是人类命运共同体构建的创新实践

人类命运共同体是中国在对"建设一个什么样的世界、如何建设这个世界"等关乎人类前途命运的重大课题进行深入思考的基础上提出的重要理念，[1] 是中华文明、中国智慧长期锻造和不断锤炼的结晶。

我国于 2013 年提出的"一带一路"倡议是人类命运共同体理念正式提出以后采取的推动人类命运共同体构建最及时、最大力度的举措和国家行动。人类命运共同体理念主张用人类的共同努力来应对全球的共同挑战，向世界贡献了中国智慧；"一带一路"则倡议世界各国共同规划合作方式，构建合作平台，创新合作模式，促进"政策沟通、设施联通、贸易畅通、资金融通、民心相通"，实现风险共担、利益共赢、未来共享，向世界提出了中国方案。[2]

"一带一路"倡议的提出，为人类命运共同体的推进作出了重大贡献。然而，随着世界百年未有之大变局深度演进、世纪疫情席卷全球、俄乌战争加剧矛盾冲突，人类命运共同体的顺利推进遇到新的巨大阻碍。全球发展倡议的提出，是对"一带一路"倡议的补充和拓展，[3] 是推进人类命运共同体构建的创新实践。一方面，全球发展倡议既是大国发展倡议，更是大国发展行动。目前，中国已经通过拓展发展伙伴、组建发展促进机构、增加发展促进资源、深化各领域发展合作、搭建发展知识交流平台等多种举措推动全球发

---

〔1〕　参见王瑛：《人类命运共同体理念彰显中国智慧》，载《人民日报》2022 年 5 月 24 日，第 5 版。

〔2〕　参见曹俊金：《对外援助法》，中国政法大学出版社 2019 年版，第 29 页。

〔3〕　参见李志强：《论全球发展倡议的重大意义》，载《人民论坛・学术前沿》2022 年第 7 期。

展倡议，体现了鲜明的行动导向，是推动人类命运共同体构建的重要实践。另一方面，人类进步很大程度缘于克服危机过程中的创新，特别是理念或思想创新，全球发展倡议是促进发展的中国智慧，为可持续发展提供创新性的战略思维。[1] 这种理念创新又具体体现为应对全球发展危机的道路创新、将创新作为全球发展动力的实践创新、突破传统国际发展合作的模式创新、勇于对"一带一路"倡议进行自我提升的平台创新。

三、全球发展倡议与相关概念

（一）全球发展倡议与"一带一路"倡议

"一带一路"倡议与全球发展倡议是中国先后向国际社会提出的国际倡议，两者都强调通过合作实现持续发展，均以实现人类命运共同体为目标，都属于倡议参与国共同的"大合唱"。但"一带一路"倡议与全球发展倡议之间也存在明显的区别：第一，两者提出的国际背景并不完全相同。相对而言，全球发展倡议提出时国际社会面临更为复杂的政治形势，世界经济面临更为严峻的增长挑战，亟需通过新动员为全球发展注入新资源、提供新动力。第二，两者促进的国际发展议程并不完全相同。"一带一路"倡议提出时，国际社会正在努力促进千年发展目标的实现，对于 2015 年后的发展目标尚未形成明确的共识与议程。全球发展倡议提出的当下，正值全球推进 2030 年可持续发展目标的关键阶段，将促进 2030 年可持续发展议程作为直接目标。第三，两者的合作范围并不完全相同。当前"一带一路"倡议和全球发展倡议都属于全球性的合作倡议，但"一带一路"倡议提出时以共建国家相互合作为主，经历了从区域性合作倡议到全球性合作倡议的演化。全球发展合作倡议提出时则致力于推进全球合作，自始都具有全球性合作倡议的特质。第四，两者的合作重点并不完全相同。"一带一路"倡议侧重于通过各种不同形式的经济合作促进共同发展、实现共同繁荣。从目前的聚焦点来看，全球发展倡议则侧重于通过援助以及其他各种形式的合作应对减贫、民生、气候等全球发展过程中的挑战。

---

〔1〕 参见张春：《全球发展倡议对可持续发展的贡献》，载《中国社会科学报》2023 年 2 月 9 日，第 3 版。

（二）全球发展倡议与全球安全倡议

随着世界百年未有之大变局的深度演进，传统安全挑战与非传统安全挑战相互交织，尤其是 2022 年初俄乌冲突爆发以后，全球安全形势日益紧张，国际社会亟需维护世界和平与安全的力量，全球安全倡议的提出正是基于这样一种时代背景。根据 2023 年 2 月中国发布的《全球安全倡议概念文件》，中国提出的全球安全倡议，倡导以团结精神适应深刻调整的国际格局，以共赢思维应对复杂交织的安全挑战，旨在消弭国际冲突根源、完善全球安全治理，推动国际社会携手为动荡变化的时代注入更多稳定性和确定性，实现世界持久和平与发展。全球发展倡议与全球安全倡议都是我国进入新时代以后，基于特定的政治、经济、安全背景，由中国领导人提出的促进全球发展与安全的国际合作倡议，其目的都在于促进人类的和平共处与繁荣发展。当然，全球发展倡议和全球安全倡议代表着不同的合作方向，在推动构建人类命运共同体中也发挥着各自不同的作用。全球发展倡议主要从经济合作领域着力，应对全球发展挑战，通过推进全球发展共同体促成人类命运共同体构建；全球安全倡议主要从领土、主权、安全挑战等合作领域着力，应对全球的传统安全和非传统安全挑战，通过推进全球安全共同体来促成人类命运共同体构建。

（三）全球发展倡议与对外援助

全球发展倡议与中国的对外援助具有契合之处，全球发展倡议的许多安排属于对外援助活动，对外援助是推动全球发展倡议目标的重要行动，两者都致力于推进人类命运共同体构建。但是，全球发展倡议与中国的对外援助本质上不是一种事物。第一，两者基本性质不同。全球发展倡议是中国提出的国际合作倡议，不是某一国家、某一组织实施的特定行为，对外援助则是特定的国家行为，属于特定的国际合作方式。第二，两者立足点不同。全球发展倡议立足全球视角倡导国际合作以促进全球发展，对外援助虽然属于普遍的国家实践，但其一般立足国家视角开展国际合作以实现相应的战略目标。第三，两者作用机理不同。全球发出倡议通过融合对外援助、科技合作、经贸合作等国际合作活动，以国际倡议的方式发生作用，对外援助既能以国家行为的方式独立发生作用，同时也能融合全球发展倡议、"一带一路"倡议等国际倡议以及其他国际行动发生促进发展的作用。

四、中国对外援助与全球发展倡议的互动

（一）中国对外援助是推进全球发展倡议的重要方式

我国提出全球发展倡议的同时，明确了全球倡议的基本原则——"六个坚持"，但并没有将全球发展倡议的合作形式限定于某一特定领域。也就是说，全球发展倡议与"一带一路"倡议一样，其合作形式具有开放性、包容性、综合性的特征。

值得指出的是，尽管全球发展倡议融合了经济、民生、生态等领域的多种不同形式的合作，但从全球发展倡议提出时的"六个坚持"来看，中国的对外援助是推动落实全球发展倡议的重要方式。中国对外援助在"全球发展倡议"中具有很强的"存在感"，具体表现为三个方面：第一，促进发展优先，全球发展倡议将"推动多边发展合作进程协同增效"作为推动全球发展、加快落实联合国2030年可持续发展议程的重要途径。中国通过双边途径开展对外援助，同时也积极与有关国际机构开展对话交流，与有关发达国家、发展中国家探讨开展三方发展合作，参与多边发展合作。第二，增进包容发展，包容发展是均衡发展，无论是发达国家，还是发展中国家及其中的最不发达国家都应有获得平等、均衡、充分发展的机会和权利。关注发展中国家特殊需求，通过缓债、发展援助等方式支持发展中国家尤其是困难特别大的脆弱国家，提升受援方的发展能力，增加受援方的发展资源，是实现全球倡议包容发展的重要途径。第三，推进发展行动，全球发展倡议明确提出落实倡议的重点合作领域，其中减贫、粮食安全、抗疫和疫苗、发展筹资、气候变化和绿色发展等领域直接涉及中国的对外援助，工业化、数字经济、互联互通等领域的合作也都涉及对外援助相关工作。

可以说，尽管全球发展倡议并不是纯粹的"对外援助倡议"，但全球发展倡议以中国对外援助为重要推进方式，在很大程度上借助对外援助工作的推进成效实现与"一带一路"倡议、全球安全倡议等合作倡议的协同增效。

（二）全球发展倡议推动中国对外援助转型升级进程

"一带一路"倡议的推进与实施扩大了新时代中国对外援助的规模和范

围，同时也加速了新时代中国对外援助的转型进程。相较于传统的中国对外援助活动，"一带一路"倡议的提出使得中国对外援助的理念、格局、范围更具有包容性。全球发展倡议的提出和推进，为新时代中国对外援助提供了更为优沃的发展契机，有效推动了新时代中国对外援助的转型升级进程。

第一，全球发展倡议直接推动中国对外援助的话语转型。前已述及，2018 年开始，中国在不同场合逐渐开始使用"国际发展合作"这一概念来指代中国的对外援助。全球发展倡议的提出和推进，无疑将进一步强化"国际发展合作"的使用和推广，进一步推动新时代中国对外援助的话语转型。

第二，全球发展倡议超越南南合作的发展维度。长期以来，中国将自身的对外援助定位为南南合作，属于发展中国家之间的互相帮助，其目的在于促进其他发展中国家的发展。全球发展倡议的提出和落实，使得中国对外援助具有更为丰富的内涵，超越了南南合作的发展维度，使其成为促进全球发展、实现全球发展目标的重要推进方式，使得新时代中国对外援助的目标和理念更为宏大、更具包容性。

第三，全球发展倡议推动对外援助合作领域不断拓展。考虑到发展中国家政府请求以及中国自身发展经验等因素，中国传统的对外援助主要侧重农业发展、经济合作等领域，按照我国 2011 年发布的《中国对外援助》白皮书，中国对外援助项目主要分布在农业、工业、经济基础设施、公共设施、教育、医疗卫生等领域，重点帮助受援方提高工农业生产能力，增强经济和社会发展基础，改善基础教育和医疗状况。其中，我国提供的优惠贷款中70%左右用于帮助发展中国家建设交通、通信、电力等基础设施和能源资源开发。全球发展倡议提出坚持以人民为中心，将保障和改善民生作为发展的重点和基本点，其合作重点包括减贫、粮食安全、抗疫和疫苗、发展筹资、气候变化和绿色发展、工业化、数字经济、互联互通等领域，为调整并扩大新时代中国对外援助的规模和范围提供指引与驱动。

（三）中国对外援助与全球发展倡议共促人类命运共同体建设

中国的对外援助与全球发展倡议具有异质性，但两者不是互不相干的平行关系，更不是相互牵制的对立关系，而是相互配合、相互促进、相互成就的协同关系。全球发展倡议依托新时代的中国对外援助加以推进落实，也为新时代的中国对外援助转型升级提供宝贵契机。新时代的中国对外援助不断促成全球发展倡议的合作成果，实现全球发展倡议的预设目标，也从全球发展倡议中汲取理念、资源与动力。新时代的中国对外援助将与"一带一路"倡议、全球发展倡议形成协同效应，共同推动人类命运共同体构建。

结　语

　　对外援助源于国家与私人的人道主义实践，国际关系的发展逐渐改变对外援助的性质而使其成为一项立足于援助国国家利益的政策实现工具。对外援助夹杂着各种政治、外交、商业、声誉、人道主义动因，援助国择其所需并通过多种手段推动援外战略落实。以援助国利益为出发点的援助活动并不能体现受援方的援助需求，难以有效帮助受援方摆脱贫困。技术进步与国际贸易不断推进全球化进程，全球化视野下的贫困问题与危机应对成功引起国际社会对发展问题的关注，国际组织与民间社会呼吁下的发展目的逐渐成为国际援助的动因之一，对外援助不再是一种纯粹的援助国政策工具，同时也成为一种发展手段。

　　中国发展进入新时代之时，恰逢世界面临百年未有之大变局，国际力量激烈博弈、逆全球化思潮日益兴起、各类传统与非传统安全风险交叉叠加，严重威胁到全球的繁荣与增长。在这一背景下，中国提出人类命运共同体理念，为全球发展提供中国智慧、中国方案，贡献中国力量。中国的对外援助践行构建人类命运共同体的理念，在新时代实现了援助理念的转型升级，通过多维度、全方位的经济合作，促进人类的共同繁荣与发展。

　　随着中国逐渐走近国际舞台中央，中国也必然需要承担与其国际地位相适应的国际责任。在共同应对全球安全挑战、发展挑战、气候挑战以及公共卫生挑战等全球性挑战过程中，中国秉持正确义利观，力所能及地对其他国家开展援助，彰显中国的大国担当。新时代中国对外援助理念的转型升级牵引中国对外援助话语的转型升级，尽管目前在相关法律中仍然保留了"对外援助"的用法，但在政策话语和新闻报道中已经越来越频繁地使用"国际发展合作"一词。在当前的对外援助话语中，存在着以"对外援助"作为主流话语、"国际发展合作"作为新兴话语的现实。今后，需要通过加强对"国际发展合作"的内涵研究，深刻认识"国际发展合作"的积极意义与负面影响，在进行制度话语选择时，应预先做好充分的战略研判。

对外援助作为一种对外经济交往活动，必然依赖于一定的组织。对外援助体制是组织的集合，是对外援助需求判断、战略型塑、管理活动的系统化的组织方式。对外援助管理体制是对外援助体制的核心体制，是对外援助组织结构的关键要素。科学的援外管理体制是援外工作有效推进的决定因素之一，我国的援外管理体制改革已经取得了突破性进展，成立了主管对外援助的专门机构，致力于解决援外战略与决策中存在的问题。但援外管理体制改革并没有完成，特别是在援外协调以及援外实施体制方面仍然存在挑战，需要在现有改革成果基础上进一步深化改革进程。

规则是现代社会活动的另一个关键要素。规则有助于减少组织的运行协调成本，明确组织的行动方向，规范组织的行动纪律，提升组织行动的规范和效率。对外援助工作也需要遵循一定的规则，宏观上来看，中国的对外援助规则可以分为战略性的战略规划、引导性的政策规范和约束性的法律规则，其中战略规划和政策规范主要是从宏观和中观层面进行规划和引导，法律规则可以从宏观、中观、微观各个不同维度对中国的对外援助发生作用。从对外援助的具体运行上来看，目前也形成了一定的规则体系，本书从预算、立项、实施、评估四个环节对新时代中国对外援助的运行规则作了梳理。当然，无论是规则体系的各要素，还是具体的运行规则层面，都需要通过进一步优化，以满足新时代中国对外援助工作开展的现实需求。

进入新时代以后，中国的对外援助理念、话语、组织、规则都发生了巨大的变化，对外援助实践也产生了重大的变化。近十年来，中国提出了多个具有大国宣言意义的国际倡议，包括2013年提出的"一带一路"倡议、2021年提出的全球发展倡议、2022年提出的全球安全倡议以及2023年提出的全球文明倡议。这些倡议都或多或少影响到中国对外援助开展的宏观方向和具体领域，其中"一带一路"倡议、全球发展倡议与中国对外援助的关系尤为密切，对推动中国对外援助转型升级具有重要意义，是新时代中国对外援助研究无法绕开的议题。

"一带一路"倡议提出时，引发了国内外的巨大关注，不少国外人士将"一带一路"倡议比作中国版的"马歇尔计划"，对"一带一路"倡议与中国对外援助的关系把握并不到位。中国的对外援助与"一带一路"倡议、美国"马歇尔计划"三者之间存在显著差异。实际上，尽管对外援助与"一带一路"共享合作导向与理念指引，但对外援助是独立于"一带一路"的经济合作形式，在"一带一路"合作平台之下中国的对外援助进一步受到了重视。中国的对外援助也能推进"一带一路"投资、贸易合作，提升"一带一路"民心相通，为"一带一路"的推进产生正向效应。后疫情时代，中国更要考虑中国对外援助与"一带一路"倡议在发展话语、战略规划、体制机制、具体合作领域方面的契合与对接，协同增效共建人类命运共同体。

全球发展倡议提出时，正值新冠疫情肆虐全球之时，国际政治经济形势在百年未有之大变局下已经发生了巨大改变。作为全球经济的重要发展力量，中国提出通过发展倡议推动发展议程，将民生、减贫、发展援助、发展筹资作为全球发展倡议的核心内容。国内层面，设立了支持全球发展倡议的有关机构，将南南合作援助基金升级为全球发展和南南合作基金，通过中国对外援助为全球发展提供公共品。可以预见，全球发展倡议将加快新时代中国对外援助的转型进程。当然，新时代的中国对外援助如何与全球发展倡议良性互动、协同增效，既有待于理论发掘，也需要实践把握。

新时代新征程，中国对外援助已经成为推进人类命运共同体建设的重要动能。中国对外援助发生了巨大转变，但转型进程仍在继续。发挥新时代中国对外援助的更大效能，需要进行话语选择，需要推动组织优化，更需要推进制度升级。期待新时代的中国对外援助与"一带一路"倡议、全球发展倡议互融互动，共同助力全球繁荣！

主要参考文献

1. 《方毅文集》编辑组编：《方毅文集》，人民出版社 2008 年版。

2. 曹俊金：《日本官方发展援助制度及对我国的启示》，载《太平洋学报》2017 年第 11 期。

3. 曹俊金：《"一带一路"背景下我国援外政策的建构与表达》，载《学习与实践》2018 年第 4 期。

4. 曹俊金：《对外援助法》，中国政法大学出版社 2019 年版。

5. 陈继勇、陈大波：《贸易开放度、经济自由度与经济增长——基于中国与"一带一路"沿线国家的分析》，载《武汉大学学报（哲学社会科学版）》2017 年第 3 期。

6. 陈力：《国际民间援助：利用外援的又一渠道》，载《国际经济合作》1993 年第 4 期。

7. 陈庆云主编：《公共政策分析》，北京大学出版社 2011 年版。

8. 陈岳、莫盛凯：《以深化地区国别研究推动中国国际关系学科的发展》，载《教学与研究》2016 年第 7 期。

9. 丁韶彬：《大国对外援助——社会交换论的视角》，社会科学文献出版社 2010 年版。

10. 杜德斌、马亚华：《"一带一路"——全球治理模式的新探索》，载《地理研究》2017 年第 7 期。

11. 国务院发展研究中心课题组、蒋希蘅：《各国援外体制改革镜鉴》，载《中国经济报告》2017 年第 7 期。

12. 中华人民共和国国务院新闻办公室：《中国的对外援助》，人民出版社 2011 年版。

13. 中华人民共和国国务院新闻办公室：《中国的对外援助（2014）》，人民出版社 2014 年版。

14. 中华人民共和国国务院新闻办公室：《新时代的中国与世界》，人民出版社 2019 年版。

15. 中华人民共和国国务院新闻办公室：《抗击新冠肺炎疫情的中国行动》，人民出版社 2020 年版。

16. 中华人民共和国国务院新闻办公室：《新时代的中国国际发展合作》，人民出版社 2021

年版。

17. 何雾赠、李庆四：《新时代中国对外援助面临的挑战及改革路径》，载《中共中央党校（国家行政学院）学报》2019 年第 3 期。

18. 胡鞍钢、李萍：《习近平构建人类命运共同体思想与中国方案》，载《新疆师范大学学报（哲学社会科学版）》2018 年第 5 期。

19. 胡建梅、黄梅波：《法国对外援助管理体系及对中国的启示》，载《国际展望》2012 年第 3 期。

20. 胡再勇：《新时期中国对外援助战略研究》，载《国际经济合作》2014 年第 2 期。

21. 黄梅波、胡建梅：《中国对外援助管理体系的形成和发展》，载《国际经济合作》2009 年第 5 期。

22. 黄梅波、杨莉：《德国发展援助体系及管理制度》，载《国际经济合作》2011 年第 8 期。

23. 蒋卓成：《老挝革新经济的措施与成效》，载《衡阳师范学院学报》2013 年第 4 期。

24. 金卫星：《马歇尔计划与美元霸权的确立》，载《史学集刊》2008 年第 6 期。

25. 李晨阳：《关于新时代中国特色国别与区域研究范式的思考》，载《世界经济与政治》2019 年第 10 期。

26. 李小瑞：《中国对外人道主义援助的特点和问题》，载《现代国际关系》2012 年第 2 期。

27. 李小云等编著：《国际发展援助——非发达国家的对外援助》，世界知识出版社 2013 年版。

28. 李志强：《论全球发展倡议的重大意义》，载《人民论坛·学术前沿》2022 年第 7 期。

29. 林毅夫、王燕：《超越发展援助：在一个多极世界中重构发展合作新理念》，宋琛译，北京大学出版社 2016 年版。

30. 刘鸿武等：《中国对外援助与国际责任的战略研究》，中国社会科学出版社 2013 年版。

31. 刘进宝：《"丝绸之路"概念的形成及其在中国的传播》，载《中国社会科学》2018 年第 11 期。

32. 刘芮杉、谢春涛：《新时代我国应对非传统安全的现代化逻辑——以疫情防控工作为例》，载《中国应急管理科学》2020 年第 9 期。

33. 刘笑阳：《新时代中国的共同利益论与大国责任论》，载《东北亚论坛》2021 年第 3 期。

34. 刘绪贻、杨生茂主编：《战后美国史（1945-1986）》，人民出版社 1989 年版。

35. 娄亚萍：《战后美国对外经济援助研究》，上海人民出版社 2013 年版。

36. 卢锋等：《为什么是中国？——"一带一路"的经济逻辑》，载《国际经济评论》2015 年第 3 期。

37. 卢进勇等编著：《国际经济合作》，机械工业出版社 2013 年版。

38. 罗照辉：《大疫情背景下中国对外援助和国际发展合作》，载《国际问题研究》2022 年第 1 期。

39. 门洪华：《促成中国与世界的良性互动：中国理想、中国智慧与中国方案》，载《当代世界》2017 年第 10 期。

40. 门洪华：《构建中国大战略的框架：国家实力、战略观念与国际制度》，北京大学出版社 2017 年版。

41. 门洪华：《中国国际战略导论》，格致出版社、上海人民出版社 2017 年版。

42. 门洪华：《"一带一路"与中国——世界互动关系》，载《世界经济与政治》2019 年第 5 期。

43. 钮松：《总体国家安全体系、人类命运共同体与生物安全治理》，载《国际关系研究》2020 年第 4 期。

44. 钮先钟：《战略研究入门》，文汇出版社 2018 年版。

45. 欧阳康：《全球治理变局中的"一带一路"》，载《中国社会科学》2018 年第 8 期。

46. 曲星：《人类命运共同体的价值观基础》，载《求是》2013 年第 4 期。

47. 任晓：《本土知识的全球意义——论地区研究与 21 世纪中国社会科学的追求》，载《北京大学学报（哲学社会科学版）》2008 年第 5 期。

48. 任晓：《再论区域国别研究》，载《世界经济与政治》2019 年第 1 期。

49. 任晓、刘慧华：《中国对外援助：理论与实践》，格致出版社、上海人民出版社 2017 年版。

50. 任晓、孙志强：《区域国别研究的发展历程、趋势和方向——任晓教授访谈》，载《国际政治研究》2020 年第 1 期。

51. 商务部研究院编：《中国对外经济合作 30 年》，中国商务出版社 2008 年版。

52. 申来津、黄河：《日本对"一带一路"倡议的认知及其对中国的启示》，载《社会主义研究》2017 年第 2 期。

53. 申旭、马树洪编著：《当代老挝》，四川人民出版社 1992 年版。

54. 《当代中国》丛书编辑部编辑：《当代中国的对外经济合作》，中国社会科学出版社 1989 年版。

55. 时殷弘：《对当前中国对外经济战略的思考》，载《国际经济评论》2003 年第 6 期。

56. 史育龙、卢伟：《"一带一路"建设背景下我国对外援助和开发合作进展、问题及推进策略》，载《经济研究参考》2018 年第 2 期。

57. 史志钦、郭昕欣：《"一带一路"与百年大变局下的全球治理》，载《当代世界》2020 年第 3 期。

58. 宋梁禾、吴仪君：《中国对柬埔寨的援助：评价及建议》，载《国际经济合作》2013 年第 6 期。

59. 宋微：《对外援助推动"一带一路"经贸合作的路径》，载《中国国情国力》2019 年第 2 期。

60. 王娟娟：《中国与"一带一路"沿线国家经济合作成效及展望——基于共享经济与分享 经济视角》，载《中国流通经济》2019 年第 2 期。

61. 王泺：《关于改革我国对外援助管理体制机制的思考》，载《人民论坛·学术前沿》 2018 年第 4 期。

62. 王亚军：《民心相通为"一带一路"固本强基》，载《行政管理改革》2019 年第 3 期。

63. 王义桅：《"一带一路"：机遇与挑战》，人民出版社 2015 年版。

64. 王毅：《回答时代课题 指引前进方向——习近平主席出席第七十六届联合国大会一般 性辩论并发表重要讲话意义重大、影响深远》，载《人民日报》2021 年 9 月 23 日，第 1 版。

65. 王瑛：《人类命运共同体理念彰显中国智慧》，载《人民日报》2022 年 5 月 24 日，第 5 版。

66. 魏庆坡：《中资水电企业在柬埔寨的环保困境及对策》，载《东南亚研究》2014 年第 4 期。

67. 习近平：《顺应时代前进潮流 促进世界和平发展——在莫斯科国际关系学院的演讲》， 载《人民日报》2013 年 3 月 24 日，第 2 版。

68. 习近平：《弘扬人民友谊 共创美好未来——在纳扎尔巴耶夫大学的演讲》，载《人民日 报》2013 年 9 月 8 日，第 3 版。

69. 习近平：《携手建设中国—东盟命运共同体——在印度尼西亚国会的演讲》，载《人民 日报》2013 年 10 月 4 日，第 2 版。

70. 习近平：《在联合国教科文组织总部的演讲》，载《人民日报》2014 年 3 月 28 日，第 3 版。

71. 习近平：《携手构建合作共赢新伙伴 同心打造人类命运共同体——在第七十届联合国 大会一般性辩论时的讲话》，载《人民日报》2015 年 9 月 29 日，第 2 版。

72. 习近平：《携手构建合作共赢、公平合理的气候变化治理机制——在气候变化巴黎大会 开幕式上的讲话》，载《人民日报》2015 年 12 月 1 日，第 2 版。

73. 习近平：《开启中非合作共赢、共同发展的新时代——在中非合作论坛约翰内斯堡峰会 开幕式上的致辞》，载《人民日报》，2015 年 12 月 5 日，第 2 版。

74. 习近平：《谋共同永续发展 做合作共赢伙伴——在联合国发展峰会上的讲话》，载《人 民日报》2015 年 9 月 27 日，第 2 版。

75. 习近平：《中国发展新起点 全球增长新蓝图——在二十国集团工商峰会开幕式上的主 旨演讲》，载《人民日报》2016 年 9 月 4 日，第 3 版。

76. 习近平：《共同构建人类命运共同体——在联合国日内瓦总部的演讲》，载《人民日报》2017年1月20日，第2版。

77. 习近平：《弘扬"上海精神" 构建命运共同体——在上海合作组织成员国元首理事会第十八次会议上的讲话》，载《人民日报》2018年6月11日，第3版。

78. 习近平：《在庆祝中华人民共和国成立70周年大会上的讲话》，载《人民日报》2019年10月2日，第2版。

79. 习近平：《完善重大疫情防控体制机制 健全国家公共卫生应急管理体系》，载《人民日报》2020年2月15日，第1版。

80. 习近平：《团结合作是国际社会战胜疫情最有力武器》，载《求是》2020年第8期。

81. 习近平：《团结合作战胜疫情 共同构建人类卫生健康共同体——在第73届世界卫生大会视频会议开幕式上的致辞》，载《人民日报》2020年5月19日，第2版。

82. 习近平：《弘扬"上海精神" 深化团结协作 构建更加紧密的命运共同体——在上海合作组织成员国元首理事会第二十次会议上的讲话》，载《人民日报》2020年11月11日，第2版。

83. 习近平：《习近平谈治国理政（第三卷）》，外文出版社2020年版。

84. 习近平：《坚定信心 共克时艰 共建更加美好的世界——在第七十六届联合国大会一般性辩论上的讲话》，载《人民日报》2021年9月22日，第2版。

85. 习近平：《构建高质量伙伴关系 共创全球发展新时代——在全球发展高层对话会上的讲话》，载《人民日报》2022年6月25日，第2版。

86. 习近平：《高举中国特色社会主义伟大旗帜 为全面建设社会主义现代化国家而团结奋斗——在中国共产党第二十次全国代表大会上的报告》，载《人民日报》2022年10月26日，第1版。

87. 习近平：《共迎时代挑战 共建美好未来——在二十国集团领导人第十七次峰会第一阶段会议上的讲话》，载《人民日报》2022年11月16日，第2版。

88. 习近平：《坚守初心 共促发展 开启亚太合作新篇章——在亚太经合组织工商领导人峰会上的书面演讲》，载《人民日报》2022年11月18日，第2版。

89. 肖天亮主编：《战略学》，国防大学出版社2015年版。

90. 肖晞、陈旭：《总体国家安全观下的生物安全治理——生成逻辑、实践价值与路径探索》，载《国际展望》2020年第5期。

91. 徐晓林等：《国家生物安全治理研究——以新冠肺炎疫情防控治理为例》，载《风险灾害危机研究》2021年第1期。

92. 徐秀丽：《"国际发展合作"新在哪里》，载《环球时报》2021年1月11日，第14版。

93. 许豫东、吴迪：《深化我国对外软援助研究》，载《国际援助》2016年第3期。

94. 于宏源：《多元化和网络化：新时代民间外交发展研究》，载《国际关系研究》2019年第 5 期。

95. 余南平:《发展援助的中间道路:德国对外援助研究》,载《德国研究》2012 年第 4 期。

96. 俞子荣:《不平凡的探索与成就——中国对外援助 70 年》,载《国际经济合作》2020 年第 6 期。

97. 张春:《G20 与 2030 年可持续发展议程的落实》,载《国际展望》2016 年第 4 期。

98. 张春:《"一带一路"倡议与全球治理的新实践》,载《国际关系研究》2017 年第 2 期。

99. 张春:《全球发展倡议对可持续发展的贡献》,载《中国社会科学报》2023 年 2 月 9 日,第 3 版。

100. 张海冰:《发展引导型援助:中国对非洲援助模式研究》,上海人民出版社 2012 年版。

101. 张海冰:《中国对外援助的转型和发展——基于柬埔寨和老挝实地调研的观察与思考》,载《复旦国际关系评论》2017 年第 1 期。

102. 张瑞昆:《老挝外援简析——老挝经济探析之二》,载《东南亚纵横》2004 年第 2 期。

103. 张胜军:《民心相通:新时代中国特色大国外交的理论特质和重要原则》,载《当代世界》2019 年第 5 期。

104. 张玉亮:《中企援津医院升级项目竣工交付》,载《人民日报》2020 年 3 月 31 日,第 17 版。

105. 赵若祯、张贵洪:《全球发展倡议对接 2030 年可持续发展议程:内涵、动力与路径》,载《湖北社会科学》2022 年第 6 期。

106. 郑青亭:《习近平宣布 600 亿美元"十大合作计划",中非关系提升为全面战略合作伙伴》,载《21 世纪经济报道》2015 年 12 月 8 日,第 8 版。

107. 中华人民共和国外交部、中共中央文献研究室编:《周恩来外交文选》,中央文献出版社 1990 年版。

108. 周安平:《人类命运共同体概念探讨》,载《法学评论》2018 年第 4 期。

109. 周弘:《中国对外援助与改革开放 30 年》,载《世界经济与政治》2008 年第 11 期。

110. 周弘主编:《中国援外 60 年》,社会科学文献出版社 2013 年版。

111. 周琪:《人类命运共同体观念在全球化时代的意义》,载《太平洋学报》2020 年第 1 期。

112. 朱维究、芦一峰:《关于我国机构编制法律管理的思考》,载《中国机构改革与管理》2013 年第 1 期。

113. [美] 安格斯·迪顿:《逃离不平等——健康、财富及不平等的起源》,崔传刚译,中信出版社 2014 年版。

114. [美] 黛博拉·布罗蒂加姆:《龙的礼物——中国在非洲的真实故事》,沈晓雷、高明秀译,社会科学文献出版社 2012 年版。

115. ［美］道格拉斯·C. 诺思：《制度、制度变迁与经济绩效》，杭行译，格致出版社、上海三联书店、上海人民出版社 2008 年版。

116. ［美］罗伯特·基欧汉、约瑟夫·奈：《权力与相互依赖》，门洪华译，北京大学出版社 2012 年版。

117. ［美］威廉·伊斯特利：《白人的负担：为什么西方的援助收效甚微》，崔新钰译，中信出版社 2008 年版。

118. ［美］维托·坦齐、［德］卢德格尔·舒克内希特：《20 世纪的公共支出》，胡家勇译，商务印书馆 2005 年版。

119. ［美］约瑟夫·奈：《权力大未来》，王吉美译，中信出版社 2012 年版。

120. ［美］詹姆斯·E·安德森：《公共决策》，唐亮译，华夏出版社 1990 年版。

121. ［英］肯尼斯·金：《中国对非洲的援助与软实力：以教育和培训为例》，刘爱生、彭利平译，浙江大学出版社 2015 年版。

122. ［赞比亚］丹比萨·莫约：《援助的死亡》，王涛等译，世界知识出版社 2010 年版。

123. A. Maurits van der Veen, *Ideas, Interests and Foreign Aid*, Cambridge University Press, 2011.

124. Lucy Corkin, "Chinese Take − Aways: Financing Infrastructure in Africa", *Africa News*, April 1, 2013.

125. BBC Worldwide Monitoring, "Pakistan Commentary Hails Growing Energy Sector Cooperation with China", *BBC Monitoring South Asia*, October 19, 2011.

126. Carol Lancaster, Ann Van Dusen, *Organizing U. S. Foreign Aid: Confronting the Challenges of the Twenty−First Century*, Brookings Institution Press, 2005.

127. Carol Lancaster, *Foreign Aid: Diplomacy, Development, Domestic Politics*, University of Chicago Press, 2006.

128. Charles P. Kindleberger, "The Marshall Plan and the Cold War", *International Journal*, Vol. 23, No. 3. , 1968.

129. Charle Wolf, Jr. , et al. , *China's Foreign Aid and Government −Sponsored Investment Activities: Scale, Content, Destinations, and Implications*, RAND Corporation, 2013.

130. Curt Tarnoff, "The Marshall Plan: Design, Accomplishments, and Relevance to the Present", *Congressional Research Service*, January 6, 1997.

131. Dambisa Moyo, *Dead Aid: Why Aid Is Not Working and How There is a Better Way for Africa*, Farrar, Straus and Giroux, 2009.

132. Robert I. Rotberg, *China into Africa: Trade, Aid and Influence*, Brookings Institution Press, 2008.

133. Deborah Bräutigam, "Aid 'With Chinese Characteristics': Chinese Foreign Aid and Development Finance Meet the OECD−DAC Aid Regime", *Journal of International Development*,

Vol. 23, No. 5., 2011.

134. Diane B. Kunz, "The Marshall Plan Reconsidered: A Complex of Motives", *Foreign Affairs*, Vol. 76, No. 3., 1997.

135. Erica S. Downs, "The Fact and Fiction of Sino-African Energy Relations", *China Security*, Vol. 3, No. 3., 2007.

136. Henry Lyimo, "Africa: Role of China in Bridging Yawning Infrastructure Gap", *Tanzania Daily News*, August 19, 2016.

137. James Filpi, Luke Murry, "United States Foreign Assistance: Beyond Good Intentions and Toward Accountability", *ILSA Journal of International & Comparative Law*, Vol. 22, 2016.

138. Jeffrey D. Sachs, *The End of Poverty: Economic Possibilities for Our Time*, The Penguin Press, 2005.

139. John D. Montgomery, *The Politics of Foreign Aid: American Experience in Southeast Asia*, Frederick A. Praeger, 1962.

140. Laura Zhou, "Are Chinese-funded dams on the Mekong River Washing Away Cambodian Livelihoods?", *South China Morning Post*, March 31, 2018.

141. Merriden Varrall, "Domestic Actors and Agendas in Chinese Aid Policy", *The Pacific Review*, Vol. 29, No. 1., 2015.

142. Paul McGeough, "Pressure on Fiji Fails as China Lends Hand", *The Sydney Morning Herald*, December 1, 2009.

143. Peter Grose, "Editor's Note: The Marshall Plan-Then and Now", *Foreign Affairs*, Vol. 76, No. 3., 1997.

144. Robert E. Wood, *From Marshall Plan to Debt Crisis: Foreign Aid and Development Choices in the World Economy*, University of California Press, 1986.

145. Robert O. Keohane, "The Demand for International Regimes", *International Organization*, Vol. 36, No. 2., 2009.

146. OECD (2021), *OECD Development Co-operation Peer Reviews: Denmark 2021*, OECD Publishing, 2021.

147. Shannon Tiezzi, "The New Silk Road: China's Marshall Plan?", *The Diplomat*, No. 6, 2014.

148. The World Bank Group, *Doing Business 2019: Training for Reform*, 2018.

149. The World Bank Group, *Doing Business 2020: Comparing Business Regulation in 190 Economies*, 2019.

后　记

　　自 2013 年以来，中国对外援助的理念和实践都发生了巨大的变化，也进而带动了对外援助理论上的变迁与发展。对外援助相关论著的不断涌现，成为对外援助理论不断得到重视的证据，也使得对外援助从冷门研究逐渐成为研究热点。

　　法律是我的老本行，我也长期关注对外援助法律制度的研究。经过将近十年的积累，我在 2018 年完成了专著《对外援助法》的初稿，并于 2019 年公开出版，该书是我对援外法律制度研究的阶段性总结。该书出版之后，我并没有停止对中国对外援助和对外援助法律制度的研究探索，而让我萌生出版本书的想法，则是基于一些综合性的因素。

　　第一个因素是时代，进入新时代以后，中国的对外援助理念、话语、组织、规则等发生了系统性的变化，客观上需要在理论上跟进对外援助的实践发展，并对此作出展望。

　　第二个因素是自省，2018 年国家国际发展合作署组建之后，对外援助相关的制度（尤其是法律制度）出现了较大的变化，对外援助的具体实践也随着国际国内大形势的变化有了深刻变化，需要对原有论著中一些"过期"的观点或知识点作出修正。

　　第三个因素是超越，援外法律研究是我的专长，但对外援助具有强交叉、大复合的特点，超越法律、超越学科才能对中国的对外援助有更深刻的认识和展望，也能为对外援助法律研究提供更加厚重的理论，因而在对外援助研究中既需要融合法律，但更需要超越法律。

　　第四个因素是总结，2018 年以来，我主持或主持完成了国家社科基金一般项目"新时代中国国际发展合作战略与实现路径研究"（项目批准号：

21BGJ070)、上海市"曙光计划"项目"我国对外援助立法问题研究"（项目批准号：21SG57）、中国法学会 2022 年度部级法学研究课题"《对外援助法》的定位与体系结构研究"[项目批准号：CLS（2022）D96]、中国博士后科学基金面上项目"重大突发事件中我国对外紧急人道主义援助制度优化研究"（项目批准号：2022M712430）、中国法学会 2018 年度部级法学研究课题"我国对外援助支出的法律控制问题研究"[项目批准号：CLS（2018）D85]、上海市哲学社会科学规划一般项目"'一带一路'倡议下我国援外政策的制度实现"（项目批准号：2017BGJ001）等一系列研究课题。在这些项目研究过程中，形成了一些与时俱进的思考和前期成果，对新时代中国的对外援助问题有了更深刻的认识，需要对此作出阶段性的总结。

在本书的写作和出版过程中，得到了许多老师、领导、同事、学友的鼓励、指点、支持、帮助，以及学校提供的大力资助（校科研基金、"问渠源学者"计划等）。人数众多，在此一并表示真挚的谢意！

2022 年 10 月至 2023 年 10 月，我到北京短暂学习工作，本书最后部分的写作和统稿工作都是在这段时间完成。要特别感谢我的家人，感谢他们对我研究工作的理解、支持和付出。尤其是在我外派工作的这段时期，他们承担了所有的家庭事务，让我得以安心地在京工作和研究。也再次感谢十年如一日、不断给予鼓励和帮助的至亲、挚友！

本书是一部跨学科之作，受限于本人的知识结构，部分观点可能存在争议甚至错误，需要今后进一步研究，恳请专家、读者提出宝贵意见和建议。

曹俊金

2023 年 3 月 30 日于北京

2023 年 9 月 30 日修订